LA PLACE DES JEUNES DANS LA CITÉ

TOME II
Espaces de rue, espaces de parole

La série *Les cahiers du Griot* est une publication du Groupe de recherche interdisciplinaire sur les organisations et le travail (Griot-Lise, Cnam/CNRS). Cette série accueille les travaux et recherches menés dans le champ du travail, de l'emploi, des organisations et de la formation. *Les cahiers du Griot* veulent promouvoir des recherches exigeantes sur le plan empirique, ouvertes et originales sur le plan des interprétations. Leur objectif est de donner à voir le travail en acte, mais aussi les multiples dynamiques des régulations organisationnelles, marchandes, éducatives... qui informent ce dernier.

Directeur de la série : Michel Lallement
N° 6, octobre 2005

Ce numéro des *Cahiers du Griot* est coédité avec les éditions L'Harmattan par :

- **Le Centre d'études de l'emploi (CEE)**
  29, promenade Michel-Simon
  93166 Noisy-le-Grand cedex
  Tél. : 01 45 92 68 00
  Fax : 01 49 31 02 44
  http://www.cee-recherche.fr

- **Le Griot-Lise/Cnam**
  2, rue Conté
  75003 Paris
  Tél. : 01 40 27 21 30
  Fax : 01 40 27 28 39
  Jocelyne.bugnot@cnam.fr

- **Le Centre national de formation et d'études de la Protection judiciaire de la jeunesse**
  54, rue de Garches
  92420 Vaucresson
  Tél. : 01 47 95 98 98
  Fax : 01 47 95 98 70
  Cnfepjj-vaucresson@justice.fr

© L'Harmattan, 2005
ISBN : 2-7475-9273-1
EAN : 97827475592734

Coordonné par
Élisabeth Callu, Jean-Pierre Jurmand et Alain Vulbeau

LA PLACE DES JEUNES DANS LA CITÉ

TOME II
Espaces de rue, espaces de parole

L'Harmattan
5-7, rue de L'École-Polytechnique
75005 Paris
FRANCE

L'Harmattan Hongrie
Hargita u. 3
1026 Budapest
HONGRIE

L'Harmattan Italie
Via Bava, 37
10214 Torino
ITALIE

Collection *Les cahiers du Griot* :

N° 1 *Figures du temps : les nouvelles temporalités du travail et de la formation*, Collectif Griot.

N° 2 *Initiative individuelle et formation*, Fabienne Berton, Mario Correia, Corinne Lespessailles, Madeleine Maillebouis (eds).

N° 3 *PME et entrepreneurs : approches algéro-françaises*, Abderrahmane Abedou, Ahmed Bouyacoub, Michel Lallement, Mohamed Madoui (eds).

N° 4 *La prévention : concepts, politiques, pratiques en débat*, sous la direction de Brigitte Bouquet.

N° 5 *La place des jeunes dans la Cité (tome 1). De l'école à l'emploi ?*, coordonné par Cécile Baron, Élisabeth Dugué, Patrick Nivolle.

N° 6 *La place des jeunes dans la Cité (tome 2). Espaces de rue, espaces de parole*, coordonné par Élisabeth Callu, Jean-Pierre Jurmand, Alain Vulbeau.

AVERTISSEMENT

La Place des jeunes dans la Cité regroupe dans ses deux tomes (*De l'école à l'emploi?* et *Espaces de rue, espaces de parole*) une partie des travaux présentés lors des premières Journées de la recherche sociale du Conservatoire national des arts et métiers (Cnam), organisées par la chaire de travail social et le laboratoire de recherche Griot-Lise, qui se sont tenues les 27 et 28 janvier 2004 sur le thème : « Les jeunes en difficulté : leur place dans les politiques et dans la Cité ». Pour cette première édition, la manifestation était couplée avec les journées annuelles de valorisation de la recherche du Centre national de formation et d'études de la Protection judiciaire de la jeunesse (CNFE-PJJ) et organisées en partenariat avec l'école doctorale Entreprise, travail, emploi (ETE) du Cnam et le Centre d'études de l'emploi (CEE).
Une cinquantaine de jeunes chercheurs ont présenté leurs travaux appuyés sur des investigations récentes. Ils les ont confrontés à la critique de chercheurs confirmés mais aussi aux connaissances pratiques détenues par le public, largement constitué de travailleurs sociaux. Le colloque a ainsi pu rassembler un ensemble de données empiriques sur les modes de vie et de pensée des jeunes des milieux populaires et sur les politiques qui leur sont destinées. Il a aussi donné place à des réflexions plus critiques, notamment sur les présupposés des politiques et particulièrement sur la catégorie « jeunesse en difficulté » autour de laquelle s'agrègent des politiques diversifiées. Les synthèses et confrontations entre les diverses approches, assurées par des chercheurs spécialistes de la question, ont permis de faire surgir les zones d'ombre de la recherche comme de nouvelles interrogations, interpellant ainsi tant les politiques sociales en direction de la jeunesse que le monde de la recherche.
Les contributions réunies dans les deux ouvrages faisant suite à ces journées reflètent la grande diversité des travaux qui y ont été présen-

tés. Ces deux volumes constituent, en effet, un état des apports récents des universités et laboratoires de recherche français[1] à la connaissance de «*la jeunesse en difficulté*». Ils rendent compte à la fois des données disponibles sur le sujet, des thématiques développées dans les diverses disciplines concernées par la question – si la sociologie dominait, huit autres disciplines étaient représentées lors du colloque –, des manières de poser les problèmes d'un point de vue tant empirique que théorique, mais aussi de la façon dont se construit ce champ de recherche aujourd'hui. Les contributions apportent une compréhension de la diversité des places occupées par les jeunes dans les politiques publiques et dans la Cité, levant le voile sur des trajectoires, des dispositifs ou encore des expériences concrètes réalisées tant par les jeunes eux-mêmes que par les intervenants sociaux.

Ces deux volumes renvoient également à des états d'avancement différents des travaux et à des formes d'écriture contrastées: certaines contributions mettent en scène avec finesse et précision des résultats d'enquêtes portant sur une mesure, une action, un dispositif expérimental ou encore des populations spécifiques; elles s'appuient sur des entretiens et des observations parfois de longue durée, sans pour autant proposer toujours une analyse théorique achevée. D'autres mettent en perspective des résultats en vue d'élaborer un cadre théorique, avec une volonté affichée de monter en généralité, mobilisant des concepts, tels ceux de différentes théories de la justice ou de la théorie de la «capabilité» d'Amartya Sen, ou encore inscrivent leurs travaux dans une comparaison internationale. Cette variété des contributions s'explique également par le fait que certains auteurs sont encore doctorants alors que d'autres ont soutenu leur thèse, voire publié leurs résultats. Elle s'explique sans doute enfin par des positionnements différents dans la conduite de la recherche, notamment quant au rapport de l'auteur à la théorisation ou à la «distance scientifique».

Nous espérons en tout état de cause que ces contributions, grâce à leur grande variété, incitent le lecteur à confronter ses propres connaissances avec celles issues d'une démarche scientifique, confrontation que nous avons déjà observée entre professionnels et jeunes chercheurs pendant ces premières Journées de la recherche sociale.

---

1. On trouvera également les contributions de deux chercheurs belges.

REMERCIEMENTS

Cet ouvrage n'aurait pu voir le jour sans tous ceux qui ont largement contribué à l'organisation scientifique et matérielle, à l'animation des débats et aux synthèses de travaux du colloque « Les jeunes en difficulté : leur place dans les politiques et dans la Cité ». Que soient ici chaleureusement remerciés :

Les membres du comité scientifique
FRANÇOIS ABALLEA, Gris, université de Rouen,
CÉCILE BARON, Centre d'études de l'emploi,
COLETTE BEC, université de Paris V,
ROGER BERTAUX, IRTS de Lorraine,
BRIGITTE BOUQUET, PRÉSIDENTE, chaire de travail social du Cnam,
ÉLISABETH CALLU, département Réd du CNFE-PJJ,
GENEVIÈVE CRESPO, Etsup,
CLAUDE DUBAR, Mire,
ÉLISABETH DUGUÉ, Griot-Lise/Cnam-CNRS,
JEAN-FRANÇOIS GERME, ETE-Cnam,
MARCEL JAEGER, IRTS de Montrouge,
CLAUDE MARTIN, Lapss-ENSP,
FRANÇOISE MONCOMBLE, université de Paris XII,
PATRICK NIVOLLE, Centre d'études de l'emploi,
MARC-HENRY SOULET, université de Fribourg,
ALAIN VULBEAU, université de Paris X-Nanterre ;

Les membres du comité d'organisation
YVONNE CAPUS, chaire de travail social du Cnam,
JEAN-PIERRE JURMAND, département Réd du CNFE-PJJ,
LÉA LIMA, chaire de travail social du Cnam,
MICHELINE POISSON, département Réd du CNFE-PJJ,
ZAIA REHIEL, chaire de travail social du Cnam ;

**Les discutants et les animateurs des ateliers,
et les intervenants des tables rondes**
Philip Aïdan, sociologue au Cnam,
Jean-Yves Barreyre, directeur du Cédias-Musée social,
Élisabeth Bautier, professeur à l'université de Paris VIII (sciences de l'éducation), responsable du laboratoire Éscol,
Pierre Berton, directeur du CNFE-PJJ,
Joëlle Bordet, psychosociologue, chercheure au CSTB,
Michel Corbillon, professeur au département de sciences de l'éducation, Cref-université de Paris X-Nanterre,
Gisèle Fiche, directrice du département Réd du CNFE-PJJ,
Ginette Francequin, maître de conférences au Griot-Cnam,
Olivier Galland, directeur de recherche, directeur scientifique adjoint à la Mission scientifique, technique et pédagogique du ministère de la Jeunesse, de l'Éducation et de la Recherche,
Chantal Guérin-Plantin, maître de conférences à l'université de Savoie, chercheure associée au Cerat-CNRS,
Françoise Hickel, formatrice au CNFE-PJJ,
Emmanuel Jovelin, enseignant-chercheur à l'Institut social Lille-Vauban de l'université catholique de Lille,
Michel Lallement, chaire d'analyse sociologique du travail du Cnam,
Françoise Laot, maître de conférences à l'université de Paris XIII (sciences de l'éducation),
Mohamed Madoui, ingénieur de recherche au Griot-Cnam,
Alain Milon, philosophe, professeur à l'université de Paris X (pôle métiers du livre), membre du Grass/Iresco-CNRS,
Nicole Mosconi, professeure au département de sciences de l'éducation, Cref-université de Paris X-Nanterre,
Paul Olry, maître de conférences à l'université de Paris XIII, membre du Griot-Cnam,
Bernard Roudet, chargé de recherche à l'Injep,
Claude Rouyer, chargé d'études à l'Etsup,
Stéphane Tessier, directeur du Crésif,
Mahamet Timera, maître de conférences associé à l'université de Paris VII, chercheur à l'Urmis-CNRS ;

Et tout particulièrement les chercheurs confirmés qui ont accepté d'introduire, de synthétiser et de conclure les travaux de ce colloque :
Gérard Mauger, directeur de recherche CSE/CNRS/EHESS,
Élisabeth Maurel, Cerat-Pacte/IEP de Grenoble,
José Rose, directeur scientifique du Céreq.

- *Sigles des différents centres de recherche concernés*

CÉDIAS-Musée social: Centre d'études, de documentation, d'information et d'action sociales-Musée social.
CEE: Centre d'études de l'emploi.
CERAT: Centre de recherche sur le politique, l'administration, la ville et le territoire.
CÉREQ: Centre d'études et de recherches sur les qualifications.
CNAM: Conservatoire national des arts et métiers.
CNRS: Centre national de la recherche scientifique.
CNFE-PJJ: Centre national de formation et d'études de la Protection judiciaire de la jeunesse.
CREF: Centre de recherche, éducation formation.
CRÉSIF: Comité régional d'éducation pour la santé d'Île-de-France.
CSE: Centre de sociologie européenne.
CSTB: Centre scientifique et technique du bâtiment.
EHESS: École des hautes études en sciences sociales.
ÉSCOL: Éducation scolarisation (université de Paris VIII).
ETE-CNAM: Entreprise, travail, emploi (école doctorale du Cnam)
ÉTSUP: École supérieure de travail social.
GERME: Groupe d'études et de recherche sur les mouvements étudiants.
GRASS: Groupe d'analyse du social et de la sociabilité.
GREFOSS: Groupe de recherche et formation en politiques sociales.
GRIOT: Groupe de recherches interdisciplinaires sur les organisations et le travail.
GRIS: Groupe de recherche innovations et société (université de Rouen).
INJEP: Institut national de la jeunesse et de l'éducation populaire.
IRES: Institut de recherches économiques et sociales.
IRESCO: Institut de recherche sur les sociétés contemporaines.
IRTS: Institut régional du travail social.
LAPSS-ENSP: Laboratoire d'analyse des politiques sociales et sanitaires, École nationale de la santé publique.
LISE: Laboratoire interdisciplinaire pour la sociologie économique.
MiRe: Mission recherche (Direction de la recherche, des études, de l'évaluation et des statistiques [Drees] du ministère de l'Emploi et de la Solidarité).
PJJ: Protection judiciaire de la jeunesse.
RÉD: Recherche, études, développement (CNFE-PJJ).
URMIS: Unité de recherche migrations et société

TABLE DES MATIÈRES

AVERTISSEMENT 7
REMERCIEMENTS 9

INTRODUCTION
La « fabrique » de la place des jeunes,
   Élisabeth Callu, Jean-Pierre Jurmand, Alain Vulbeau 17

PREMIÈRE PARTIE
   STÉRÉOTYPES 25

Les « jeunes en difficulté » de 1980 à nos jours.
   De représentations en réalités sociales ?
   Isabelle Bartkowiak 27
La mauvaise réputation. Étiquetage sexué dans les cités,
   Isabelle Clair 47
Des jeunes filles trop sages ?
   Julie Deville 61

DEUXIÈME PARTIE
   LES ÉQUIVOQUES DES DISPOSITIFS 77

Les médiateurs sociaux entre le marteau (de l'action publique)
   et l'enclume (des quartiers sensibles),
   Alexandre Biotteau 79
Les limites d'un équipement sportif de proximité
   pour les jeunes « en difficulté ».
   Les « City Stades » à Toulouse,
   Fabrice Escaffre, Mohamed Zendjebil 95

Les figures des « jeunes » dans les politiques éducatives locales.
  L'exemple toulousain,
  Ingrid Voléry 109

TROISIÈME PARTIE
  INVERSER LE STIGMATE 127

Stigmatisation et inversion du stigmate
  dans les écoles de « la dernière chance »,
  Philippe Vienne 129
La justice des cités,
  Sébastien Peyrat 145
L'autogestion des « jeunes de la cité ».
  L'arrivée des animateurs « grands frères »,
  Thomas Sauvadet 159

QUATRIÈME PARTIE
  « FAIRE AVEC » LES DISPOSITIFS 179

Faire du « sale boulot » une ressource.
  Une équipe de jeunes opérateurs sociaux
  aux prises avec ses environnements locaux,
  Fabienne Barthélémy 181
Modalités d'adaptation d'enfants
  en situation de prise en charge socio-éducative,
  Jocelyn Claire-Louisor, Annie Weill-Fassina 199
Les stratégies féminines d'entrée dans la vie adulte
  après un placement à l'adolescence,
  Isabelle Frechon 215

CINQUIÈME PARTIE
  S'EMPARER DES ESPACES COLLECTIFS 233

De la pratique du défi à la création chorégraphique
  en danses hip-hop. Présentation des valeurs et des usages sociaux
  d'une culture juvénile urbaine,
  Dieynébou Fofana 235

L'ambivalence des cultures musicales,
   entre rupture et participation à la vie de la cité.
   L'exemple de la techno,
   Hugues Delforge 245
Le traitement d'une «défection» sociale.
   Quand les institutions publiques se préoccupent
   de la citoyenneté des jeunes,
   Valérie Becquet 261

POSTFACE
«Culture(s) de rue». Sociogenèse et transformations
   des carrières déviantes (1975-2005),
   Gérard Mauger 277

PRÉSENTATION DES AUTEURS DU TOME II 307

TITRES ET RÉSUMÉS DES ARTICLES DU TOME I 315

INTRODUCTION

LA « FABRIQUE » DE LA PLACE DES JEUNES

ÉLISABETH CALLU*, JEAN-PIERRE JURMAND**,
ALAIN VULBEAU***

Les pages qui suivent n'illustrent pas une théorie générale de l'insertion, des politiques publiques ou des difficultés auxquelles les jeunes sont confrontés – cette théorie n'existe pas – mais plutôt la dispersion en vigueur dans ce champ, telle qu'elle est mise en relief par le hasard orienté d'un colloque de jeunes chercheurs[1]. Les articles présentés ici ont été retenus en fonction de l'intérêt de la communication de leurs auteurs et de l'articulation possible de leur propos autour de quelques questions qui traversent ce que l'on pourrait appeler la « fabrique » de la place des jeunes dans la Cité. Cette démarche de construction « en aval » nous conduit à préciser plusieurs caractéristiques de l'ensemble constitué par notre recueil initial, puis à formuler un axe possible de problématisation des processus de cette fabrique, et les grandes têtes de chapitres de cet ouvrage.

---

* *Élisabeth Callu est chargée d'études au département Recherche, études, développement du Centre national de formation et d'études de la Protection judiciaire de la jeunesse (CNFE-PJJ).*
** *Jean-Pierre Jurmand est chargé d'études au département Recherche, études, développement du Centre national de formation et d'études de la Protection judiciaire de la jeunesse (CNFE-PJJ).*
*** *Alain Vulbeau est sociologue, professeur en sciences de l'éducation à l'université de Paris X-Nanterre, secteur Crise : école, terrains sensibles du Centre de recherche éducation formation (Cref).*
1. Cf. Avertissement en début d'ouvrage.

Entre ordre social et ordre de l'interaction

Selon E. GOFFMAN, deux échelles d'analyse sont à considérer pour toute étude de la société. L'une, globalisante, permet d'envisager les grandes tendances et déterminations de l'ordre social; l'autre, localisée, permet de décrire les stratégies des acteurs ou les tactiques des institutions sur des sites précis, dans le cadre de l'ordre de l'interaction[2]. Situées dans l'actualité de cette publication, les analyses qui portent sur l'ordre social renvoient à la question sociale telle que la compose et la recompose l'ordre capitaliste mondialisé[3], tandis que celles qui portent sur l'ordre de l'interaction relèvent des réponses ou des tentatives de réponse qui prennent forme au travers de dispositifs se référant au terme, aussi générique qu'indéfini, d'insertion[4].

Ces deux ordres du social et de l'interaction renvoient à des échelles et à des paradigmes différents, voire antagonistes, qui peuvent donner lieu à l'opposition d'une série de termes, en apparence incompatibles, comme «macro et micro», «global et local», «superstructure et infrastructure», «grands récits et petites histoires», etc. Des auteurs comme R. CASTEL ou I. JOSEPH se sont interrogés sur la compatibilité de ces deux ordres sociologiques[5] et ont souligné les problèmes théoriques de leur coexistence. Il faut donc du volontarisme (ou de l'humour) épistémologique pour postuler l'existence d'une articulation entre eux. GOFFMAN propose l'expression de «couplage flou» pour envisager l'interaction entre les structures sociales et les rituels de contact, ce qui constitue à la fois une façon de temporiser vis-à-vis des exigences des deux camps et une ouverture heuristique pour des recherches à venir.

Si nous reprenons cette problématique du «couplage flou», c'est surtout pour explorer la possibilité d'un espace intermédiaire aux frontières des deux ordres et pour en identifier quelques spécificités.

Une première manière de poursuivre cette hypothèse du «couplage flou» est de mettre en vis-à-vis des textes représentatifs de ces deux ordres, comme nous le proposons ici. Ce livre se conclut avec

---

2. E. GOFFMAN, «L'ordre de l'interaction», in Y. WINKIN, E. GOFFMAN, *Les Moments et leurs Hommes*, Paris, Le Seuil, 1988, p. 214.
3. R. CASTEL, *Les Métamorphoses de la question sociale: une chronique du salariat*, Paris, Fayard, coll. «L'espace du politique», 1995.
4. C. GUÉRIN-PLANTIN, *Genèses de l'insertion: l'action publique indéfinie*, Paris, Dunod, coll. «Action sociale», 1999.
5. Cf. les contributions de Robert Castel et d'Isaac Joseph, in I. JOSEPH (dir.), *Le Parler frais d'Erving Goffman*, Paris, Minuit, 1989.

une postface de G. MAUGER sur les « cultures de rue » qui relève plutôt de l'analyse de l'ordre social et de la recherche de la sociogenèse des déterminations et des « structures structurantes », pour reprendre les termes de P. BOURDIEU. Auparavant, les articles des jeunes chercheurs renvoient d'abord à l'ordre de l'interaction, c'est-à-dire à la diversité des situations, perçues aux niveaux local et/ou groupal. Ces textes entrent souvent dans le registre ethnographique de l'enquête de terrain et proposent presque toujours une approche compréhensive : ils s'intéressent plus à la parole et aux stratégies des jeunes qu'à leur statut de « cible » de dispositifs. Le « couplage flou » est aussi dans le fait que les deux catégories de textes ne sont pas tout à fait étrangères l'une à l'autre, puisque G. MAUGER intègre dans ses analyses des éléments d'enquêtes ethnographiques localisées, tandis que certains articles des jeunes chercheurs ont une visée plus généralisante, et proposent tour à tour exemples et contre-exemples des processus *macros* à l'œuvre.

Une seconde façon de préciser le flou est d'utiliser un lexique qui permette de penser ce couplage, avec des mots clés comme « action publique de la jeunesse » ou « place des jeunes ». L'expression « action publique de la jeunesse » n'est pas dénuée d'ambiguïté : il s'agit bien sûr de désigner l'action des institutions telles qu'elles se réalisent à partir des programmes des politiques publiques. Il s'agit aussi de penser les déclinaisons entre ces politiques nationales et leurs actualisations locales ainsi que le caractère historique des diverses expérimentations, que l'on appelle parfois « empilement des dispositifs ». Cette expression permet également de faire référence aux actions que mènent certains jeunes pour se servir des dispositifs ou, à tout le moins, pour que ces dispositifs ne les desservent pas. La majeure partie des articles publiés dans cet ouvrage s'attachent principalement, nous l'avons dit, au point de vue des jeunes, en tentant de restituer leur expérience des différentes situations sociales auxquelles ils sont confrontés du fait des représentations qu'ils suscitent et des différentes politiques publiques qui leur sont destinées. En revanche, l'expérience des intervenants institutionnels « adultes » n'apparaît pas vraiment dans les recherches présentées et très peu d'enquêtes se fondent sur le suivi d'acteurs de ces dispositifs, qu'ils soient des professionnels de type « chefs de projet » ou des décideurs de type « élus locaux chargés de la jeunesse ».

L'expression « place des jeunes » permet de localiser et de décrire les processus de fabrication de cette place, en privilégiant les interventions et les dispositions des jeunes. Nombre des travaux de jeunes chercheurs dont il est question ici sont – on l'a dit plus haut – d'inspiration ethnographique avec, comme choix principal de terrain d'observation et d'étude, les quartiers d'habitat social et, comme source de problématiques, les processus de socialisation des jeunes des milieux populaires. Les connaissances ainsi produites sont à la croisée d'une réalité sociale déterminée par des rapports d'exclusion et de modes de désignation d'une population par des politiques publiques dont les actions n'atteignent pas toujours leur cible. Elles nous montrent un large éventail d'actions et de réactions des jeunes à ces situations, qui vont de l'identification au rejet, de la conflictualité à la négociation, de la reproduction à l'innovation, et qui sont autant de chemins d'une construction sociale en mouvement.

Certains travaux permettent d'identifier au moins trois processus du point de vue de l'expérience juvénile : l'inversion des stigmates, la mise en œuvre de « stratégies » individuelles au sein des dispositifs d'insertion et l'*appropriation* d'espaces collectifs. Les espaces collectifs seraient à distinguer ici, comme espaces de parole et d'échange avec le monde des adultes, des espaces de rue, lieu de construction par les jeunes d'un « monde à part » autour d'une culture du contre-stigmate. D'autres travaux nous proposent d'examiner le contexte du développement de ces processus : représentations stéréotypées auxquelles sont confrontés les jeunes, dispositifs aux effets ambigus...

Pour entrer maintenant plus avant dans la description des figures, des phénomènes et des processus qui affectent cette configuration que nous nommons « place des jeunes », les contributions ont été regroupées suivant plusieurs axes : stéréotypes, dispositifs, stigmatisations, stratégies individuelles et occupation collective des espaces publics.

Espaces, représentations, processus

Dans l'étude présentée par I. BARTKOWIAK, une première enquête sur ce qu'évoque l'expression « les jeunes » révèle à la fois l'extrême complexité de la représentation et sa simplification réductrice. Une seconde enquête fait réagir des jeunes dits « en difficulté » aux résultats de la première, mais aussi aux catégories des politiques publiques, et leur demande de se déterminer à leur tour sur ces catégories, qu'ils s'en défendent, s'en accommodent, ou les revendiquent. Catégories et étiquettes sexuées sont ensuite présentées par I. CLAIR comme le produit de processus collectifs pesant sur les relations entre garçons et filles. L'auteur montre comment l'étiquetage sexué de «mauvaise réputation» visant des jeunes filles rigidifie et institue une représentation que chacun se fait du genre opposé, mais ne contient ni n'épuise la réalité plus complexe des relations entre garçons et filles dans les banlieues, à condition de savoir décrypter les modes d'expression langagière de cet étiquetage. La réussite scolaire féminine dans les quartiers populaires est une autre référence obligée, au point d'être devenue une «norme». S'y conformer, s'y soumettre, comme le montre J. Deville, se fait au prix d'un effacement, qui, paradoxalement, peut conduire à un renoncement et au choix d'une filière moins valorisante, par exemple.

Certains dispositifs publics peuvent eux-mêmes s'appuyer sur des stéréotypes ou les renforcer, et «piéger» leurs jeunes bénéficiaires. A. Biotteau analyse ainsi la dynamique d'ethnicisation de l'action publique en jeu dans la mise en œuvre des emplois de médiateurs sociaux. Le positionnement de ces derniers au quotidien est délicat, pris entre les institutionnels (employeurs et partenaires) et les populations dont ils sont souvent issus. Leur mode de recrutement et l'organisation de leur travail ne favorisent pas leur propre insertion professionnelle. I. Voléry, de son côté, nous propose une analyse comparée des contrats éducatifs locaux mis en œuvre dans les quartiers habités par les classes moyennes et dans les banlieues d'habitat social. Elle montre, elle aussi, comment les stéréotypes sous-jacents aux différents projets conduisent les responsables à proposer des activités et des styles d'animation qui ne font que renforcer les écarts : consommation et «développement personnel» d'un côté, socialisation et «éducation à la citoyenneté» de l'autre. Les équipements sportifs de proximité ont également leurs limites : si l'on suit la conclusion de l'étude de F. Escaffre et M. Zendjebil, les «City Stades» ne remplissent pas leur fonction d'ouverture mais entérinent au contraire un repli sur le quartier, se constituant comme élément de délimitation spatiale de ce repli territorial.

Comment les jeunes dits «en difficulté» réagissent-ils à un tel état de fait? L'inversion du stigmate et sa revendication constituent une première réponse possible. Dans un cadre conceptuel inspiré par les théories de E. Goffman, et s'appuyant sur des travaux contemporains sur l'école, P. Vienne analyse les interactions entre personnel éducatif et élèves d'une école spécialisée, et met en évidence différentes formes de stigmatisation spécifiques au milieu scolaire. Pour répondre à ces stigmatisations et renverser les rapports de domination, les élèves retournent à leur profit un certain nombre d'attributs stigmatisants auxquels ils prêtent une vertu d'identification, mais toujours en lien avec l'effet attendu d'un pouvoir sur leur interlocuteur. Dans le même sens de retournement de la domination, mais appliqué à l'espace plus large d'une cité de banlieue, S. Peyrat montre que des jeunes peuvent vivre avec leurs propres règles, partagées et imposées sur une même zone d'habitation. Ils développent alors un rapport à la justice et à la protection qui leur ont fait défaut, dénonçant sur un territoire l'iniquité des termes d'un contrat que la société n'a pas rempli à leur égard. La cité devient un enjeu de contrôle et un objet de reconnaissance pour les jeunes et les institutions. À la jonction des deux, T. Sauvadet aborde la question de la constitution de groupes de jeunes, formations instables, à identité masculine, centrées sur des activités illicites, et des liens dangereux qui peuvent être établis avec certaines municipalités, en vue d'une recherche de paix sociale.

Les chercheurs savent toutefois se garder d'une vision purement contre-réactive ou passive des jeunes visés par les dispositifs de l'action publique. Plusieurs d'entre eux ont ainsi choisi de mettre en évidence les stratégies que les jeunes peuvent – ou sont contraints – de développer pour s'y adapter, voire pour en tirer bénéfice. Répondant à sa manière à A. Biotteau, F. Barthélémy analyse les stratégies d'un groupe de médiateurs, employés dans le cadre de programmes d'aide à l'emploi des jeunes, qui réussissent à modifier progressivement le contenu de leurs attributions. Considérés comme non professionnels du champ du travail social, mais encadrés par des travailleurs sociaux, ils cherchent à conquérir leur légitimité vis-à-vis des professionnels établis qui, eux, cherchent à tirer profit de leurs interventions. À l'occasion de contacts avec les populations en difficulté sociale, ils développent des savoirs pratiques, des compétences pouvant faire l'objet d'une reconnaissance et d'une demande sociale. Toujours dans la veine d'une analyse du travail et des interactions, mais dans un contexte tout à fait différent, J. Claire-Louisor et A. Weill-Fassina suivent le parcours d'enfants et d'adolescents en situation de placement. Identifiant les phases et les modalités de leur adaptation, ils repèrent leur degré d'adhésion à l'élaboration et à la mise en œuvre d'un projet d'orientation éducative et leur mode d'intervention sur le processus, fournissant des indications aux éducateurs pour évaluer les dynamiques d'évolution. I. Frechon, quant à elle, analyse l'insertion sociale de jeunes femmes sorties d'un foyer socio-éducatif en s'appuyant sur une approche biographique qui lui permet de reconstruire des stratégies d'autonomisation différenciées (sur un mode matrimonial ou individuel), où le soutien de l'entourage ou le niveau scolaire jouent un rôle non négligeable.

Enfin, le domaine culturel, plus particulièrement musical dans deux des études présentées ici, est traité comme un élément du processus de socialisation des jeunes. H. DELFORGE associe la culture musicale techno à un rituel d'initiation, qu'il présente à la fois sous l'angle du «rite de marge», de la rupture, et sous celui de la participation à un ensemble culturel ayant vocation à permettre aux jeunes de s'intégrer et d'appartenir à la société de demain. Dans ce sens, cette pratique culturelle peut être vue comme assurant un rôle de passage au cours de la période transitoire de la jeunesse. D. FOFANA, pour sa part, considère la pratique de la danse rattachée à la culture hip-hop comme un espace intermédiaire investi par les jeunes, qui se situe entre la manifestation d'une identité urbaine vécue et le partage de valeurs et d'usages qui sont autant de savoirs et de savoir-faire. Ces pratiques bouleversent les modalités habituelles d'apprentissage. Comme ressource commune, elles ouvrent dans les deux exemples à des formes de sociabilité inédites mais aussi à une reconnaissance sociale à travers la médiatisation de professionnels aujourd'hui sponsorisés, programmés, établis. Elles sont aussi l'occasion de rencontres, plus ou moins conflictuelles, entre jeunes et responsables politiques. C'est à cette dernière question, essentielle pour le propos de cet ouvrage, que s'intéresse V. BECQUET en étudiant la création, par deux administrations distinctes, de deux types de «conseils» censés, d'une part, favoriser la consultation des jeunes à un niveau départemental et national et, d'autre part, encourager la vie démocratique dans les lycées. L'auteur s'interroge sur la valeur de ces expérimentations, sur les liens entre ces instruments d'action publique et les pratiques citoyennes des jeunes, plus spontanément participatives que fondées sur la représentation. Comment, dans ces circonstances, renouveler les modalités de participation au débat démocratique et d'inscription dans l'espace public, et réfléchir ainsi à la place des jeunes dans la vie de la Cité?

La place des générations et des institutions

Ces différents articles convergent vers un même constat: la fabrique de la place des jeunes est une configuration aussi complexe qu'instable. Les espaces de l'action sont micro-localisés et sa portée est souvent aléatoire; les processus sont réversibles, passant du succès à l'échec, de la dynamique au blocage; le contexte d'expérimentation permanente qui régit les dispositifs brouille parfois toute lisibilité, même quand une évaluation est possible. Le déchiffrement des situations et l'élaboration de repères deviennent, dans ces contextes de négociation et d'invention, une activité constante pour les acteurs.

Face à la complexité et à l'instabilité de leur objet d'étude, les auteurs du présent ouvrage proposent quelques clés de stabilisation du regard en diversifiant les approches et les terrains. Leur lecture nous conduit à une conclusion provisoire quant aux forces en présence (les jeunes, les adultes, mais aussi les chercheurs) et aux enjeux (emploi, insertion sociale, socialisation…). La place des jeunes est une affaire de générations et d'institutions, dans le cadre du couplage flou qui tient ensemble ordre social et ordre de l'interaction: les relations entre ces quatre termes sont travaillées par des processus d'invention et d'héritage, de reproduction et d'émergence.

La connaissance de «la place des jeunes» est également une affaire de générations et d'institutions, et plus précisément de générations de chercheurs et d'institutions de recherche. Là aussi, divers processus, homologues à ceux cités plus haut, sont à l'œuvre. Les choix thématiques, méthodologiques, disciplinaires des auteurs, opérés dans le cadre de ce rite de passage que constitue une thèse, induisent une approche essentiellement compréhensive (démarche ethnographique, observation participante) d'un objet construit plus ou moins «en miroir» (des jeunes chercheurs fabriquent leur place en observant des jeunes qui fabriquent leur place). Ce positionnement spécifique contribue probablement à mettre en lumière ce que l'on a parfois tendance à oublier: la place des jeunes dans la Cité n'est pas à comprendre seulement comme un «problème» relevant d'un «traitement» économique ou social, c'est la question anthropologique de la place des jeunes dans la société actuelle qui est ici posée.

PREMIÈRE PARTIE

STÉRÉOTYPES

LES « JEUNES EN DIFFICULTÉ » DE 1980 À NOS JOURS

De représentations en réalités sociales ?

ISABELLE BARTKOWIAK*

> « Quand une société commence
> à se débarrasser de ses jeunes,
> elle est en voie de déperdition. »
> **André Malraux**

Il est difficile de déterminer avec précision les débuts des débats sociaux français liés à la thématique « jeunes en difficulté ». Alors que certains historiens et sociologues insistent sur la première moitié du XIXe siècle[1], d'autres aiment avancer les travaux de l'université de Chicago, en 1919, sur les jeunes des quartiers défavorisés comme la pierre de touche d'un questionnement politique, médiatique et scientifique qui depuis n'a cessé d'évoluer[2]. Bien qu'il ne soit pas dans notre intention de refaire ici toute l'histoire ou l'état des savoirs en ce qui concerne la jeunesse « irrégulière[3] », il nous semble important, notre réflexion débutant en 1980, de rappeler brièvement quelques grandes dates et grands mouvements associés à ce sujet au cours du XXe siècle.

---

* Isabelle Bartkowiak est chercheure au Regulatory Institutions Network (RegNet) de la Research School of Social Sciences de l'université nationale australienne (Australian National University).
1. Voir entre autres F. TÉTARD, 1998, p. 35-46, ou 1999, p. 167-169 ; D. KALIFA, 2002.
2. C. PUGEAULT-CICCHELLI et al., 2004, p. 12 ; également trouvé dans F. DUBET, 1992. Pour plus d'informations quant à ces travaux, se reporter aux études de F. THRASHER, 1927 et C. R. SHAW, H. D. MCKAY, 1969.
3. Nous préférons guider le lecteur vers des travaux tels que ceux de G. MAUGER, 1994b (entre autres), O. GALLAND, 1985 ou 1997, ou J. BORDET, 1998.

En France, entre 1900 et 1920, les « Apaches » attirent l'attention de tous ; mais c'est à la fin des années cinquante, date à laquelle « trois évolutions qui affectent la condition juvénile contemporaine deviennent visibles[4] » que les jeunes et la jeunesse font véritablement l'objet d'un intérêt à l'origine de discours et de politiques variés. La représentation négative des « Apaches » du début du siècle, nourrie par l'insistance médiatique entre autres, est progressivement remplacée par la figure des « blousons noirs » qui cristallisent la peur sociale jusque dans les années soixante et illustrent une violence que l'on imagine sans précédent[5]. Souvent reliés à des sujets sociaux plus larges, comme le travail, le chômage ou l'école, on associe de plus en plus les jeunes aux phénomènes de délinquance à partir de la seconde moitié des années soixante-dix[6]. Les jeunes, ceux dont on dit pourtant qu'ils sont le symbole du progrès et l'avenir d'une société, sont devenus un problème auquel il faut trouver une solution...

Les années quatre-vingt et quatre-vingt-dix voient se développer cette même problématique sur les plans social, politique, médiatique et judiciaire. Le vocabulaire ayant à nouveau évolué, celle-ci tient alors en un simple générique linguistique : *les jeunes*. Pourtant, ce générique n'est simple qu'en apparence, car il sous-tend toute une cascade de questions qui *a fortiori* restent objectivement sans réponse : qui sont *les jeunes* ? Inclut-on ici tous les jeunes du territoire français ? ou bien fait-on référence à une tranche d'âge particulière ? si oui, laquelle ? et après tout, pourquoi *les jeunes* en particulier ? Qu'en pense l'opinion publique ? Comment ces *jeunes* réagissent-ils eux-mêmes à cette représentation dont ils sont le sujet ?

Nous proposons de répondre à quelques-unes de ces questions, en décrivant d'abord brièvement l'expansion de la thématique « jeunes » depuis les années quatre-vingt, puis en analysant les données recueillies au cours de deux études empiriques complémentaires qui visent à cartographier ce que sont les représentations des « jeunes » au sein de l'opinion publique, et enfin à déterminer la ou les manière(s) dont ces jeunes se réapproprient ces images.

---

4. C. PUGEAULT-CICCHELLI *et al.*, *op. cit.*, p. 13. Ces trois évolutions sont : « La dégradation des mécanismes d'insertion professionnelle des jeunes, la dilution des étapes qui mènent à la vie adulte et la prolongation de la scolarisation » (*ibid.*). Notons également que L. MUCCHIELLI mentionne les années cinquante comme le point de départ d'une évolution grandissante de la délinquance juvénile (2001, p. 131).
5. Voir à ce sujet les travaux de D. KALIFA (*op. cit.*), L. MUCCHIELLI (*op. cit.*) et J.-J. YVOREL (entre autres J.-J. YVOREL, M. BASDEVANT, 2002).
6. L. MUCCHIELLI (*in* C. PUGEAULT-CICCHELLI *et al.*, *op. cit.*); également G. MAUGER, 1994a.

Le phénomène « jeunes » : les jeunes vus par les autres

1980-1990 : amalgames sémantiques, psychoses sociales et construction de l'ennemi commun

Il est important de remarquer, en ce début de réflexion, l'absence de définition précise au cœur d'un problème social qui est loin d'être récent dans l'histoire du XXe siècle[7]. Bien que les scientifiques veuillent éviter les grandes généralisations et les catégorisations outrancières, les glissements sémantiques persistent, alors que « les sociologues se représentent et représentent leur objet – les jeunes – tantôt comme une ressource, tantôt comme une menace, et comme un questionnement pour les adultes dans tous les cas[8] ».

Le vide dans la définition et le défaut d'objectivation de la thématique « jeunes » a ainsi permis à de nombreuses locutions (métaphoriques, faute de mieux) de s'engouffrer dans le vocabulaire relié à ce qui demeure, aujourd'hui encore, un sujet vaguement cerné. Qui n'a jamais rencontré les expressions « sauvageons », « horde sauvage », « loups », « prédateurs », « super-prédateurs », etc. ? Bien que ces formules se rapportent à certains groupes de personnes qui versent, on le comprend bien, dans la petite ou la grande délinquance, commettent des agressions, participent aux émeutes, il existe peu de précisions quant à une catégorisation ou détermination sociologique qui permettrait de clairement identifier ces individus. Les questions perdurent : qui sont ces sauvageons ? ces prédateurs ?

Sans distinction d'âge, ce sont ceux que les élus, responsables politiques, ministres et journalistes regroupent sous l'expression générique *les jeunes*. Ceux-là mêmes qui représenteront un jour le « péril jeunes ». « Chiens perdus sans collier », « blousons noirs » : les référents sont présents dans les discours politiques et médiatiques comme des amalgames ou des énumérations sémantiques qui n'ont en définitive que très peu de repères concrets et objectifs dans la société.

Les termes se succèdent donc en suivant de loin les mouvements de la délinquance. Ils deviennent plus forts, plus chargés de sens. L'étude sémiologique du vocabulaire, de son évolution et des représentations induites montre les raisons de ces choix sémantiques par les journalistes et les technocrates : il s'agit de faire prendre conscience à la sphère

---

7. Il faut souligner que des essais de définition de la catégorie « jeunes » ont été réalisés par des historiens et des sociologues dont, entre autres P. ARIÈS, O. GALLAND (*op. cit.* 1985, 1997) et G. MAUGER, (*op. cit.* 1994).
8. C. PUGEAULT-CICCHELLI *et al.*, *op. cit.*, p. 11.

publique d'un problème social grave, d'exploiter, afin de la sensibiliser, un vocabulaire suffisamment fort, quitte à ce que la métaphore soit surchargée de sens. Ce qui prévaut, c'est la représentation générée dans l'imaginaire. Un (super-)prédateur, un loup, un animal sauvage, par exemple, pourra prendre plusieurs formes dans cet imaginaire, toutes uniques et fonction de chacun[9]. Le point commun de toutes ces évocations, c'est le caractère sanguinaire d'une chasse et le fait que la société ne peut réglementer les instincts animaux. Attribués aux êtres humains, ces instincts deviennent des éléments qui justifient le rejet, l'exclusion, voire la réponse institutionnelle ferme ou la décision politico-judiciaire. Les *jeunes barbares*[10] sont des éléments incontrôlables, irrécupérables, dangereux. Ils sont donc un problème, un danger pour la société.

Il est particulièrement frappant de constater une évolution sociale et sémantique semblable, à la même période, en Angleterre. C'est en termes similaires et en mentionnant quelques exceptions à la tranquillité sociale que J. BENYON et J. SOLOMOS[11] présentent le début des années quatre-vingt comme un tournant dans l'histoire de l'insécurité. Tout s'accélère avec les émeutes de Bristol en 1980 (puis de nouveau un an plus tard), suivies de celles de Brixton en avril 1981. En France, des émeutes éclatent au même moment aux Minguettes, à Vénissieux, puis en 1983. Les médias relaient des images très violentes. Les réactions de la population devant *« le déchaînement de la fureur »* sont tour à tour qualifiées de *« rage et frustration »* et d'*« horreur et incrédulité*[12] *»*. La frustration sociale des années quatre-vingt prend l'image de conflits entre jeunes (toujours sans précision de classe d'âge) et forces de police. Alimentée de faits divers surmédiatisés, elle perdure tout au long de cette décennie puis de la suivante, les événements de Strasbourg (voitures et poubelles brûlées) et d'autres villes françaises ne faisant qu'apporter de la matière à des représentations déjà vives.

---

9. Pour plus de précisions sur le fonctionnement des représentations, voir I. BARTKOWIAK, 2002, chap. I. Voir aussi P. MANNONI, 2001.
10. Nous employons à dessein cette locution qui revient parfois. Elle possède les mêmes caractéristiques que les premières expressions, mais inclut en plus la notion de « l'humanité avant qu'elle ne soit civilisée », et associe donc le jeune délinquant à une régression de l'humanité. Une dialectique très philosophique et assez courante est établie : celle de l'opposition eux/nous, sauvagerie/civilisation ou, plus simplement, nature/culture (voir aussi D. KALIFA, *op. cit.*, sur l'articulation de cette dualité).
11. J. BENYON et J. SOLOMOS, 1987, p. 3-4.
12. *Ibid.*

Faits divers, discours politiques, études scientifiques sur le sentiment d'insécurité et intérêt médiatique ne font qu'aggraver l'évolution de cette panique sociale[13] et participent à la mise en relief d'une catégorie de population à risque : *les jeunes*.

L'ampleur systématique et régulière de l'agitation sociale permet de distinguer trois grandes étapes dans la construction de l'insécurité quant à la délinquance juvénile.

1) « La psychose "discrète" autour des groupes de jeunes relativement petits et de la culture jeune en général a été remplacée par une "psychose totale" envers les jeunes et les enfants. Au-delà de celle-ci, on assiste à la naissance d'un discours de panique totalisant : celui d'une inquiétude sociale selon laquelle les derniers bastions d'innocence, de pureté et d'espoir dans la société sont assiégés.[14] »

2) L'anxiété populaire se focalisant sur le « problème jeunes », il est normal de constater une vive réaction politique autour de ce sujet. Ainsi, la construction politique des troubles urbains évolue parallèlement au sentiment d'insécurité et aux revendications des citoyens. Le discours de gauche comme de droite, selon les gouvernements, s'articule autour des mêmes thèmes de la cohésion de la société et sur la façon de « gérer » des délinquants. Une progression en trois temps est à constater : d'abord, la construction et la reconnaissance politique de l'ennemi intérieur, ensuite la diabolisation de celui-ci, pour finir avec une sorte d'intention de neutralisation (« impunité zéro ») des délinquants les plus graves.

3) « Les jeunes ont été politiquement construits non pas comme des citoyens, mais comme les objets de modes de gouvernance de plus en plus répressifs.[15] »

Face à ces représentations, la population soutient les actions pouvant l'éloigner de ces « éléments indésirables ». L'ennemi commun et intérieur est alors construit et reconnu de tous.

L'émergence d'une « underclass » des jeunes : les années quatre-vingt-dix

Les années quatre-vingt lèguent à la décennie suivante une image de jeunesse décadente et paupérisée, parfois indigente, qui doit retrouver à tout prix ses repères civils et familiaux en se soumettant à

---

13. Voir entre autres à ce sujet les travaux de S. BROWN (1998, en particulier), J. BENYON et J. SOLOMOS (*op. cit.*), S. BODY-GENDROT (2000, entre autres).
14. S. BROWN, *op. cit.*, p. 5, traduit de l'anglais.
15. *Ibid.*, p. 116, traduit de l'anglais.

une discipline de plus en plus ferme. O. GALLAND[16] souligne à l'époque les profondes ambiguïtés représentatives et sociologiques véhiculées par la thématique «jeunes». Il remarque que «la jeunesse» est une figure positive associée à la notion de précarité et à l'allongement de périodes de transition entre des catégories sociales mieux définies (enfant – adulte; scolarité – emploi). Il semble donc que les «jeunes», en tant que catégorie, se situent dans une sorte d'interstice social où tout n'est que recherche de définitions et de référentiels sociophilosophiques. Les jeunes ne sont pas en marge, ils sont en attente d'identification, de définition.

Tout comme les années quatre-vingt, les années quatre-vingt-dix sont marquées par une succession, préoccupante pour le gouvernement, de faits divers violents, dont les plus médiatisés sont les émeutes de Strasbourg (1999) et de La Défense (2001), entre autres. La conjoncture sociale relance le discours sécuritaire ainsi que le débat sur les jeunes. Les médias s'approprient de fait les événements quotidiens[17] et ponctuent les informations d'images et de citations qui, en plus d'exacerber un sentiment d'insécurité récurrent et sans cesse grandissant, façonnent une nouvelle représentation de la délinquance.

L'ennemi, cette fois, est ouvertement désigné : les jeunes des périphéries industrielles, désœuvrés, regroupés en bande et facilement reconnaissables par leur code vestimentaire sportif, détaché, un peu négligé. Le stéréotype se crée peu à peu, complète la représentation excluante du délinquant et se renforce tout au long des années quatre-vingt-dix. On va jusqu'à parler d'une «culture jeune» ou d'une «sous-culture», voire d'une «contre-culture[18]», non seulement pour souligner leur marginalité, mais aussi un antagonisme entre ces jeunes et le reste de la société, et l'impossibilité de les réconcilier avec les normes communes dites «adultes».

«Les émeutes ont laissé derrière elles [...] un héritage médiatique destiné à perdurer : celui du spectre d'une jeunesse urbaine désillusionnée, sans autre avenir prévisible que la décomposition du tissu social. Les photographies qui accompagnent les articles de journaux et les reportages télévisés sur "la jeunesse" [...] montrent des étendues de terrains vagues, des paysages industriels laissés à l'abandon, avec, au

---

16. O. GALLAND, *op. cit.* 1985.
17. C. AVENEL affirme que «la société française véhicule à ce sujet une représentation construite à partir des reportages médiatiques de la violence et du malheur» (*in* C. PUGEAULT-CICCHELLI *et al.*, *op. cit.*, p. 177).
18. *Ibid.*, p. 19.

premier plan, des groupes de jeunes désœuvrés, portant des jeans amples et des blousons à capuches, ou encore des bâtiments criblés de graffitis, sans compter les voitures brûlées et toujours ces indispensables jeunes garçons désœuvrés.[19] »

L'image des jeunes en difficulté semble alors se préciser, mais reste toujours plus symbolique que réaliste, tout en s'adaptant à l'époque. Au cours d'un entretien, une personne interrogée nous affirme : « Oui, rien n'est pareil qu'avant : aujourd'hui, les jeunes sont plus jeunes *(sic)* et plus violents ! »

Quelle que soit l'image de rébellion qu'ils donnent à leurs contemporains, les jeunes semblent ainsi cristalliser depuis les années soixante l'anxiété populaire.

Les nombreux amalgames recueillis dans notre étude empirique sont chargés de stéréotypes qui ne font, encore une fois, rien pour simplifier les choses et illustrent à nouveau la facilité déconcertante des généralisations. Si un nouveau mariage est évoqué au cours d'une conversation (exemple : les jeunes viennent pour la plupart des banlieues et sont souvent issus de l'immigration), un autre cliché peut apparaître quelques minutes plus tard dans la même discussion. C'est une équation réductrice loin d'être inconnue : jeune = chômeur + délinquant[20].

Une nouvelle incohérence représentative, ou confusion de termes, se présente ici, par manque crucial de définition quant à l'expression : outre le fait que la situation économique ne soit pas systématiquement génératrice de comportements délinquants, comment un jeune (si on lui applique la définition qui suit) peut-il être à la fois mineur… et chômeur ? Ce cas précis semble considérer un jeune comme une personne responsable, capable de travailler, et donc soit en apprentissage, soit ayant un emploi rémunéré. La limite communément admise, selon ce qui vient d'être énoncé, semble donc être celle d'une personne entre 15 et 25 ans. Ce cadre concorde avec les politiques sociales et économiques qui gravitent autour de la thématique « jeunes », en particulier en matière d'insertion sociale et professionnelle, mais pas avec celui de la justice pénale, qui définit tout sujet de plus de 18 ans comme un adulte, et non plus comme un jeune responsable devant la justice des mineurs. Enfant, adolescent, post-adolescent, mineur, jeune, adulte, jeune adulte, chômeur… les expressions se multiplient au fur et à me-

---

19. S. BROWN, *op. cit.*, p. 49, traduit de l'anglais.
20. Également mentionnée dans F. BAILLEAU, 1996, p. 179.

sure que l'on étudie le débat et les représentations du «problème jeunes». Encore une fois, l'absence de référence précise et de définition scientifique fait que les images se superposent et finissent par donner une impression d'ensemble qui ne colle ni à la réalité, ni aux besoins des institutions gouvernementales, lesquelles, du coup, multiplient les actions sur la scène politique pour atteindre un maximum de cibles variables. D'où un vivier de représentations très malléables. Dès lors, tout peut se dire, se comprendre, et *les jeunes* prendre toutes les formes que l'on veut leur prêter.

Cartographie des représentations recueillies

Absence de représentation...

Au vu des amalgames et des confusions induites par les généralisations sémantiques, nous avons tenté, sinon de définir, au moins de cartographier les représentations relatives au phénomène «jeunes».

Trois cent cinquante-sept entretiens semi-directifs avec un échantillon aléatoire de Franciliens (25 à 80 ans) ont constitué la trame de notre première étude empirique (réalisée entre mai et décembre 2000). Le fond de l'entretien est particulièrement concis: nous avons simplement demandé aux enquêtés de nous communiquer ce que signifiait pour eux l'expression «les jeunes», puis d'exprimer leur(s) opinion(s) ou sentiment(s) quant à celle-ci[21].

Les réactions des personnes que nous avons interrogées au cours de cette étude sont marquantes, tant par leur point commun très particulier[22], que par leur très grande diversité. Le point commun, c'est le début d'une réponse automatique, le réflexe qui consiste à dire: «Les jeunes? C'est facile, c'est...» Et puis, rien ne vient compléter ce début de phrase, si ce n'est une hésitation plus ou moins longue. Il y a derrière ce blanc, ce vide évocateur, un besoin de réfléchir à une définition que tout le monde croit connaître, que l'on croit même universelle, mais qui n'existe pas. Ou plutôt qui existe, mais en un nombre indéterminé: nous en revenons ainsi à la notion de représentation individuelle développée plus haut.

---

21. Une fois les réponses recueillies, les données ont fait l'objet d'un regroupement sémantique et d'un traitement statistique informatique *via* un logiciel type *NVivo*.
22. Nous insistons sur le fait qu'il n'y a aucune exception à ce qui va suivre sur l'ensemble des 357 entretiens réalisés.

L'expression *les jeunes* a été tellement développée et utilisée dans les médias (presse écrite et audiovisuelle), par les hommes politiques et par chacun, au hasard d'une conversation, qu'une nouvelle entité représentative générique est née : celle des «jeunes», en tant que simplement «les jeunes». Derrière cette expression, aucun objet de sens précis ne peut être déterminé. Le côté à la fois immatériel et plurithématique de cette évocation est tel que l'on ne peut savoir exactement qui elle concerne, où elle commence et où elle se termine, d'où la diversité des réponses obtenues lors de notre étude.

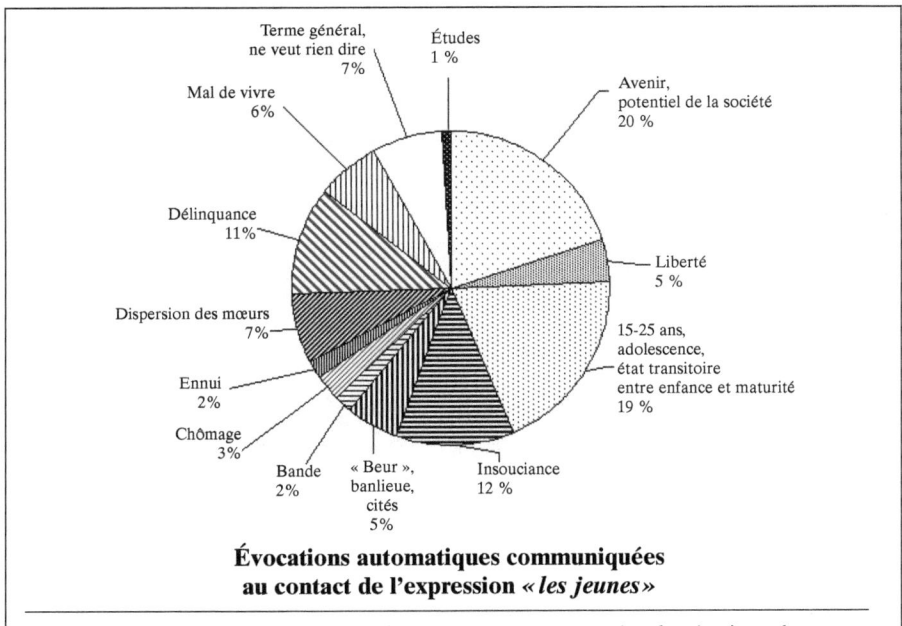

Évocations automatiques communiquées au contact de l'expression « *les jeunes* »

1. Les cadrans hachurés représentent les réponses accompagnées de réactions de peur ou d'anxiété dès l'évocation de l'expression ;
2. Le cadran blanc englobe une certaine indifférence ;
3. Les cadrans pointillés impliquent une réaction plutôt positive, de confiance ou d'optimisme.

La visualisation des évocations obtenues permet de détecter le référentiel complexe auquel tout le monde (opinion publique, journalistes, technocrates, scientifiques, hommes politiques) est confronté : aucune majorité réelle ne se dégage dans les réponses. Si les évocations positives (*i. e.* ne dégageant aucune réaction d'anxiété, telles que études + avenir + liberté + 15-25 ans) représentent 45 % des réponses ; les évocations négatives (*i. e.* complétées par une réaction d'anxiété et d'insécurité, comme mal de vivre + délinquance + dispersion des mœurs + ennui + chômage + bande + beur + insouciance) leur sont quasiment équivalentes : 48 %. De plus, les essais de définition par les enquêtés ne nous apportent qu'un éclatement de treize modèles d'évocation bien différents mais non exclusifs : les enquêtés finissent en effet par reconnaître, en fin d'entretien, que plusieurs réponses en viennent à se superposer dans leur esprit (exemple : délinquance rime avec dispersion des mœurs parce qu'ennui, etc.).

Complexité sémantique, amalgames, stéréotypes, équations réductrices sont ainsi mis en évidence dans ce premier travail de terrain, qui démontre que l'utilisation de la formule *les jeunes* et ses dérivés[23] a progressivement construit un sens abstrait et un objet de sens toujours plus impalpable et difficilement cernable, mais accepté de tous en une sorte de consensus cognitif et de compréhension mutuels. La notion d'enfance délinquante, en danger, ou de jeunes en difficulté a ainsi grandement évolué, mais cette évolution ne permet pour le moment ni de définir, ni de clarifier les réponses qu'il faut apporter à ce nouvel objet social.

... ou défaut d'objectivation ?

Une analyse plus approfondie semble mettre en évidence, à un moment précis des entretiens, une définition plus délimitée et une objectivation plus concrète des « jeunes ».

Quand on relie l'expression au thème de l'insécurité, une direction plus claire semble se dessiner. *Les jeunes* sont l'ennemi commun, l'ennemi intérieur[24] contre lequel la justice doit diriger ses efforts[25].

Les évocations des troubles urbains faisant intervenir de jeunes personnes sont directement liées, chez nos enquêtés, au champ très spécifique de la justice des mineurs, sous la bannière de l'ordonnance du 2 février 1945[26]. Mais, là encore, une divergence sémantique rend le

---

23. On trouve dans les entretiens certaines expressions récurrentes telles que « gosses », « gamins », « ados », voire « beurs », etc. Celles-ci pourraient paraître plus faciles à cerner mais, après approfondissement au cours de l'enquête, le vide dans la définition persiste.
24. Pour la notion d'« ennemi intérieur », nous nous reportons à D. BIGO, 2001.
25. 48 % des enquêtés réagissent de manière négative à l'expression, le plus souvent en y associant un sentiment de crainte.
26. Ce texte, bien que n'ayant pas l'ambition de fédérer une représentation de la jeunesse, a néanmoins pour but de très clairement fixer le statut juridique de la minorité pénale.

problème complexe et l'objectivation reste illusoire : entre la justice des mineurs, l'ordonnance de 1945 « relative à l'enfance délinquante », et les jeunes, le lien reste flou. Le terme *mineur* désigne un enfant puis un adolescent jusqu'à ses 18 ans ; l'*enfant* est un être prépubère ; le *jeune,* selon les réponses que nous avons obtenues, oscille entre 15 et 25 ans[27]. Ces trois termes et représentations très distincts, mais ici amalgamés dans une vaine recherche de définition, rendent la question encore plus obscure. D'une représentation claire et limitée instaurée par ce texte fondateur qu'est l'ordonnance de 1945, l'image du jeune s'est transformée en une sorte d'objet instable et évanescent, de menace sociale indéfinie, englobant plusieurs classes d'âge souvent incompatibles sur le plan juridictionnel. Cette confusion amène le débat à passer par des simplifications extrêmes, à occulter certaines réalités ou certaines statistiques. Les institutions s'enlisent lentement dans une hésitation (quelque peu frénétique) entre assistance/répression/(ré)insertion sur les thèmes de l'emploi, de la justice et de l'éducation liés à cette jeunesse en difficulté.

L'usage courant de l'expression *les jeunes* dissimule la complexité représentative tout en simplifiant grandement le dialogue qui s'est instauré sur le thème de la délinquance juvénile.

D. SALAS[28] souligne cette confusion en citant ces quelques catégories dans lesquelles les législateurs ont tenté de classer les jeunes délinquants. Il insiste aussi sur le fait que l'on ne peut « ranger » le sujet de ces représentations (pour lui, *l'enfant*) dans des cases préétablies, au risque de le stéréotyper, et demande que la justice spécialisée puisse encore faire valoir ses prérogatives d'adaptation au cas par cas.

On ne peut dès lors que rester sceptique quant à l'avenir des études théoriques menées sur les jeunes. Il semble que l'on doive rester confronté, à moins d'une détermination rigide qui de toute façon restera controversée, à une impossibilité préalable de catégorisation structurelle du phénomène. Si catégorisation sociale il y a, elle restera un objet flou dont les limites poreuses ne feront que biaiser les réflexions qui lui seront attachées. Néanmoins, selon O. GALLAND[29], « les images qu'une époque donne de "sa" jeunesse ont toujours quelque chose à voir avec la réalité

---

27. Il nous faut ici noter l'hésitation chez certains de nos enquêtés entre les âges limites de 18 et 25 ans. Le choix final a systématiquement été celui des 25 ans (celui de 18 ans étant jugé comme trop « ségrégatif » par la plupart des personnes ayant hésité : ce n'est pas parce que l'on entre dans l'âge adulte que l'on n'est plus jeune).
28. D. SALAS, 1998.
29. O. GALLAND, *op. cit.* 1997, p. 57.

sociale ». Nous avons ainsi décidé de confronter les sujets de cette réalité (*les jeunes*) aux représentations qu'ils génèrent dans la sphère publique, et de compléter nos premiers résultats en allant rencontrer des jeunes susceptibles de s'identifier à l'objet de la recherche, afin de savoir comment ils réagissent à la perception que les autres ont d'eux.

Les jeunes vus par les jeunes

De l'opinion des intéressés face à leurs représentations

Une seconde étude empirique réunit trois cent huit entretiens non directifs avec des adolescents et jeunes majeurs (16-21 ans[30]) pouvant être classés sous la catégorie « jeunes en difficulté » : adolescents en situation d'échec scolaire, jeunes majeurs au chômage, jeunes délinquants. Elle met en relief plusieurs types de réactions devant les représentations préalablement cartographiées, et répond aux questions suivantes :
- les jeunes se satisfont-ils de cette représentation de « jeunes en difficulté » ?
- veulent-ils s'en détacher, montrer qu'ils peuvent se construire eux-mêmes une identité socio-économique positive ?
- saisissent-ils cette représentation qui leur est imposée pour faire converger vers eux l'assistance socio-économique proposée ?
- se servent-ils de cette représentation excluante pour justifier d'une conduite hors norme, davantage marginalisante, voire judiciarisable ?

Cette étude, tant qualitative que quantitative, met au jour un référentiel peu connu : celui des jeunes face à la société et de leur(s) opinion(s) quant aux jugements qu'elle leur impose.

Récapitulatif de l'échantillon

308 enquêtés   *Dont*   *16-17 ans :* 198   *18-21 ans :* 110
Nombre de jeunes en **échec scolaire** (ES) : 120
Jeunes délinquants **non scolarisés mineurs** (JD Mi) : 78 / **majeurs** (JD Ma) : 43
Jeunes majeurs au chômage (JMC) : 67

---

[30]. Nous avons déterminé cette tranche d'âge par réductions successives de l'objet étudié. Un résultat de notre première enquête nous a fait nous intéresser en premier lieu aux 15-25 ans. L'âge de 16 ans étant un repère charnière sur le plan juridique, nous avons réduit l'intervalle aux 16-25 ans, pour à nouveau le restreindre aux 16-21 ans, cette dernière limite prenant pour critère l'ancienne majorité, qui revient souvent comme référence dans les *verbatim* préalablement étudiés.

Notre approche méthodologique est encore une fois relativement simple. Nous avons tout d'abord exposé à ces jeunes la première étude réalisée auprès d'une partie de la population d'Île-de-France, en leur montrant et en leur expliquant le diagramme circulaire obtenu précédemment. Puis nous leur avons demandé d'identifier les cases (aucune, une ou plusieurs – ce qui explique des totaux inégaux dans le tableau qui suit) dans lesquelles ils se reconnaissaient et d'expliquer en quoi et pourquoi ils s'y reconnaissaient. Le tableau suivant indique le nombre de jeunes (selon leur âge et le type de difficultés auquel ils sont supposés confrontés) qui se sont reconnus dans les modèles d'évocation obtenus au cours de la première enquête.

Identifications aux représentations illustrées dans le diagramme

	ES	JD Mi	JD Ma	JMC	Nbre total de réponses	En % d'enquêtés
Ne veut rien dire	ø	ø	ø	ø	ø	ø
Mal de vivre	21	6	3	36	66	21,4
Délinquance	7	78	43	7	135	43,8
Dispersion des mœurs	2	10	2	ø	14	4,5
Ennui	79	50	4	29	162	52,6
Chômage*	94	64	26	67	251	81,4
Bande	23	39	11	2	75	4,8
Cité	26	61	19	4	110	35,7
Insouciance	ø	ø	ø	ø	ø	ø
15-25 ans	120	78	43	67	308	100
Liberté	35	57	7	7	106	34,4
Avenir	26	4	9	3	42	13,6
Études	5	9	ø	17	31	10,0

* *Les jeunes mineurs se sont à de nombreuses reprises projetés dans l'avenir pour se reconnaître dans cette catégorie.*

Description et analyse des résultats obtenus[31]

Quatre types de réactions marquantes ressortent de cette enquête des «jeunes vus par eux-mêmes».

L'identification-rejet

Il faut tout d'abord remarquer une violente réaction chez tous les enquêtés face à la remarque «ne veut rien dire»: aucun enquêté n'accepte de s'y reconnaître. Les jeunes font une sorte d'amalgame entre ce vide représentatif et une non-légitimation de leur identité, un rejet ou une négation de la jeunesse et de tous ceux qui peuvent la représenter.

---

31. Nous remercions D. CASONI, professeure en psycho-criminologie à l'université de Montréal, pour ses conseils et ses remarques dans cette analyse (octobre 2003).

La réaction identification-rejet est la plus chargée de sens, sur le plan existentiel. Il semble évident que ces jeunes refusent tout ce qui pourrait ressembler de près ou de loin à une « non-reconnaissance » de statut, quel que soit ce statut. Du coup, on s'aperçoit que l'identification au schéma est très forte (soulignons qu'aucun de ces jeunes enquêtés ne nous a répondu ne se reconnaître « dans aucune de ces cases ») : il semble que les jeunes se définissent non pas eux-mêmes, mais en fonction de ce que les gens disent d'eux (donc du schéma lui-même). C'est comme si les enquêtés, tout en se retrouvant dans les catégories de sens, ne voulaient pas accepter qu'ils puissent ne rien représenter, que l'état de « transition sociale » qu'on veut leur apposer fait qu'ils ne sont nulle part dans le référentiel de la sphère publique.

« Les jeunes, si ça ne veut rien dire, alors ça veut dire que nous, on n'est rien. » (I., 17 ans)

« Quelque part, c'est dégueulasse de dire qu'on n'est rien, nous les jeunes. » (L., 16 ans)

La frustration-défi

Nous noterons la réaction de frustration des plus jeunes face aux cases « négatives » (hachurées sur le schéma : mal de vivre, délinquance, dispersion des mœurs, chômage, bande, beurs, insouciance) : les adolescents en difficulté scolaire refusent d'appartenir à une catégorisation de « jeunesse en difficulté », de manière générale. La réaction est un réflexe de défi quant à l'image proposée. Les jeunes s'y reconnaissent, mais expriment leur frustration quant à cette perception qui n'est qu'une représentation due à une situation de transition. Il faut observer ici que l'état transitoire ne pose plus les problèmes d'identification notés dans le premier type de réaction ; au contraire, ils se reconnaissent davantage dans cet interstice spécifique de transition école – travail. On remarque une forte volonté de se dissocier, mais *à l'avenir*, de cette image de jeunesse qui « il fut un temps, était en difficulté (scolaire) ».

« Là, ça va pas trop à l'école, parce que l'école ça m'intéresse pas, mais un jour, bientôt, j'aurai un travail, et là ils vont voir. Ils n'ont pas à penser ça de moi. C'est pas parce que des jeunes font les cons qu'ils doivent penser que, comme ça va pas à l'école, moi je vais devenir une racaille plus tard. Ils vont voir ! » (Y., 16 ans)

On pourrait noter également, dans cette intervention en particulier, une dualité « eux-moi » qui montre une forte prise de distance par rapport à d'autres jeunes au parcours plus chaotique. On découvre alors une typologie d'identification-refus secondaire, différente de la première puisque cette fois dirigée non pas vers une définition statutaire, mais vers les pairs des enquêtés.

La gêne ambivalente

Il faut souligner la gêne marquée chez les jeunes chômeurs, qui expriment leur colère quant aux personnes qui pourraient sous-entendre qu'ils sont de leur plein gré dans une situation difficile. D'un côté, les enquêtés reconnaissent volontiers qu'ils se trouvent dans une situation pénible, et soulignent les raisons socio-économiques qui influencent celle-ci; de l'autre, la gêne exprime aussi, de manière sous-jacente, un sentiment d'injustice d'« avoir 20 ans au mauvais moment ». Ainsi, il y a une forte résolution à exploiter des outils institutionnels pour sortir des représentations négatives (aller à l'ANPE pour montrer que l'on veut s'en sortir) et des politiques socio-économiques existantes (aller aux Assédic pour avoir les moyens de vivre « normalement ») :

> « ... se fondre dans le groupe pour vivre comme les autres, même si on n'est pas tout à fait pareil. » (O., 21 ans)
>
> « La situation dans laquelle je suis, c'est pas forcément ma faute, la conjoncture économique, elle est dure, on lit ça tous les jours dans le journal. Mais c'est pas pour ça que je vais aller tirer une banque demain matin, j'irai juste à l'ANPE et aux Assédic. Après tout, c'est pour ça que ce genre de truc existe. Alors j'en profite, mais c'est chiant parce que les gens pensent qu'on est des bons à rien, des moins que rien... Mais c'est pas vrai. Eux ils avaient du boulot à leur époque. Maintenant y a trop de chômage et je suis en plein dedans, mais je fais ce que je peux pour m'en sortir. Mes potes, c'est pareil, qu'on ait des diplômes ou non... » (L., 20 ans)

L'opportunisme situationnel

Il faut signaler de nombreuses réactions amusées devant les catégorisations négatives : certains ne se privent pas de se reconnaître dans les cases de stigmatisation marginale. L'identification est ici extrême (la colonne JD-Mi montre de nombreuses projections dans les catégories délinquance, bande, cité, etc.). Les jeunes délinquants mineurs n'hésitent pas à assumer ces représentations, et s'érigent même comme de véritables acteurs de celles-ci, acteurs particulièrement au courant des risques qu'ils encourent et de leur intérêt à freiner leurs actions déviantes à partir d'un certain âge. D'ailleurs, selon M. PARAZELLI et

A. COLOMBO[32], « la perspective interactionniste appréhende le jeune comme un sujet capable de développer des stratégies en fonction des informations dont il dispose et de sa capacité à les utiliser ». Cela semble être confirmé dans notre étude, lorsque certaines personnes interrogées expriment leur intention de ne pas vouloir appartenir à une société qui leur semble toute puissante et très distante de leur propre cas et lorsque, en revanche, elles admettent également tout faire pour en « tirer ce qu'elles peuvent » pour le moment.

> « Ben oui, moi, je me reconnais dans plein de cases négatives, je ne vais pas le nier, hein ! Moi j'en profite de ce truc ! Pendant que je peux ! Après, il ne s'agira plus de déconner, quand j'aurai un boulot, une nana, et tout. Mais même y a deux ou trois ans, je peux te dire que j'en profitais carrément, je risquais rien, sauf un rappel à l'ordre ou une heure au poste [de police] ; mais maintenant j'ai 16 ans, je me suis un peu calmé. » (V., 16 ans)
> « Ben oui, les jeunes c'est censé être des perturbés de la tête et de la vie... Du coup, pourquoi je me serais privé de faire des conneries, les gens, de toute façon, ils te disent que c'est normal, qu'"il faut le laisser, il est jeune, ça lui passera", du coup, moi, je me suis pas privé. » (H., 17 ans)

Conclusion

Les années quatre-vingt et quatre-vingt-dix ont vu l'émergence de ce que les scientifiques ont appelé *« the scope of moral panics*[33] *»* lié à la thématique des jeunes en difficulté. Loin d'être ponctuel, ce phénomène de psychose sociale ou de panique morale, selon les traductions que l'on veut donner à l'expression, n'a cessé de s'amplifier au cours de ces deux décennies, du fait d'une conjoncture sociale agitée et d'une exploitation de représentations totalisantes et excluantes du sujet « jeunes », représentations facilitées par une absence de définition et d'objectivation précises de ce même sujet.

Notre travail, qui combine sur le plan empirique les perceptions des jeunes par la société et par eux-mêmes, se conclut sur les interactions complexes, parfois incohérentes ou contradictoires qui se jouent dans la construction non seulement des représentations mais aussi des nombreuses politiques publiques relatives aux jeunes en dif-

---

32. *In* C. PUGEAULT-CICCHELLI *et al., op. cit.*, p. 149.
33. S. BROWN, *op. cit.* L'expression anglaise est délicate. Elle pourrait être traduite par « l'éventail des psychoses ».

ficulté. Une constatation saisissante marque le point d'orgue de cette recherche : l'interchangeabilité des rôles des *jeunes* en tant que sujets *et* acteurs dans l'évolution de ce phénomène que sont ces *jeunes*. La dualité des quatre types de réactions établis en fin d'étude prouve que *les jeunes* ne restent pas des sujets passifs devant les images qu'ils génèrent dans la sphère publique... Leurs réponses montrent que, devant celles-ci, dans un sens ou dans l'autre, ils s'érigent en acteurs soit de l'alimentation des représentations, soit de leur mutation, saisissant les opportunités déviantes qui leur sont présentées ou exploitant les ressources socio-économiques et politiques à leur disposition. Dès lors, une question complexe se pose : si l'on accepte que l'entité *jeunes* soit passée d'un état de représentation confuse à celui de réalité sociale (certes plurielle et beaucoup plus complexe que ce que l'on voudrait croire) cible des politiques publiques, est-elle apte à moduler réellement la façon dont elle est perçue, et pourrait-elle être une actrice dynamique des politiques qui lui sont liées ?

BIBLIOGRAPHIE

BAILLEAU F. (1996), *Les Jeunes face à la justice pénale. Analyse critique de l'application de l'ordonnance de 1945*, Paris, Syros, coll. «Alternatives sociales».

BAILLEAU F. (1997), «Délinquance des mineurs, question de justice ou d'ordre social ?», *in* «Un péril "jeunes"?», *Cahiers de la sécurité intérieure*, n° 29, Paris, IHESI, p. 77-88.

BARTKOWIAK I. (2002), *Politisation et Traitement de l'insécurité urbaine : étude comparative de la France, des États-Unis et de la Grande-Bretagne, de 1980 à nos jours*, Paris, université de la Sorbonne-Paris IV.

BARTKOWIAK I. (2005), *Youth and Community Development: Global History and Indications for the Future*, conférence annuelle des School Focused Youth Services, Victoria, Australie, 13 mai 2005.

BENYON J., SOLOMOS J. (1987), *The Roots of Urban Unrest*, Oxford, Pergamon Press.

BIGO D. (2001), «Se garder face à l'ennemi ? La construction par la surveillance de la figure de l'ennemi intérieur : ennemi infiltré, ennemi intime», *in* «Défense et identité : un contexte sécuritaire global ?», *Culture et Conflits*, n° 44.

BODY-GENDROT S. (2000), *The Social Control of Cities? A Comparative Perspective*, Oxford, Backwell.
BORDET J. (1998), *Les Jeunes de la cité*, Paris, Puf, coll. « Le sociologue ».
BOUAMAMA S. (1993), *De la Galère à la citoyenneté. Les jeunes, la cité, la société*, Paris, éditions de l'Épi, Desclée de Brouwer, coll. « Habiter ».
BOURDIEU P. (1992), « La jeunesse n'est qu'un mot », entretien avec A.-M. Métailié, *Questions de sociologie*, Minuit, p. 143-154.
BROWN S. (1998), *Understanding Youth and Crime. Listening to Youth?*, Philadelphia, Open University Press.
DUBET F. (1992), « À propos de la violence des jeunes », *Cultures et Conflits*, n° 6, été.
DUPREZ D. (1997), « Jeunesse délinquante : des représentations aux réponses institutionnelles », in « Un péril "jeunes" ? », *Cahiers de la sécurité intérieure*, n° 29, Paris, IHESI, p. 9-16.
FABRE-CORNALI D. (1997), « Les violences à l'école », in « Un péril "jeunes" ? », *Cahiers de la sécurité intérieure*, n° 29, Paris, IHESI, p. 107-119.
GALLAND O. (1985), *Les Jeunes*, Paris, La Découverte.
GALLAND O. (1997), *Sociologie de la jeunesse*, Paris, Armand Colin, coll. « U. Sociologie ».
JELEN C. (1998), *La Guerre des rues : la violence et les jeunes*, Paris, Plon.
KALIFA D. (2002), « Archéologie de l'apachisme. Les représentations des Peaux-Rouges dans la France du XIXe siècle », in « Images de l'enfance et de la jeunesse irrégulières, XIX-XXes siècles », *Le Temps de l'Histoire,* n° 4.
KOKOREFF M. (1993), « L'espace des jeunes : territoires, identités et mobilité », *Annales de la recherche urbaine*, septembre, p. 59-70.
MANNONI P. (2001), *Les Représentations sociales*, Paris, Puf, coll. « Que sais-je ? ».
MAUGER G. (1994a), « Ce que nous savons d'eux », *Le Monde de l'Éducation*, novembre.
MAUGER G. (1994b), *Les Jeunes en France*, Paris, La Documentation française.
MUCCHIELLI L. (2001), *Violences et Insécurité. Fantasmes et réalité dans le débat français*, Paris, La Découverte, coll. « Sur le vif ».
PUGEAULT-CICCHELLI C., CICCHELLI V., RAGI T. (2004), *Ce que nous savons des jeunes*, Paris, Puf, coll. « Sciences sociales et sociétés ».

SALAS D. (1998), « La délinquance des mineurs », *Problèmes politiques et sociaux,* n° 812, Paris, La Documentation française.
SHAW C. R., McKAY H. D. (1969, 2000 édition révisée), *Juvenile Delinquency in Urban Areas. A Study of Rates of Delinquency in Relation to Differential Characteristics of Local Communities in American Cities*, Chicago, Chicago University Press.
TÉTARD F. (1998), « Punis parce qu'inéducables. Les "inéducables" comme enjeu des politiques correctives depuis le XIXe siècle », *Le Nouveau Mascaret*, revue régionale du CREAHI d'Aquitaine, n° 51-52, 1er trimestre, p. 35-46.
TÉTARD F. (1999), « Les archives de la jeunesse et de l'éducation populaire : un patrimoine ! », *Agora débats/jeunesse*, Paris, L'Harmattan, n° 15, 1er trimestre, p. 167-169.
THRASHER F. (1927, 2000 édition révisée), *The Gang*, Chicago, Chicago University Press.
YVOREL J.-J., BASDEVANT M. (2002) (dir.), « Images de l'enfance et de la jeunesse irrégulières, XIX-XXes siècles », *Le Temps de l'Histoire*, n° 4.

LA MAUVAISE RÉPUTATION.
Étiquetage sexué dans les cités

Isabelle Clair*

LA marche des « Ni putes ni soumises » de l'hiver 2003 a projeté dans la sphère publique et en dehors des « quartiers » la question des étiquettes qui, en les nommant, rigidifient les identités sexuées des jeunes et les représentations que chacun a du genre opposé. Au-delà de la seule problématique de l'action collective, ce phénomène pose donc plusieurs questions qui touchent notamment à la construction identitaire des jeunes des banlieues populaires, aux représentations sexuées et sexuelles qui définissent leur vision du monde et aux prises de pouvoir qui régissent les relations entre garçons et filles. En prenant pour point de départ le mouvement de Fadela Amara, nous nous fonderons sur l'analyse d'entretiens compréhensifs (une soixantaine) réalisés auprès de garçons et de filles ayant entre 15 et 20 ans et vivant dans différentes cités de la banlieue parisienne. Une lecture interactionniste nous permettra de mettre au jour les étiquetages qui instituent les représentations sexuées dans la vie ordinaire de ces jeunes et par là contribuent à la distribution des rôles dans le « quartier ». Ainsi, reprenant un concept cher à H. S. Becker[1] (« label » ou « étiquette »), nous montrerons que la construction de l'étiquette sexuée ne dépend pas seulement de la transgression de normes.

---

* *Isabelle Clair est doctorante en sociologie au Centre de recherches sur les liens sociaux de l'université de Paris V – René-Descartes.*
1. H. S. Becker, 1985.

Au fondement de l'étiquetage

Un ensemble de croyances communes

Pour que tout processus d'étiquetage sexué fonctionne, c'est-à-dire que sa production soit validée par l'ensemble du groupe, il est nécessaire qu'il repose sur un ensemble de croyances communes concernant la sexualité et ses représentations. Cet ensemble de croyances a pour point de départ le fait que garçons et filles se sont construits, depuis leur enfance, selon l'idée de la séparation des genres : séparation biologique, donc séparation dans tous les aspects de la vie et séparation nécessaire. Chaque genre est supposé avoir des compétences, des droits et des devoirs différents, conformément à cette différence fondamentale qui doit être particulièrement observée lors du rapprochement dangereux pour sa pérennité que constitue la sexualité, acte nécessairement sale et corrupteur. C'est à la femme que revient le devoir de la contenir ; comme nous l'a dit Chandu : « *La honte, elle est dans la meuf* », c'est à elle de mettre de la distance entre ses propres désirs et ceux de l'homme.

Continûment naturalisées, ces croyances sont renforcées à l'adolescence, sorte de mise à l'épreuve de la règle de la séparation. Les jeunes en sortent à la fois confus et confortés dans leurs préjugés : les garçons prennent pleinement conscience de la virulence de leurs propres désirs et découvrent que les filles, vouées pourtant à la discrétion et à la retenue, en sont elles aussi animées ; les filles, à la sexualité depuis toujours culpabilisée et ayant parfois du mal à ajuster leurs désirs à ce que l'on attend d'elles, voient dans les garçons leur naufrage inévitable et dans leur propre corps la cause de toutes les fautes. C'est ce qui fait dire à Zahra et à son petit copain Paolo (dont elle rapporte les propos), à des moments différents d'un même entretien, que les garçons ne sont intéressés que par le sexe et que les filles sont toutes des « *salopes* » (ce qui revient au même, la connotation péjorative en plus) :

> « Parce que nous, dans nos têtes, les filles, on se dit : "Ouais, les gars, ils pensent tous à... à faire ça." [...] Paolo me fait : "Mais on est pas tous comme ça." J'ai fait : "Ouais, mais moi, c'est ce que j'ai comme image envers eux, quoi." »
>
> « C'est vrai que, maintenant, les filles, elles sont un peu... moi, je trouve, franchement, que les filles, à mon âge, c'est chaud, quand même ! Y'en a plein, elles ont déjà couché... [...] Et lui... Paolo, il m'a dit : "Franchement, j'aime pas les meufs... c'est des salopes..." »

Cette expression, *« maintenant, les filles »* ou *« maintenant, les gars »*, revient souvent dans les entretiens. Or, plus que les filles ou les garçons *« de maintenant »*, les jeunes parlent des filles ou des garçons de leur âge : ceux-là mêmes qui, quelques années plus tôt, étaient hors de vue et donc hors de sexualité. En général, les jeunes confondent évolution historique et cycle de vie : ils vivent leur propre entrée dans la sexualité – effrayante – comme l'entrée du reste de l'humanité dans une sexualité débridée. C'est ce qui fait dire à Ben :

> « Avant je croyais que c'étaient les gars, et tout ; là, je pense que c'est plus les filles qui… non, franchement, toutes les filles sont vicieuses : non, non, mais le monde, ça s'inverse là ! »

La peur des premières interactions sexuelles conscientes et les prescriptions sociales qui tentent de les en éloigner conduisent les jeunes à voir dans l'autre genre un ennemi homogène et dans la sexualité une corruption. Les filles seraient toutes des tentatrices pour les garçons ; les garçons tous de potentiels dangers physiques et spirituels pour les filles. Leurs balbutiements sexuels (à quelque degré que ce soit) sont donc porteurs d'une grande violence qui se répercute dans les mots et dont les étiquettes sont empreintes. Certaines filles, bien qu'amoureuses, en viennent à dire qu'elles détestent les garçons, telle Sophie qui les assimile à des animaux ; tout comme Paolo dit ne pas aimer *« les meufs »* parce que ce sont *« des salopes »*. Mépris réciproque, mépris pour soi-même, obligation sociale d'entrer dans la zone interdite… La sexualité est en effet vécue comme une zone de non-retour aliénante. Elle apparaît comme une drogue, un précipice dont témoigne la phrase suivante, fréquente dans les propos recueillis : *« Elle/il y a goûté, elle/il ne peut plus s'en passer »*, condamnation et peur tout à la fois pour sa propre intégrité.

La construction des étiquettes – dont nous verrons les mécanismes plus loin – se nourrit de ces croyances communes à l'ensemble des jeunes. Croyances plus largement communes à l'ensemble de la société, relativisées par certains de ses acteurs, rendues plus aiguës par d'autres, en tout cas souvent vécues par les jeunes que nous avons rencontrés dans la peur et la radicalité.

La cité panoptique et ses zones aveugles

La cité, en raison de la densité de sa population, de sa structure architecturale et des traces de vie communautaire héritées du passé villageois de nombre de ses habitants, est un espace sous contrôle. Elle constitue un environnement idéal pour la circulation de rumeurs. Tout le monde se connaît, épie le moindre geste du voisin, et cela d'autant plus facilement pour les adolescents qu'une grande partie de leur vie se passe dehors. Monstre impersonnel, la rumeur se confond avec la population du quartier : « *Ça parle beaucoup* », disent les jeunes.

À tel point que le regard symbolique est omniprésent dans leurs propos. À la question « C'est quoi, pour toi, un couple idéal ? », Kamel répond :

« – [...] Physiquement... les deux, ils cartonnent [...] mentalement, et physiquement. Physiquement, elles doivent trop cartonner, mais mentalement... faudrait pas qu'elles se la racontent non plus, les personnes.
– C'est-à-dire ?
– C'est pas parce que t'es... t'es le mieux, t'es beau, que tu dois avoir la grosse tête ; genre, tu te prends trop pour un beau gosse : ça peut retomber sur toi ; c'est pas tout le monde qui pense la même chose. »

Alors qu'il formule une définition abstraite dont l'objet est confiné dans l'intimité, Kamel introduit immédiatement le regard des autres. Parce que ce dernier est omniprésent, mais bien plus dans sa forme symbolique que physique. En effet, si la cité est un espace ouvert, elle renferme néanmoins quelques zones inaccessibles aux curieux : outre les appartements privés, le haut des cages d'escaliers et quelques recoins affectionnés par les jeunes se soustraient au regard du monde, et c'est dans ces zones d'ombre physiques que se créent réellement, en creux, les rumeurs. Ainsi, plus qu'un « panoptique[2] », la cité ressemble à une illusion de panoptique : c'est justement parce que, dans la réalité, tout n'est pas visible (et notamment tout ce qui tient à l'intimité individuelle) que le qu'en-dira-t-on va bon train. La rumeur, mélange de visibilité et d'invisibilité, est rendue visible par l'imagination. Elle expose sur la place publique une sphère privée imaginée. Née de la prégnance d'un regard symbolique sans barrières, elle nourrit le désir de savoir, par-delà les murs, de l'ensemble de la communauté.

La délectation des mots et de leur violence

Enfin, la fascination esthétique qu'exercent les mots sur les jeunes que nous avons rencontrés fait de l'étiquette un terrain idéal d'entraînement à la joute oratoire. En effet, les mots et l'art de les manier sont au fondement de l'étiquetage. Car étiqueter, c'est d'abord nommer. La complaisance adolescente pour l'exagération et la moralisation ainsi que l'importance que les jeunes des banlieues populaires accordent au langage confèrent leur force aux étiquettes instituées.

---

2. A. EL CADI, 1998, p. 171-184.

Mécanismes

Le passage par la rumeur

Tous les habitants des cités sont susceptibles d'être soumis à un nombre variable de rumeurs qui naissent au hasard de la vie quotidienne et meurent, le plus souvent, au bout de quelques jours. Vouées à n'être que de passage, ces rumeurs remplissent des fonctions différentes : rappels à l'ordre pour les filles, signes de popularité pour les garçons, moyens pour tous de contrer l'ennui et de se venger de tel ou telle en défaisant les couples et les réputations individuelles... Des propos défiant parfois toute rationalité sont propagés et, pour certains, entérinés collectivement.

La rumeur part d'une personne ou d'un petit groupe, greffe sur tel individu une histoire parfois abracadabrante et se colporte de groupe en groupe, de cages d'escaliers en maisons de quartier. La personne qui en fait les frais se voit insultée au hasard des rues et des bus, on vient la voir pour lui extorquer des confessions en attendant d'elle qu'elle se défende, par les mots ou par les coups.

Lorsqu'une rumeur sort du périmètre restreint des voisins proches et s'installe pour plusieurs semaines, voire plusieurs mois ou années, elle donne lieu à ce que les jeunes appellent *« une réputation »*, en d'autres termes une étiquette sociale durable. La parole répandue passe alors du doute à la vérité : la rumeur n'est pas toujours prise vraiment au sérieux, c'est une touriste ; tandis que la réputation est perçue par les jeunes comme quelque chose de mérité, de nécessairement vrai, quel que soit son degré de vraisemblance : *« Quand on a une réputation, c'est qu'on l'a cherchée »* dit Sophie, traitée d'*« allumeuse »* pendant des années et contrainte de rester enfermée chez elle pour que se taisent les voix de son quartier, parce qu'à 12 ans, l'été, on l'a vue porter un short moulant.

Il est donc des fois où la rumeur « prend ». Et ce que nous allons tenter de voir à présent, c'est qu'elle ne « prend » pas en fonction de n'importe quels critères : tous les individus, à pratiques sexuelles similaires, n'ont pas la même probabilité d'« avoir une réputation ».

Institution de l'étiquette par confirmation de l'être social

Ce ne sont pas tant les pratiques sexuelles qui suscitent l'étiquetage que l'essence sociale des étiquetés : telle fille est traitée de « salope » non parce qu'elle sort avec beaucoup de garçons ni même parce qu'elle « couche », mais parce qu'elle est d'abord une fille, n'a pas de grand frère, appartient à telle communauté, porte tel type de vêtements, fréquente tels endroits et/ou a déjà une mauvaise « réputation ». Ce qui signifie que l'origine de l'étiquette réside éventuellement dans la transgression visible d'un certain nombre de normes (discrétion vestimentaire, langagière, géographique) mais, surtout, dans la définition sociale des individus.

Des entretiens que nous avons menés, il est relativement difficile de dégager de réelles normes ayant trait aux pratiques sexuelles : il n'est certes pas considéré positivement d'avoir des relations sexuelles avant un certain âge ou sans aimer, la virginité des filles étant le plus souvent présentée comme un bien d'une grande valeur et le mariage d'amour l'horizon à atteindre ; mais, en creusant un peu, et lorsque chacun en vient à parler de son cas personnel, les choses ne sont plus aussi figées. D'abord parce que la réalité est faite de bricolages avec l'idéal et que tous en font l'expérience depuis peu ; ensuite, parce que les injonctions de l'amour, de la liberté individuelle et du consumérisme, elles bien définies et sans cesse valorisées dans l'ensemble de la société, court-circuitent, chacune à leur façon, ledit idéal. Il s'ensuit une sorte de discours à deux niveaux, fait d'énoncés de principes moraux rigoureux et de piétinements de ces principes par impossibilité personnelle de s'y soumettre tout à fait et par conformité aux non-principes de la modernité.

La norme est ainsi beaucoup plus palpable et plus ferme dans des pratiques quotidiennes mettant en scène la sexualité des filles de façon indirecte. Les vêtements en sont l'exemple le plus évident. Il n'est pas un entretien dans lequel filles et garçons n'aient disserté sur ce qu'il était convenable ou non pour une fille de porter. Sarah explique :
> « Parce qu'ici, c'est… tu t'habilles bien, t'es pas bien vue, quoi… Tu sais, ça se voit que tu vas faire quelque chose, quoi. Moi, […] dès que les copains à mon frère ils me voient, s'ils me voient en train de m'habiller bien, maquillée, nanana : "Obligé, celle-là, elle cache quelque chose." »

Ainsi l'étiquette ne condamne pas un *acte* mais une *intention* supposée ; c'est cette supposition qui fait le lien entre un indice visible et une intimité invisible, qui fonde le jugement des autres et l'illusion de la révélation. Et c'est en fait l'intention supposée encore plus que la transgression de certaines normes qui est au fondement de l'étiquetage. Or cette intention, si elle est favorisée par les bottes pointues et les mini-jupes, s'établit en amont sur l'essence sociale des individus ; car on considère que si telle fille porte des bottes et a de fortes probabilités d'être une «pute», c'est parce qu'elle possède des caractéristiques sociales bien spécifiques. Préalablement au jugement qui donne lieu à l'étiquetage péjoratif et sexualisé, s'opère le jugement de ce que sont les personnes par ailleurs. Ce qui compte alors, en premier lieu, c'est d'avoir ou non un grand frère, c'est-à-dire d'être ou non «une petite sœur», et éventuellement d'appartenir à telle ou telle communauté – nous ne développerons ici que le premier point.

> «Nora aussi, elle est super mignonne [...]. En plus, elle, elle a pas de grand frère, donc ils sont là : "Elle, elle a pas de grand frère, et tout. Elle sera facile, et tout. On va la pécho, et tout."» (Zahra)

Ne pas avoir de frère, c'est automatiquement être facile. Ce raccourci est bien sûr le résultat d'une croyance sociale connue : les filles, qui ont la charge sociale de la réserve sexuelle, seraient aussi des êtres faibles, dominés par leur corps[3]. Il apparaît donc évident aux jeunes que nous avons rencontrés (filles et garçons) que, sans frère, les filles sont perdues par leur nature sexuelle. Mais ce raccourci est en soi intéressant pour comprendre le raccourci que constitue l'étiquette elle-même : dans un premier temps, la confusion entre attributs sociaux et conduites sexuelles supposées et, dans un deuxième temps, la réduction de l'ensemble de l'identité sociale auxdites conduites.

C'est pourquoi l'institution de l'étiquette relève de la confirmation et non de la révélation : elle se contente d'entériner publiquement telle ou telle caractéristique identitaire attribuée *a priori* à tel individu en raison de ses caractéristiques sociales, plutôt que de condamner *a posteriori* et avec preuves des actes transgressifs.

L'invraisemblance de certaines rumeurs à l'origine de réputations, pourtant présentées par le groupe comme vraies, montre à quel point les actes en eux-mêmes sont plus de l'ordre de l'accessoire que de la cause nécessaire. C'est en partie en raison de cela que la majorité des jeunes que nous avons rencontrés ne condamnent pas les «tournantes» ni ne les assimilent à des viols : les faits en eux-mêmes n'ont à leurs yeux que peu d'importance puisque la victime avait déjà été condamnée dans la communauté, avait été préalablement désignée comme «porteuse» de pratiques sexuelles douteuses («la pute du quartier»); c'est donc elle qui est collectivement considérée comme responsable d'un acte dont elle est en fait la victime.

---

3. Cf. Y. VERDIER, 1979.

En témoigne cette réponse de Khaled, 15 ans :
> « – Et comment on sait distinguer celles qui se sont fait forcer et celles qui ne l'ont pas été ?
> – Le visage. Je sais pas, moi... le visage, et... si elle était déjà connue avant, dans la cité, tu vois ; comme quoi, tu vois, elle faisait n'importe quoi, nanana, tatati tatata ; c'est pas du viol : ce sera du mytho, enfin, pour moi, ça, c'est du mytho, tu vois. »

La force de l'étiquette, c'est de renverser le rapport de causalité entre acte et sentence ; l'étiquette n'est qu'un mot et, parce qu'elle est un mot, elle donne l'illusion de formuler *a posteriori*, de survenir après l'acte.

Validation circonstanciée de l'étiquette par le groupe

L'autre mystification de l'étiquette, c'est que, en individualisant son porteur, elle masque la dimension collective de sa construction. Car qui dit « étiqueté » dit « étiqueteur » et public réceptif. Là encore, la transgression de telle ou telle norme ne suffit pas pour comprendre la condamnation d'un individu par le reste du groupe. D'autres facteurs entrent en compte, tels que le degré de légitimité dont celui ou ceux qui étiquettent jouissent dans l'ensemble de la communauté, ainsi que la nature des relations qu'il(s)/elle(s) entretien(nen)t avec l'étiqueté(e).

C'est pourquoi il y a un réel enjeu à se pourvoir soi-même, ou par le truchement de toute personne légitime, d'une identité sexuelle « propre ». C'est notamment le rôle des grands frères que d'attribuer *a priori* à leur sœur une pureté essentielle : leur popularité et la peur qu'ils inspirent rendent performative toute parole qu'ils profèrent, notamment lorsqu'il s'agit de la pureté sexuelle de leur sœur dont on attend d'eux qu'ils la garantissent contre le reste du groupe. Régulièrement, la « petite sœur » subit un rappel à l'ordre public de la part de son frère, qui est aussi un rappel à l'ordre pour la communauté tout entière : de la sorte est réaffirmée l'étiquette qui convient à la sœur et est donc validée sa légitimité sociale au regard des autres.

> « Il les a prévenus : "Vous avez pas droit à ma petite sœur ; ma petite sœur, c'est pas une salope, et tout !" », dit Zahra, citant son frère.

On voit bien dans ce passage que c'est l'essence sociale de la fille qui est antérieure à quelque acte que ce soit : Zahra n'est pas une « salope » puisqu'elle est la sœur d'Omar et qu'Omar le dit. Zahra n'*est* pas une « salope » par décret et ne peut pas le devenir, alors que, dans les faits, si elle n'a pas encore eu de rapports sexuels, sa conduite ordinaire avec les garçons transgresse toutes les normes de retenue et de discrétion sexuelles auxquelles elle est censée se conformer : elle est sortie avec un grand nombre de garçons, voire avec plusieurs en même temps, leur ment, ment à son frère pour se couvrir, etc. Mais elle a été instituée « fille bien » par Omar et elle court peu de risques de changer d'étiquette, quelle que soit sa conduite sexuelle, et tant qu'elle parviendra à conserver la confiance de son frère.

Il en va de tout étiqueteur comme du grand frère : on ne peut valider telle rumeur qui circule que si l'on occupe une position dans la cité supérieure ou égale à celle de la personne incriminée. C'est pourquoi Zahra, grâce à la « protection » de son frère et à la légitimité sociale que celle-ci lui procure, ne peut être discréditée que par un très petit nombre de personnes : celles qui auront les armes physiques pour se risquer à défier son frère, et les armes sociales pour discréditer sa parole.

Par ailleurs, les membres du groupe *choisissent* de valider ou non telle étiquette qui circule en fonction des profits personnels qu'ils peuvent tirer d'un tel choix. C'est ce que montrent les propos suivants d'Aïcha, véritable leçon sur la façon dont, individuellement, chacun valide telles étiquettes et laisse telles autres de côté en fonction de critères sans aucun rapport avec la conduite sexuelle des personnes condamnées :

« – Tu penses quoi, toi, des filles qui ont une rumeur de salopes ?
– Je les aime pas. C'est clair, net : je les aime pas. Y'en a, franchement, ils ont des rumeurs de salopes, et pourtant, c'est mes potes. Y'en a une qui s'appelle Céline, elle a grave une rumeur, une réputation, mais je la kiffe grave : c'est ma pote. Mais celles qui... y'a une meuf, elle s'appelle Marine, et... une meuf, elle s'appelle Amandine – eux deux, là, des vraies salopes.
– C'est quoi, des vraies salopes ?
– Elles font montrer leur string... elles... des vraies salopes, quoi ! Et je les aime pas ! Disons que je peux parler avec, des fois, mais je les aime pas, c'est pas mes copines.
– Et Céline, alors...
– Je sais pas pourquoi... Je la connais depuis la sixième ! En sixième, elle était pas comme ça. Et moi, je sais sa vraie personnalité, je sais comment elle est au fond d'elle. Moi, je regarde pas ce que les gens ils disent...
– Et pourquoi ils disent ça ?
– Je sais pas, moi ! Mais c'est vrai ! C'est vrai, quand même, c'est un peu une salope.
– C'est-à-dire ?

– Elle fait montrer ses eins [verlan] des fois. Ouais, y'a un truc comme quoi elle fait montrer ses seins, donc…
– Mais c'est vrai ou… ?
– Ouais, c'est vrai, c'est vrai ! Ben alors ? Elle fait ce qu'elle veut ! C'est son corps ! Moi, je m'en fous. C'est ma copine.
– Ouais, elle, tu lui pardonnes parce que tu la connais depuis longtemps…
– Ouais, parce que je sais qu'elle était pas comme ça avant. Non, mais… les autres meufs, déjà, je leur parlerais pas parce qu'elles, c'est du genre Gallagan avec moi ; alors j'aime pas ça, tu vois. »

Dans ce passage, les vêtements (les strings) sont des prétextes. Là encore, c'est l'essence des individus qui est invoquée, indépendamment de leurs conduites : Aïcha connaît « la vraie personnalité » de sa copine Céline qui n'est qu'« un peu une salope ». Ladite essence repose, on l'a dit, sur le genre, l'appartenance communautaire, le fait d'avoir ou non un grand frère ; on voit ici qu'elle est aussi une construction permanente, fruit des relations amicales et des rapports de force dans le quartier ou à l'école. Ainsi, le fond de la validation de l'étiquette réside d'abord dans les relations qu'Aïcha entretient avec Marine et Amandine qui jouent les dures avec elle, ce qu'elle ne supporte pas. Il est évident dans ces propos, et ils sont légion dans les entretiens que nous avons menés, que la validation de l'étiquette est elle aussi relativement indépendante des actes. Il y a ainsi du jeu dans le processus : non seulement les pratiques intimes de l'étiqueté(e), dans l'établissement de son étiquette, sont bousculées par sa situation sociale, mais elles sont encore relativisées par l'arbitraire dont jouissent ses pairs dans le choix d'aller ou non au bout de la validation de sa « réputation ».

Effets individuels et effets collectifs

Mort identitaire

La « réputation » vient s'ajouter aux nom, prénom, âge, genre de l'individu : au moment de l'adolescence, elle objective une part supplémentaire de son identité. Sa force réside dans sa capacité à réduire une identité à une seule de ses facettes (sexuelle), à classer les gens en fonction d'un principe de moralité définitif et à faire croire que cette institution identitaire résulte d'une action individuelle. En ce sens, elle ressemble à une condamnation à mort : comme toute réduction, et *a fortiori* comme toute condamnation sans appel, elle tue symboliquement la personne à laquelle elle s'applique, elle tue en elle sa complexité et sa possibilité de répondre ; et, parce qu'elle met au-devant de la scène une part intime de cette personne, elle la condamne à l'exhibition permanente.

Ce processus n'est complètement vrai que pour les filles. En effet, l'étiquetage, s'il concerne tous les habitants de la cité, ne les concerne pas pareillement : d'une part, la palette de «réputations» réservée aux garçons s'attache à plusieurs aspects de leur identité (l'amour et la sexualité : «lover[4]», «canard[5]», «crevard[6]», «PPM[7]» ; la délinquance et la force physique : «racaille[8]», «bouffon[9]»), alors qu'elle ne s'en prend qu'à la sexualité des filles («pute», «salope», «taspé[10]», «allumeuse»). D'autre part, les étiquettes attribuées aux garçons, quelle que soit leur signification, sont le plus souvent positives ou peuvent au moins être positivées : dire qu'un garçon est une «racaille» n'est pas une insulte et constitue même souvent un signe d'admiration, alors que «pute» est toujours un terme péjoratif.

Ainsi, au moins à l'intérieur de la cité, il y a les filles «bien» et les «putes». Mais les filles «bien» ne sont pas clairement définies. On retrouve cette absence de définition positive dans le slogan «Ni putes ni soumises» qui ne laisse d'alternative qu'entre deux figures repoussoirs et montre que la notion de «bien» est tout entière relative au système de valeurs de la personne qui étiquette (ici, les filles militant derrière Fadela Amara, ailleurs les habitants du quartier). Les possibles des filles sont plutôt à l'extérieur de la cité (au contraire des garçons) mais, là encore, elles ne rencontrent pas de dénominations autres que celles de la société globale, qui renvoient à une appartenance binaire entre tradition et modernité («manipulées» *vs* «émancipées»). Dehors comme dedans, elles se retrouvent prises dans de fausses alternatives qui leur nient la possibilité de se définir elles-mêmes positivement et ne font d'elles que la somme de projections locales et extérieures.

---

4. Sorte d'amoureux transi.
5. *Idem.*
6. Qui ne pense qu'à «baiser».
7. Littéralement : «Perdu par les meufs», *i.e.* qui ne pense qu'aux filles.
8. Qui apparaît comme commettant régulièrement des actes de délinquance, pratiques rendues visibles dans sa façon de parler et ses vêtements, notamment.
9. Terme général visant à dévaloriser les garçons.
10. «Pétasse» en verlan.

Chacun(e) contre tous

L'omniprésence des rumeurs et le pouvoir des « réputations » créent un climat de méfiance généralisée : dans la cité, tout le monde se méfie de tout le monde, même si certain(e)s savent plus ou moins confusément qu'ils (elles) ont peu de risques de subir les foudres du groupe, en raison de leur position en son sein.

L'étiquetage institue[11] une barrière entre sa victime et les autres. De la sorte, il combat toute solidarité possible : une fille qui se voit affubler d'une « réputation » peut être à peu près certaine que, dans les jours qui suivent l'institution de sa nouvelle identité, elle sera abandonnée de ses amis, y compris de ceux qu'elle côtoie depuis l'enfance. Car il y a danger d'assimilation pour les autres à rester à proximité de la pestiférée, notamment pour les autres filles. Tant que la rumeur est circonscrite dans l'espace et dans le temps, un éloignement temporaire (provoqué en général par le retrait volontaire de l'étiquetée de la sphère publique de son quartier) suffit à conjurer le mauvais sort ; mais dès qu'elle s'enracine et prend la forme d'une « réputation », l'abandon apparaît comme la seule alternative. Seules quelques filles, parce qu'elles se savent (ou se pensent) hors d'atteinte, ou parce qu'elles ont su se forger une réputation positive plus proche de celle dont pourrait bénéficier un garçon (force physique et morale), résistent ; elles sont rares. Dans les deux cas, la logique des « réputations » contraint les filles à une attitude d'individualisme et de dureté à l'égard des autres (cf. Diam's, chanteuse de rap : « Pour s'en sortir/faut une pêche d'enfer/ou un grand frère »).

Le pouvoir performatif des mots

L'étiquette a un pouvoir performatif immédiat et définitif : au moment où elle est prononcée et validée, elle rend réelle l'attitude qu'elle décrit, quel que soit son degré d'invraisemblance et de mensonge, ou au moins d'exagération. C'est pourquoi la victime d'une rumeur ou, pire, d'une « réputation », dans un premier temps, s'en remet à ce pouvoir performatif pour se défendre : très souvent, les filles que nous avons rencontrées ponctuaient la description de la rumeur dont elles étaient victimes d'un *« Moi, je m'en fous, je sais que c'est pas vrai »* ; et cette phrase, qui revient souvent dans les entretiens, c'est celle qu'elles formulent à l'adresse de leurs étiqueteurs : quand on vient leur demander si tel bruit qui circule sur leur compte est vrai, elles répondent par la sincérité et

---

11. Au sens de P. BOURDIEU, 1982, p. 58-63.

une sincérité reposant uniquement sur leur intime conviction. Ce qui peut suffire à convaincre si elles occupent une position dominante dans le groupe; ou pas, si elles sont condamnées d'avance en raison de leur place peu enviable dans la communauté. Ces dernières ne renoncent pas pour autant à prononcer cette phrase car, même si, dans leur cas, la solution doit passer par le corps (violence physique, auto-exclusion de l'espace public), la symbolique verbale reste fondamentale: les mots sont si forts qu'ils peuvent entraîner des doutes sur soi-même et il semble nécessaire à la victime de s'assurer elle-même de sa propre vérité. Plus qu'aux autres, c'est à elle-même qu'elle s'adresse.

Conclusion

L'étiquetage sexué n'est qu'une entrée possible de compréhension des relations entre garçons et filles des banlieues populaires. Nous avons choisi de l'isoler parce qu'il a été mis en avant par la célèbre marche des «Ni putes ni soumises» et qu'il reflète une part importante de la vie quotidienne de ces jeunes. C'est une entrée néanmoins restrictive (de même que les mots d'ordre de Fadela Amara) en ce qu'elle semble réduire lesdites relations à une domination sexuelle, violente et indépassable, certes réelle, mais qui doit être relativisée pour deux raisons: 1) l'institution de «réputations» est loin d'épuiser la réalité des relations de genres dans les «cités», qui sont aussi faites de négociations perpétuelles, de modifications des rôles traditionnels en vigueur dans l'ensemble de la société française et ne doivent pas se lire seulement dans le clivage mais aussi dans l'entente et l'apprentissage amoureux; 2) la violence des étiquettes, si elle est en partie vraie dans l'absolu et lamine régulièrement des individualités, est aussi relative au regard que l'on porte sur elle; à la fois reflet d'une exagération purement rhétorique dont se délectent les jeunes et que les adultes ont souvent du mal à saisir, et trace de la distance sociale qui existe entre eux et nous qui les observons, distance entre deux oralités, la nôtre plus contrôlée que la leur du fait de notre position sociale et des attributs culturels qui lui sont associés.

BIBLIOGRAPHIE

BECKER H. S. (1985), *Outsiders. Études de la sociologie de la déviance*, Paris, Métailié, coll. «Observations».

BOURDIEU P. (1982), « Les rites comme actes d'institution », *Actes de la recherche en sciences sociales*, n° 43, juin.
EL CADI A. (1998), cité par D. Lepoutre (1999), « Action ou vérité. Notes ethnographiques sur la socialisation sexuelle des adolescents dans un collège de banlieue », *Migrants-Formation*, n° 116, mars.
VERDIER Y. (1979), *Façons de dire, Façons de faire. La laveuse, la couturière, la cuisinière*, Paris, Gallimard, coll. « NRF. Bibliothèques des sciences humaines ».

DES JEUNES FILLES TROP SAGES ?

Julie Deville*

AUJOURD'HUI, l'évaluation de l'insertion sociale et professionnelle des jeunes semble varier fortement selon leur sexe. Les filles, supposées mieux réussir à l'école et mieux s'adapter que les garçons, sont volontiers présentées comme des exemples de réussite. Cette tendance est encore plus forte en ce qui concerne les filles d'origine maghrébine ayant grandi dans les quartiers populaires, du fait de l'image extrêmement négative des garçons partageant ces mêmes caractéristiques sociales. Ceux-ci passent en effet globalement pour des individus en échec, rebelles à l'autorité, aux conduites fréquemment délinquantes. Depuis peu, l'accent est mis sur les pressions et les agressions envers les femmes des quartiers populaires dont, encore une fois, ils apparaissent comme les principaux responsables. Il est inutile de préciser qu'une telle généralisation est injuste, surtout quand elle permet de fermer les yeux sur d'autres processus créateurs d'inégalités entre les hommes et les femmes mais qui impliquent cette fois l'ensemble de notre structure sociale.

Nous montrerons ici comment, dans le domaine scolaire, où la diffusion de stéréotypes masculins et féminins fortement différenciés est particulièrement développée[1], les « avantages » des filles se retournent contre certaines d'entre elles.

---

* *Julie Deville est docteure en sociologie, attachée temporaire d'enseignement et de recherche (Ater) à l'université du Havre (IPRAUS).*
1. N. MOSCONI, 1989 ; Y. LEMEL, B. ROUDET, 1999 ; C. BAUDOUX, C. ZAIDMAN, 1992 ; C. ZAIDMAN, 1996.

La réussite scolaire féminine : une image positive à relativiser

Lors du travail de terrain qui a servi de base à notre thèse de doctorat[2], nous avons enquêté auprès de lycéens inscrits dans une association d'accompagnement scolaire[3]. Ces adolescents habitent presque tous les HLM d'un quartier populaire de la proche banlieue ouest de Paris. La ville où ils résident est un haut lieu de l'immigration algérienne en France et eux-mêmes, à la fois du fait des caractéristiques de leur quartier et du réseau d'interconnaissance qui les lie à l'association, sont presque tous d'origine marocaine, algérienne, parfois tunisienne, même si quelques jeunes d'origine turque ou antillaise font également partie du groupe. Tous appartiennent donc à des groupes minoritaires, immigrés ou, pour les Antillais, susceptibles d'être perçus comme tels. Cependant, les jeunes issus de l'immigration nord-africaine, du fait de leur prédominance dans le public de l'association, en viennent à incarner localement la « norme » en matière de langage, d'usages et de références culturelles. En réalité, cette « norme » n'est pas importée d'Afrique du Nord mais forgée localement, dans un contexte français auquel elle doit beaucoup. Ce sont les effets de ce contexte que nous souhaitons étudier ici, plus que les particularités supposées des « jeunes d'origine maghrébine », dont les trajectoires et les comportements sont aujourd'hui très diversifiés. Nous serons parfois amenés à préciser l'origine de certains des jeunes mentionnés, mais le plus souvent pour montrer qu'il ne semble pas s'agir d'un élément d'interprétation déterminant.

Bien que ces jeunes soient essentiellement d'origine maghrébine et se reconnaissent presque tous explicitement comme musulmans, ce n'est pas de l'influence de la culture arabo-musulmane que nous parlerons donc ici. Chez eux, un processus intellectuel est à l'œuvre, visant à démontrer la compatibilité de l'islam avec la société française : tous, garçons et filles, affirment que leur religion est favorable à l'égalité entre hommes et femmes ; tous rejettent des pratiques telles que le mariage arrangé, jugées à la fois archaïques et injustifiées sur le plan religieux. Samira (18 ans) affirme ainsi sans équivoque : « *L'homme que j'épouserai, je le connaîtrai déjà de la tête aux pieds* », et si Abbas (17 ans) dit : « *Si je trouve pas, alors là, je demande à ma mère* » (sous-

---

2. J. DEVILLE, 2002.
3. Entre 1999 et 2003, dans le cadre d'une démarche d'observation participante, nous avons contribué bénévolement, au sein de cette association, à une activité d'accompagnement scolaire auprès de lycéens âgés de 15 à 20 ans.

entendu : de jouer les entremetteuses), c'est après avoir expliqué qu'il compte faire son propre choix. Abbas est parfaitement conscient du fait que ses propos peuvent susciter la désapprobation, et on doit aussi y voir l'une des provocations dont il est coutumier. En revanche, aussi bien Samira qu'Abbas affirment que l'élu de leur cœur ne pourra être que musulman.

Si les comportements masculins et féminins de ces jeunes sont différenciés, c'est davantage dans des attitudes quotidiennes détachées de la religion, en particulier dans la répartition domestique des tâches. Zakia (16 ans) commente ainsi les comportements de ses frères aînés et de sa jeune sœur, âgée d'une dizaine d'années : *« Mes grands frères, c'est vraiment les frères types... garçons... Ils savent faire que leur lit, et encore, des fois, de force. Sinon, ma petite sœur... c'est une petite fainéante, quand même. [...] C'est rare qu'elle m'aide »* ; en tant que femme, elle devrait donc implicitement, comme Zakia et sa mère, montrer plus de soucis des tâches domestiques, alors que ce serait dans la « nature » des garçons de s'y soustraire. Les différences concernent aussi l'apparence vestimentaire, les garçons se distinguant d'ailleurs par une certaine ostentation, comme le remarque Natacha (16 ans), approuvée par Mehtap (17 ans) : *« Ouais, mais c'est vrai, hein, en plus ils achètent des trucs plus chers, très chers [...]. Non, mais franchement, y en a, je vois dans la rue, je les vois, je dis "Putain, qu'est-ce qu'ils mettent des trucs..." [...] Après, quand ma mère elle me dit que je suis pimbêche, ben dis donc... »* Enfin, on retrouve des écarts à propos des sorties – Samira, par exemple, sort très peu et dit ne pas en avoir envie – et dans l'adoption des « identités », assimilées à des qualités supposées masculines ou féminines, portées par le système scolaire. C'est dans ce dernier domaine particulièrement que nous constatons des comportements de conformisme et de soumission, qui valent aux filles qui les adoptent des appréciations positives de la part des enseignants, alors qu'ils traduisent souvent un manque d'ambition, voire masquent des difficultés sérieuses. Il n'est d'ailleurs pas évident que les jeunes filles issues de l'immigration maghrébine (ou turque) soient les seules concernées et, parmi elles, certaines résistent à ce modèle. En effet, si la culture des parents joue un rôle, ces derniers ont un vécu, une situation sociale et des habitudes très variables, y compris quand ils sont de même origine, et celle-ci n'est, quoi qu'il arrive, qu'un facteur parmi d'autres.

L'idée d'une réussite scolaire particulière des jeunes filles issues de l'immigration, gage d'une meilleure insertion dans la société, est répandue. Selon les résultats dégagés par M. TRIBALAT[4], l'avantage féminin en matière de réussite scolaire est pourtant plus marqué chez les jeunes issus de parents français que chez ceux dont les parents sont Algériens, par exemple. Cependant, au-delà des résultats, les enquêtes sociologiques sur l'école montrent que la plupart des filles, toutes origines confondues, passent pour studieuses et bien plus respectueuses des normes scolaires que les garçons; les enseignants attendent d'ailleurs une telle attitude de leur part. Les filles adoptent beaucoup moins souvent des comportements antiscolaires, tels que le refus plus ou moins affiché du travail, le chahut voire la violence, et sont souvent jugées «sérieuses», même quand elles ne sont pas bonnes élèves, mais aussi «travailleuses» quand, à résultats égaux, les garçons sont dits «doués[5]». Elles semblent accorder plus de temps que les garçons au travail scolaire et montrent un plus grand souci de satisfaire leurs enseignants, y compris dans des domaines plus matériels qu'intellectuels, en faisant preuve de soin et en s'appliquant à avoir une «belle écriture[6]». C'est sans doute également dans ce domaine du comportement que se construit l'image positive des filles, issues ou non de l'immigration. Nos observations sur le terrain confirment l'importance des modèles de la fille studieuse et du garçon indiscipliné que la plupart des adolescents suivent, au moins en apparence.

Ces comportements permettent aux filles une meilleure insertion dans le monde scolaire, qui entraîne des appréciations différentes de la part des enseignants au moment de leur passage dans la classe supérieure ou de leur orientation. Les statistiques montrent que les filles redoublent moins et accèdent en plus forte proportion que les garçons au lycée. Les décisions d'orientation s'appuient vraisemblablement en partie, à résultats voisins, sur la volonté d'exclure des garçons fauteurs de trouble, et de donner leur chance à des filles sérieuses. Les jeunes filles sont plus nombreuses que les garçons à obtenir leur bac et à poursuivre des études supérieures à l'université, mais restent globalement moins bien reconnues dans le domaine professionnel[7].

Parmi les jeunes scolarisés au lycée, les choix d'orientation sont marqués par une forte différence entre garçons et filles, ces dernières,

---

4. M. TRIBALAT, 1995, p. 150-151.
5. N. MOSCONI, «Les recherches sur la socialisation différentielle des sexes à l'école», *in* Y. LEMEL, B. ROUDET, *op. cit.*, p. 85-116, 95-99 et 100-102.
6. A. BARRÈRE, 1997, p. 79-79 et 214-217.
7. A.-M. DAUNE-RICHARD, 1998, «Qualifications et représentations sociales», *in* M. MARUANI (dir.), p. 45-58; S. FORTINO, 2002, p. 37-39.

à niveau scolaire égal, ayant tendance à faire des choix moins ambitieux. Ainsi, si elles sont surreprésentées dans les filières générales, c'est surtout le cas dans les sections L (littéraires), alors que les garçons sont majoritaires dans les classes scientifiques (S), les plus valorisées[8].

Cette tendance générale s'avère particulièrement marquée chez les adolescents rencontrés sur notre terrain d'enquête. Les garçons sont inscrits en première ou en terminale ES (économique et social), S, STT (sciences et technologies tertiaires) ou STI (sciences et technologies industrielles), les filles en L, ES, STT ou SMS (sciences médico-sociales). Ces orientations sont préparées dès la seconde par les options choisies. Les sections STI, presque exclusivement masculines, et les SMS, dans lesquelles les garçons se comptent sur les doigts d'une main, sont les plus marquées sexuellement. Certains adolescents sont inscrits dans un lycée ne proposant que des terminales S et STI (cette dernière section étant une alternative pour les élèves qui n'ont pas le niveau leur permettant d'accéder à la « voie royale » des classes scientifiques), et veulent éviter d'aller en STT, ce qu'on leur proposerait dans un établissement disposant de cette section ; sur trois cents élèves, on ne compte qu'une dizaine de filles. L'existence d'un établissement de ce type montre par ailleurs à quel point, pour certains garçons, un bac général scientifique (ou, à défaut, son succédané technologique) semble la seule voie possible : ils s'y inscrivent dès la seconde avec ce projet, le lycée de leur secteur ne proposant pas de classes de STI.

Dans le cadre de l'accompagnement scolaire, les lycéens parlent abondamment de l'orientation, avec leurs camarades ou les adultes composant l'équipe d'encadrement, mais attendent surtout d'eux qu'ils approuvent des choix déjà arrêtés. En seconde, tous les garçons parlent de faire un bac S, alors que les filles semblent ne pas y penser. Elles ont de fait choisi des options qui les préparent le plus souvent aux premières L (troisième langue, par exemple) ou SMS. Quand viennent les décisions du conseil de classe, les garçons à qui l'orientation en S est refusée expriment leur déception et choisissent parfois, s'ils n'ont pas de retard scolaire, de redoubler pour tenter à nouveau leur chance, alors qu'une partie des filles, suffisamment bonnes élèves pour qu'on leur propose d'aller en première S, ne le veulent pas. Natacha, qui redouble sa seconde parce qu'elle sait qu'elle peut prétendre à un bac général,

---

8. M. DURU-BELLAT, A. HENRIOT-VAN ZANTEN, 1992, p 45-50. M. DURU-BELLAT, J.-P. JAROUSSE, 1993, p. 76 et 85-97 ; M. DURU-BELLAT, « Les choix d'orientation : des conditionnements sociaux à l'anticipation de l'avenir », in Y. LEMEL, B. ROUDET, op. cit., p. 117-150 et 117-121.

ne sait pas encore quelle sera sa décision l'année suivante : *« Je sais pas, j'hésite entre L et S. Mais je pense que je vais prendre L, parce que S... »* Elle sait pourtant que cette orientation est indispensable à l'un de ses projets, devenir vétérinaire, mais aussi bien ses parents que des intervenants à l'accompagnement scolaire l'ont avertie qu'elle risquait d'échouer. Les autres filles rencontrées n'envisagent même pas de suivre ce cursus perçu comme trop difficile et préfèrent systématiquement les classes littéraire ou économiques. Il ne s'agit cependant pas d'une préférence généralisée des filles pour ces sections, ni pour les matières qu'on y enseigne ; d'autres, en STT ou SMS, racontent justement avoir rejeté la possibilité qu'on leur offrait de passer en L, se jugeant incapables de répondre aux exigences de cette section en français et en philosophie. *« Je ne suis pas folle »*, ajoute même Nour, qui a préféré à la première L qu'on lui proposait une première STT puis une terminale STT. Elle trouve que les exigences scolaires y sont très faibles, mais espère pouvoir s'inscrire en BTS par la suite et a choisi de changer de lycée dans ce but.

Il est donc assez fréquent que des filles déclinent la proposition d'orientation vers la section S, la plus élevée dans la hiérarchie scolaire informelle, pour se rabattre sur un choix moins valorisé. Elles montrent ainsi combien elles doutent de leurs capacités, et les estiment même inférieures à ce qu'en disent leurs enseignants.

Elles semblent surtout ne pas s'accorder le droit à l'échec dont les garçons font largement usage quand ils passent en S en étant parfois conscients qu'ils y connaîtront de sérieuses difficultés. Celles qui ont de bons résultats préfèrent être d'assez bonnes élèves dans des classes ordinaires que de mauvaises élèves dans des filières prestigieuses, celles dont le niveau est plus faible jugent la perspective d'un passage en S, ou plus généralement dans une section générale, irréaliste, alors que les garçons tentent presque toujours leur chance. Le fait qu'ils puissent supporter cette atteinte à leur image que constituent des mauvaises notes répétées (même s'ils en souffrent), alors que les filles la refusent absolument, est révélateur d'un paradoxe : la modestie des filles apparaît liée à une volonté de rester « parfaites », de répondre au mieux aux exigences des parents et des enseignants en obtenant de bons résultats, tout en limitant ces exigences par l'orientation qu'elles choisissent.

S'investir pour réussir ou pour plaire ?

Ces jeunes filles ne sont pas économes de leur temps et de leurs efforts. Là où certains garçons affichent un détachement qui passe par la recherche du moindre effort, elles multiplient au contraire les preuves d'un investissement très poussé. Quel que soit leur goût pour les diverses matières inscrites à leur programme, elles consacrent du temps à chacune d'elles. On le constate lors des séances d'accompagnement scolaire : en deux heures, elles travaillent entre deux et quatre matières, avec une prime au français ou à la matière dominante de leur section, tandis que la plupart des garçons font exclusivement des mathématiques, parfois de la physique et de la chimie, et seulement ponctuellement et dans l'urgence des devoirs de français.

Quelques-uns admettent travailler le moins possible dans certaines matières, voire s'en vantent. Ils y voient un choix stratégique, comme Tahar, titulaire d'un bac S, qui, passant dire bonjour à des amis, avertit deux d'entre eux, en première dans la même section, sur la table desquels il voit des documents d'histoire-géographie, qu'avec leur orientation ils ne doivent pas « perdre de temps » avec cette matière. Le même, l'année précédente, n'hésitait pas à demander à une amie, en terminale L, de rédiger ses devoirs de philosophie contre rémunération (sans toujours obtenir satisfaction). Cet investissement à sens unique prive les plus faibles des moyens de compenser des notes insuffisantes dans les matières scientifiques et leur vaut des appréciations négatives, mais il témoigne d'une stratégie appuyée sur une ambition. Si Mansour (16 ans), l'un de ces deux élèves de première S, dit aimer l'anglais, précise que le français ne lui « déplaît pas » (même s'il n'apprécie pas l'enseignante) et peut afficher de bons résultats dans toutes les matières, il a lui aussi des priorités.

Ce n'est manifestement pas la charge de travail exigée en elle-même qui éloigne les filles des sections les plus prestigieuses, mais peut-être cette idée répandue voulant que, en S, il soit nécessaire de sacrifier les matières « annexes ». L'attitude des filles, plus éloignée de cet utilitarisme, plus « scolaire », les avantage dans l'immédiat, confortant leur image d'élèves travailleuses, mais pas à long terme. Elles connaissent les hiérarchies implicites entre matières aussi bien que les garçons, mais se sentent rarement autorisées à faire « l'impasse » sur certaines, quels que soient leurs goûts ou leurs résultats : Zakia, assurée de passer en première littéraire, tient à comprendre les notions de mathématiques abordées en fin de seconde ; Amandine (16 ans) affirme que l'histoire est inutile, une attitude, rare chez les filles, de rejet d'une matière généralement jugée « légitime » scolairement : une fille, devant un sujet de dissertation lui demandant quelle est sa matière préférée et pourquoi, dit *« On va mentir un peu »* et choisit l'histoire alors qu'elle se dit intéressée par la biologie. Elle dit que *« [ses] ancêtres ont vécu sans savoir tout ça, ils savaient remplir leurs papiers et ça suffisait »*, mais fait néanmoins consciencieusement les exercices qui lui sont donnés. Certains garçons peuvent présenter sous un jour comique leurs mauvaises notes, les filles en parlent par contre avec le plus grand sérieux, et se livrent à des calculs qui leur permettent de tirer des conclusions du type : *« Il faut absolument que j'aie 12 au prochain contrôle pour avoir la moyenne. »*

Les seules filles qui semblent refuser l'enjeu scolaire – Rose (15 ans), qui malgré son prénom français revendique des origines arabes et s'affirme musulmane, et, dans une moindre mesure, Amandine, dont la famille vient du Cap Vert et du Portugal – sont aussi celles qui dans l'ensemble se montrent le moins conformes aux stéréotypes relatifs aux comportements féminins d'effacement. Bien que n'ayant rien de commun dans l'apparence physique, et rien de particulièrement masculin, Amandine et Rose se sont d'ailleurs toutes deux entendu dire à l'occasion par des garçons qu'elles n'étaient pas des filles. Il s'agit clairement d'une réaction à leur comportement ; mais d'autres formes de refus de cet « effacement » sont possibles : Aïcha (19 ans), bonne élève qui réussira aisément à passer un bac L, au fort caractère, mais volubile, quand Amandine et Rose sont plutôt taciturnes, aime porter des vêtements très féminins et ne voit jamais son identité sexuelle remise en cause.

Le temps et l'importance symbolique accordés aux diverses matières, ainsi que les choix d'orientation, dépendent peu des goûts de ces lycéens. Quelques-uns disent apprécier certaines matières, mais rares sont ceux qui se sentent « doués » pour un domaine ou un autre ; s'ils croient au « don », celui-ci échoit toujours aux autres et leur expérience du lycée reste extrêmement laborieuse. Pour les matières littéraires, ce manque d'assurance se conjugue au sentiment d'être soumis à l'arbitraire des enseignants, auxquels il faudrait donc éviter de déplaire. Ainsi, Maher (17 ans), devant rédiger un devoir de français sur l'injustice, renonce à traiter de la Palestine, craignant que l'enseignant ne partage pas son opinion, et choisit un sujet qu'une intervenante lui suggère mais dont il conteste personnellement la pertinence : les inégalités entre hommes et femmes. En rédigeant leurs devoirs, les garçons tentent donc de se plier à cette obligation supposée, comme les filles, mais leurs choix d'orientation leur permettent de s'en dégager plus tôt. Si c'est par stratégie qu'ils préfèrent les classes scientifiques, la plupart se débarrassent avec joie des matières littéraires.

Identités masculines et féminines sont d'ailleurs reconstruites par des échanges humoristiques entre adolescents autour de l'identité scolaire, fréquemment considérée comme liée à une future position sociale et professionnelle, à une manière d'être et à des goûts spécifiques[9]. Le ressort principal de ces joutes oratoires est l'incapacité supposée de chacun dans les matières, «scientifiques» ou «littéraires», investies par le sexe opposé, et l'investissement, présenté comme stérile, des jeunes de chaque sexe dans leurs supposées matières de prédilection. Les échanges sur ce thème sont à la fois tellement fréquents et basés le plus souvent sur de brèves remarques, voire des mimiques, qu'il est difficile d'en citer des exemples précis en se basant sur les notes prises *a posteriori*. Les garçons inscrits en S et les filles inscrites en L sont les deux groupes les plus à même de s'amuser de ces questions, car ils peuvent s'appuyer sur une identité scolaire forte, liée à des matières traditionnelles, et nettement sexuée. Les garçons de STI et les filles de SMS sont confrontés à une division sexuelle encore plus forte, mais peuvent plus difficilement mettre en avant leurs performances dans des matières qu'ils sont seuls à pratiquer. De plus, si tous les garçons sont en position de se moquer d'autrui, ce registre est réservé à celles des filles qui se sentent capables d'assumer leur position scolaire. Elles peuvent se lancer progressivement sur ce terrain où elles sont conscientes de leurs avantages et trouvent souvent la complicité d'amies, voire de certaines des jeunes femmes qui encadrent l'accompagnement scolaire. Ainsi, Samira, en seconde, se sentait obligée de préciser qu'elle plaisantait dès qu'elle craignait que ses propos soient jugés vexants par les garçons, mais n'hésitait plus à se moquer ouvertement d'eux en terminale, d'autant plus qu'elle pouvait opposer son parcours sans faute aux déconvenues de certains d'entre eux.

L'attitude de la plupart des lycéennes, quelle que soit leur orientation, est marquée par une double obligation : «réussir», mais aussi se montrer conforme aux schémas attendus. Cette seconde dimension se caractérise, nous l'avons vu, par un large investissement dans le travail scolaire, mais aussi par un perfectionnisme qui peut en réalité être «déviant» par rapport aux attentes de l'institution. Derrière l'expression positive de la volonté de «réussir» se profile souvent l'angoisse de faillir et de décevoir.

---

9. F. DUBET, 1991, p. 200-206; S. ASSAL, 2001, p. 174-176.

Les filles qui fréquentent le soutien scolaire ont des niveaux variables. Quelques-unes n'ont pas vraiment besoin d'aide, mais font vérifier leur travail, afin de l'améliorer, une démarche plus rare chez les garçons. D'autres recherchent des conseils. Certaines, enfin, se sentent incapables de produire elles-mêmes un travail satisfaisant. Quand une intervenante veut la contraindre à rédiger un devoir par elle-même, Sevim (15 ans), élève de seconde, explique le problème à sa façon en affirmant qu'elle n'est pas capable de produire un texte dans le langage qui conviendrait. Sa sœur aînée, Mehtap, plus réservée, n'a jamais tenu ce type de propos, mais ses difficultés relèvent manifestement du même type de doute. Comme tous ces jeunes, Sevim a appris que le langage oral n'a pas droit de cité à l'école, mais ses efforts pour s'exprimer dans un registre plus « soutenu » ne portent pas leurs fruits.

Le problème provient en réalité d'un excès et non d'un manque d'application, l'interdiction des mots et tournures familiers prenant aux yeux de ces jeunes filles le sens d'une injonction à utiliser les formes les plus complexes et les conduisant à diverses formes d'hypercorrection. Elles produisent des phrases exagérément longues, au détriment de la logique grammaticale, et remplacent chaque fois qu'elles le peuvent des mots simples par d'autres, plus compliqués, dont elles ne maîtrisent pas toujours le sens. De même, leur usage des « mots de liaison » semble parfois déconnecté de la logique.

Le soin apporté à la présentation peut donner lieu au même type d'excès. Assez constant chez les filles, il se manifeste communément par un effort pour avoir une « belle écriture » et par le respect de certaines normes de présentation inculquées à l'école primaire, notamment le fait de souligner les questions ou la date, mais dérive chez certaines vers une débauche de ces signes (multiplication des couleurs et des éléments soulignés) souvent associée à un contenu qui ne parvient pas à satisfaire aux exigences de l'exercice[10].

Comme la présentation, l'affichage de ces mots relève alors de la recherche d'une forme légitime, alors que c'est le fond qui n'est pas maîtrisé. Les piètres résultats de ce perfectionnisme « déviant » les conduisent à douter encore plus d'elles-mêmes, et à redoubler d'efforts. Fatima (18 ans) fait ainsi part de son désarroi quand ses professeurs l'incitent à améliorer son style sans être en mesure de lui donner des conseils efficaces.

---

10. É. BAUTIER, J.-Y. ROCHEX, 1998, p. 54-55 ; A. BARRÈRE, *op. cit.*, p. 214-217.

Les filles en difficulté cherchent donc à sauver les apparences tout en pensant souvent qu'elles ne sont pas capables de faire ce qu'on leur demande. Dans le contexte du soutien scolaire, elles semblent concentrées, mais elles se contentent en fait de noter approximativement ce que l'accompagnateur, supposé avoir la bonne réponse, leur dit. Si ce dernier est inexpérimenté, leurs difficultés ne lui apparaissent pas immédiatement, parce qu'elles sont associées à une attitude conforme à celle d'une « bonne élève », calme et apparemment studieuse ; on comprend qu'elles passent inaperçues en classe.

Fatima recourt parfois au procédé qui consiste à recopier diverses sources plutôt que de rédiger soi-même. Elle n'a manifestement pas conscience de violer les règles scolaires quand elle construit ainsi un exposé dans lequel son apport personnel se limite à la présentation et aux illustrations, et reconnaît sans détours qu'elle a recopié des passages des ouvrages indiqués par l'enseignant, qu'elle mentionne d'ailleurs en bibliographie. En revanche, quand elle soumet « sa » première dissertation de philosophie manifestement recopiée dans un recueil d'annales à l'appréciation d'intervenantes du soutien scolaire, elle cherche manifestement à les tromper : elle sollicite à cette occasion deux personnes qui n'ont jamais travaillé avec elle, ignorent ses difficultés, et font tout d'abord des commentaires élogieux sur la construction et le style du devoir. En tentant d'en discuter quelques points, elles s'aperçoivent probablement de la supercherie, mais n'en montrent rien. Fatima veut-elle avoir l'air d'une jeune fille douée, ou tester son subterfuge ? Elle tente de préserver ses apparences de bonne élève en rendant un devoir trop parfait, ayant perdu toute confiance en sa capacité à satisfaire aux exigences de l'institution, et n'espérant plus que réussir à la tromper un peu plus longtemps. À la fois exemple banal et cas limite, Fatima semble finalement avoir renoncé à ce modèle impossible, puisqu'elle a cessé de fréquenter le soutien et ne paraît pas avoir passé son bac en fin d'année.

La paralysie devant une feuille blanche est surtout propre aux matières « littéraires », qui demandent une maîtrise de l'écriture. L'un des responsables de l'association, qui connaît Fatima de longue date, affirme que, en mathématiques, elle peut s'appuyer sur les automatismes et l'application des formules. D'autres jeunes filles, malgré leurs lacunes dans cette matière, arrivent effectivement à produire des résultats, mais, comme elles tentent de réutiliser les exemples du cours avec d'autres chiffres, à défaut de vraiment comprendre les formules, il s'agit rarement des bonnes solutions, et elles finissent par se persuader qu'elles ne sont pas capables de les trouver. Elles remplissent ainsi malgré tout leur principale obligation scolaire, fournir un travail écrit qui atteste de leur bonne volonté, même si l'exactitude et la pertinence manquent. Les reproches qu'elles encourent, si vexants qu'ils puissent être, n'ont rien à voir avec ceux que provoquerait l'abandon du travail.

Le piège de la perfection ?

Le parcours de Fatima aboutit à une situation bien identifiée, l'échec scolaire. Il ne s'agit pourtant pas d'un échec classique, puisque jusqu'en terminale elle est parvenue à donner le change, passant de classe en classe, en partie grâce au soutien que lui a apporté l'équipe de l'accompagnement scolaire (pour les devoirs et par des interventions pour appuyer son passage au lycée), mais surtout par son adaptation superficielle à ce que l'on attendait d'elle. D'autres filles ont suivi le même chemin pour parvenir à un niveau d'études où leurs lacunes sont criantes. De l'école primaire, voire maternelle, au lycée, certains élèves, de bonne volonté, ne parviennent qu'à un niveau moyen ou médiocre, car ils en restent à une simple effectuation des tâches, parfois motivée par l'envie de faire plaisir au maître, alors que d'autres ont une réussite bien plus solide, liée à leur capacité à s'approprier les savoirs en les détachant du contexte scolaire[11]. Ces jeunes filles sont dans le premier cas, mais elles savent généralement que le fond leur échappe, ce qui les pousse à tout miser sur la forme. Les garçons ne font généralement pas de telles concessions et, s'ils en sont pénalisés, on peut se demander si, finalement, le malentendu entre élèves et école ne concerne pas surtout les filles.

Ces jeunes filles, dépassées par l'école mais tentant de faire bonne figure, sont aussi celles qui poussent le plus loin le souci de discrétion. Elles sont les plus lisses et transparentes possible, dans leurs comportements comme dans leurs attitudes. Leurs choix vestimentaires sont des plus neutres, avec néanmoins le souci d'une certaine élégance, au sein d'un groupe déjà assez conformiste sur ce plan. Elles font également montre d'un grand conformisme moral, acceptant non seulement sans discuter les limites posées par leurs parents (en matière de sorties, en particulier), mais encore réduisant d'elles-mêmes leur liberté et jugeant sévèrement celles de leurs camarades qui fument ou portent des tenues « audacieuses ». D'autres comportements sont pourtant pos-

---

11. É. BAUTIER, J.-Y. ROCHEX, *op. cit.*, p. 39-44 et 275-277.

sibles : si toutes les jeunes filles que j'ai rencontrées préféraient ne pas se faire remarquer, certaines n'en affichaient pas moins leur originalité, voire revendiquaient leur «folie». Leur relation avec l'école était plus ou moins heureuse selon les cas, et souvent ambivalente, mais elles ne s'astreignaient pas à son égard à un conformisme impossible, étant peu disposées à se fondre dans un moule.

La différence de réaction est un révélateur des ressources de chacune : quand les unes, sans nécessairement fuir leurs responsabilités, critiquent aussi l'institution scolaire, se reconnaissent des facilités ou des aversions pour telle ou telle matière, les autres ne peuvent que renforcer leur respect de normes superficielles. Ces comportements se prolongent hors du milieu scolaire : les premières s'opposent à leurs parents sur certains points, critiquent la position privilégiée des garçons, font état de goûts divergents de ceux de la majorité, réclament certaines libertés même si elles ne les obtiennent pas toujours, et surtout acceptent de susciter des jugements négatifs, y compris de la part de leurs amies plus soumises. Ces dernières marquent parfois leur accord mais plus souvent leur attachement aux normes dominantes, souvent traditionnelles, de leur milieu ou de leur famille. Mehtap s'étonne ainsi qu'une de ses amies fréquente une fille qui fume des cigarettes : *« Tu fréquentes ce genre de filles ? »*, tandis que Samira condamne sévèrement celles de ses camarades de classe qui portent des *« mini-jupes fendues »*.

Il est difficile, dans une approche qualitative, de déterminer si les comportements effacés sont plus fréquents chez les adolescentes originaires du Maghreb ou issues du monde musulman, éventuellement confrontées à ce type de modèle dans leur famille. Il existe de toute façon une grande diversité dans les usages familiaux. L'attitude n'est pas non plus corrélée à la réussite scolaire : certaines bonnes élèves sont exubérantes, d'autres très réservées, bien que de bons résultats leur permettent parfois de montrer plus de confiance en elles. De même, les adolescentes en échec scolaire peuvent appartenir aux deux catégories. Celles qui se permettent de manifester leur distance au système scolaire peuvent alors éventuellement trouver de nouveaux moyens de se valoriser. Par contre, celles qui, à l'école, auront surtout développé leur tendance à se plier à des règles, auront sans doute des difficultés à développer leur autonomie à l'âge adulte.

Celles qui réussissent à l'école ne sont pas exemptes de ce désir de perfection, qui les pousse à vouloir répondre aux attentes des enseignants (avec plus de succès, dans leur cas), de la famille, des amis...

Ainsi, Zakia est non seulement une bonne élève, mais aussi une jeune fille active, déléguée de classe, qui sert d'intermédiaire entre sa famille élargie et l'association et fait du soutien scolaire auprès de jeunes enfants, une fille dévouée qui seconde activement sa mère, une croyante exemplaire (selon les principes de sa famille) qui porte le voile (mais l'enlève au lycée, dont elle respecte le règlement); elle suit des cours d'arabe classique et de religion (on lui délègue même une partie des enseignements) et trouve encore l'énergie de pratiquer le basket. Ses parents, si valorisant que soit pour eux l'ensemble de ses activités, finissent même par s'inquiéter et préféreraient qu'elle ait un peu plus de temps pour elle. Cet investissement réussi dans des activités multiples procure à Zakia une fierté visible et une grande confiance en elle, elle dit y trouver un équilibre, mais à quel prix ?

On trouve donc, dans les deux cas extrêmes – Fatima et Zakia –, un souci voisin de se construire une image positive qui les pousse à se plier à une norme, voire à toutes les normes qu'on leur propose. Sous des formes diverses, beaucoup de filles suivent la même logique, s'imposant un surcroît d'angoisses et de travail, à l'école ou à la maison, et se sentant dévalorisées quand elles n'atteignent pas cette perfection impossible, là où beaucoup de garçons savent garder une image positive d'eux-mêmes en liant leurs échecs à leur refus de l'autorité. Si c'est cette attitude masculine qui, par sa visibilité, appelle des réactions, il faut apprendre à voir les difficultés de ces filles sages et discrètes.

BIBLIOGRAPHIE

ASSAL S. (2001), *Des lycéens sans histoire. École et famille du point de vue des jeunes dans une banlieue parisienne*, thèse de sociologie, université de Paris X-Nanterre.

BARRÈRE A. (1997), *Les Lycéens au travail*, Paris, Puf.

BAUDOUX C., ZAIDMAN C. et al. (1992), *Égalité entre les sexes. Mixité et démocratie*, Paris, L'Harmattan, coll. « Logiques sociales ».

BAUTIER É., ROCHEX J.-Y. (1998), *L'Expérience scolaire des nouveaux lycéens*, Paris, Armand Colin.

DAUNE-RICHARD A.-M. (1998), « Qualifications et représentations sociales », in M. Maruani (dir.), *Les Nouvelles Frontières de l'inégalité. Hommes et femmes sur le marché du travail*, Paris, La Découverte, coll. « Recherches ».

DEVILLE J. (2002), *Garçons et Filles entre école, famille et quartier: l'univers quotidien de lycéens de banlieue*, thèse de doctorat de sociologie, université de Paris X-Nanterre.
DUBET F. (1991), *Les Lycéens*, Paris, Le Seuil.
DURU-BELLAT M., HENRIOT-VAN ZANTEN A. (1992), *Sociologie de l'école*, Paris, Armand Colin.
DURU-BELLAT M., JAROUSSE J.-P. (1993), « La classe de seconde: une étape décisive de la carrière scolaire », *Cahiers de l'IREDU* n° 55, octobre.
FORTINO S. (2002), *La Mixité au travail*, Paris, La Dispute, coll. « Le genre du monde ».
LEMEL Y., ROUDET B. (1999), *Filles et Garçons jusqu'à l'adolescence: socialisations différentielles*, Paris, L'Harmattan, coll. « Débats jeunesses ».
MOSCONI N. (1989), *La Mixité dans l'enseignement secondaire: un faux-semblant?*, Paris, Puf, coll. « Pédagogies d'aujourd'hui ».
TRIBALAT M. (1995), *Faire France. Une grande enquête sur les immigrés et leurs enfants*, Paris, La Découverte, coll. « Cahiers libres. Essais ».
ZAIDMAN C. (1996), *La Mixité à l'école primaire*, Paris, L'Harmattan, coll. « Bibliothèque du féminisme ».

DEUXIÈME PARTIE

LES ÉQUIVOQUES DES DISPOSITIFS

LES MÉDIATEURS SOCIAUX ENTRE LE MARTEAU (DE L'ACTION PUBLIQUE) ET L'ENCLUME (DES QUARTIERS SENSIBLES)

Alexandre Biotteau*

Au cours des vingt dernières années, de nombreuses politiques ont été officiellement entreprises pour résoudre la situation des « jeunes en difficulté ». Les quartiers d'habitat social ont constitué les cibles privilégiées de ces initiatives, et plusieurs actions y ont été menées dans des domaines aussi variés que l'insertion professionnelle, l'animation sociale et la lutte contre la délinquance.

Mais, depuis les années quatre-vingt-dix, les emplois dits de « médiation sociale » semblent inaugurer une nouvelle approche de ce public. En effet, des milliers de jeunes sont directement recrutés sur ces postes pour intervenir plus spécialement auprès de leurs congénères qui habitent les quartiers « sensibles ». Apparemment, les jeunes en difficulté ne constituent donc plus seulement les cibles de l'action publique, ils en deviennent également les premiers acteurs.

Qui sont véritablement ces médiateurs et quel rôle jouent-ils effectivement dans la mise en œuvre de ces politiques ? L'étude comparée de plusieurs dispositifs révèle qu'il ne s'agit pas seulement d'une politique d'aide à l'emploi, mais aussi d'un nouveau type de contrôle institutionnel de la population qui accorde une large place aux critères « communautaires ». On assiste ainsi à une certaine ethnicisation de l'action publique, qui entraîne de nombreux effets pervers.

---

* *Alexandre Biotteau est attaché temporaire d'enseignement et de recherche (Ater) à l'Institut d'études politiques (IEP) de Toulouse, doctorant à l'IEP de Paris (Cevipof).*

De l'adaptation aux spécificités locales à la recherche de la proximité sociale

Une mise en œuvre territorialisée

L'étude des emplois dits « de médiation sociale » soulève deux grandes difficultés méthodologiques. La première, c'est qu'il n'existe pas de définition exacte des médiateurs sociaux. On rassemble en fait sous cette appellation une multitude de salariés embauchés par différents types d'organismes dans l'objectif officiel de remplir une mission de « médiation ». En 1997, la circulaire relative aux contrats locaux de sécurité a bien donné naissance à une catégorie d'emplois-jeunes baptisés « agents locaux de médiation sociale » (ALMS), mais il s'agissait alors plus d'un modèle d'emploi que d'un statut rigoureusement défini[1].

Il est donc difficile de circonscrire les limites de l'objet à étudier et, selon les critères que l'on retient, le nombre de médiateurs varie considérablement : en 2001, un rapport au ministère de la Ville dénombrait ainsi 7 500 ALMS et jusqu'à 20 000 employés chargés de faire de la médiation – objectif lui-même relativement vague[2].

Par ailleurs, ces emplois sont dispersés à travers la France et sont recrutés par une grande variété d'organismes : des municipalités, des associations, des sociétés de transport public, des bailleurs d'habitations à loyer modéré (HLM)… L'étude de ces postes exige alors un recensement d'autant plus fastidieux que chaque employeur ne compte parfois que quelques salariés comme « médiateurs ».

Cette dispersion sémantique et géographique ne contredit pas l'existence d'un seul et même phénomène. Bien au contraire, l'extrême hétérogénéité de cette catégorie paraît précisément intrinsèque à notre objet qui se caractérise en fait comme le produit d'une action publique territoriale.

En effet, de nombreuses institutions de droit public et privé participent au recrutement, au financement et à l'encadrement quotidien de ces emplois. Les services de médiation sociale reposent alors sur plusieurs accords économiques et juridiques conclus localement entre ces différents organismes. Ils constituent ainsi des dispositifs locaux dans l'objectif officiel d'être mieux adaptés aux spécificités des territoires sur lesquels ils sont mis en place.

---

1. Circulaire NOR/INT/K/07/00174/C du 28 octobre 1997 relative à la mise en œuvre des contrats locaux de sécurité.
2. Y. ROBERT, 2001.

Entre aide à l'emploi et discrimination positive

Les emplois de médiation sociale ont déjà fait l'objet de différentes recherches et plusieurs d'entre elles rapportent que la majorité de ces postes sont occupés par des hommes, relativement jeunes (de 18 à 25 ans), résidant en zones prioritaires de la politique de ville et le plus souvent issus de l'immigration[3]. Le nombre de ces derniers se révèle si important que les employés semblent recrutés en raison même de leur appartenance à l'une de ces catégories sociologiques et l'embauche des médiateurs est alors susceptible d'exercer une forme de discrimination «positive[4]» à leur égard.

Mais les médiateurs peuvent être considérés tour à tour comme des «jeunes en difficulté», des «jeunes de quartiers», des «jeunes d'origines étrangères», voire des jeunes noirs ou arabes... et il est donc difficile de savoir sur quels critères s'effectue précisément cette sélection.

Or «ce n'est pas le fait d'accorder un traitement préférentiel qui constitue la discrimination positive: tout dépend du critère qui fonde la différence du traitement[5]». Si les médiateurs sont sélectionnés en raison de leur situation économique et accèdent ainsi à une activité professionnelle «normale», ces recrutements sélectifs procèdent d'un «détour inégalitaire[6]» qui peut se justifier par l'objectif de rétablir les conditions de l'égalité pour les plus défavorisés. En revanche, si les candidats sont distingués pour leurs appartenances (réelles ou supposées telles) à certaines catégories «ethniques» ou «raciales», nous sommes bien confrontés à une forme d'action publique discriminatoire. Si cette politique, en outre, donne naissance à des formes d'activités spécifiques, elle présente le risque de donner naissance à une forme de contrôle social parallèle, spécifiquement destiné aux «minorités visibles[7]» et exercé par les membres de ces mêmes communautés.

On assiste donc peut-être à une certaine forme d'ethnicisation de l'action publique, par laquelle les appartenances communautaires (réelles ou supposées telles) constitueraient des critères de différenciation des politiques[8].

---

3. Cf. A. BEGAG, C. DELORME, 1994; É. MACÉ, 1997, p. 225-244; D. DUPREZ et al., 2001.
4. G. CALVÈS, 1999, p. 3-74.
5. É. FASSIN, 2003, p. 56-68 (p. 64).
6. D. BÉHAR, R. EPSTEIN, P. ESTÈBE, 1998, p. 81-94 (p. 86).
7. Expression canadienne empruntée à R. ZAUBERMAN et R. LÉVY, 1998, p. 287-300.
8. J. COSTA-LASCOUX, 2001, p. 123-137.

L'instrumentalisation des caractéristiques sociologiques

Pour analyser la dynamique d'ethnicisation en jeu dans la mise en œuvre de ces emplois, il est nécessaire de réaliser une étude sociographique des médiateurs et de rendre compte de la place qui leur est accordée dans ces dispositifs. Mais, pour éviter de participer ainsi au processus de catégorisation qui doit précisément être analysé, il importe surtout d'identifier les caractéristiques individuelles et sociologiques qui font sens aux yeux des acteurs[9].

Dans cette perspective, mon travail de thèse consiste en l'étude comparée de plusieurs dispositifs de médiation sociale mis en place à travers la France par différents types d'organismes publics et privés. L'approche retenue est au croisement de l'analyse des politiques publiques[10] et de la sociologie des relations interethniques qui « s'attache à décrire et comprendre la construction, la déconstruction ou la reproduction des frontières ethniques[11] » par les différents acteurs en relation (médiateurs, employeurs, partenaires professionnels et public).

Plusieurs méthodes sont mobilisées pour réaliser ces recherches : analyse documentaire, enquête par questionnaires, entretiens semi-directifs et observations de terrain. Au cours de mes enquêtes, je me suis entretenu avec les responsables d'une vingtaine de dispositifs et j'ai pu rencontrer plus d'une centaine de médiateurs, en accompagnant certains dans leur activité pendant plusieurs semaines.

Les équipes de médiateurs que j'ai rencontrées sont essentiellement composées d'hommes, âgés de 18 à 25 ans. Les femmes ne représentent qu'environ 15 % à 20 % des effectifs, et il est très rare que les agents aient plus de 30 ans.

Les niveaux de qualification sont assez variés, mais la majorité des médiateurs ont un niveau inférieur ou égal au baccalauréat. Ils ont généralement peu ou pas d'expériences professionnelles à leur actif.

En outre, la plupart habitent dans des quartiers classés en zones urbaines sensibles ou qui cumulent différents handicaps.

Enfin, bien que la quasi-totalité des médiateurs soient de nationalité française, la majorité d'entre eux ont des origines étrangères par au

---

9. Ainsi, j'utilise ici les catégories qu'emploient les médiateurs eux-mêmes pour se définir et qualifier les autres (« Blancs », « Noirs », « Arabes »), mais ces modes de classification soulèvent en fait d'importantes difficultés méthodologiques qui ne peuvent malheureusement pas être développées dans le cadre de cet article.
10. P. MULLER, Y. SUREL, 1998.
11. H. BERTHELEU, 1996, p. 17-36.

moins l'un de leurs parents. Il s'agit le plus souvent d'origines maghrébines et, dans chaque équipe, 50 % à 75 % des agents portent un prénom arabe. Les Noirs et les Blancs sont beaucoup moins nombreux – je n'ai jamais rencontré de médiateur au type asiatique.

Cette sociographie particulière s'explique d'abord par la recherche d'une certaine homologie entre les médiateurs et leur public, dans une perspective instrumentale.

En effet, la plupart des employeurs déclarent avoir délibérément recruté des jeunes habitant les zones prioritaires de la politique de la ville, rejoignant ainsi les recommandations des textes légaux sur les ALMS, qui préconisent d'embaucher des jeunes « qui reflètent, le plus fidèlement possible, la diversité des habitants des villes et des quartiers[12] ». Cette origine sociogéographique commune est effectivement interprétée comme une forme de « proximité sociale » qui confère une certaine légitimité aux médiateurs et qui accroît l'efficacité de leur travail. D'abord parce que les agents sont ainsi susceptibles de connaître personnellement leurs interlocuteurs et peuvent alors entrer facilement en contact avec eux ; mais aussi parce que les médiateurs, comme leurs employeurs, soutiennent une conception culturaliste selon laquelle les habitants de ces quartiers partagent un langage et une façon de faire qui leur sont propres. Dans le même esprit, la couleur de peau des médiateurs est également perçue comme un atout : la présence de Noirs et de Maghrébins au sein des équipes est effectivement décrite comme une condition indispensable pour que les agents puissent intervenir auprès des membres des « minorités visibles » sans être taxés de racisme.

Mais ce souci de la proximité sociale s'appuie en fait sur une image grossière de la réalité qui masque la diversité des équipes et les spécificités de chaque employé. Les médiateurs sont perçus à travers des catégories stéréotypées qui associent « jeunes des quartiers », « jeunes en difficulté », jeunes issus de l'immigration et fauteurs de troubles. Cet amalgame suscite alors de nombreux effets pervers et les médiateurs héritent d'un statut particulièrement ambigu dans leur activité professionnelle.

---

12. Circulaire NO/INT/C97/00213/C du 15 décembre 1997 relative aux agents locaux de médiation sociale, ministère de la Défense et ministère de l'Intérieur.

Ni répression ni travail social, un champ d'action controversé

Dans son acception générale, la médiation désigne l'intervention d'un tiers neutre et dénué de tout pouvoir de coercition entre deux parties en relation[13]. Au regard de cette définition, les emplois de médiation sociale semblent donc traduire l'apparition d'un nouveau mode de fonctionnement des institutions à l'égard de leurs usagers.

Cependant, les implications concrètes de cet objectif restent relativement vagues. La très grande majorité de ces postes étant des emplois-jeunes, la loi propose surtout une définition par défaut de leurs missions, qui leur interdit de se substituer aux activités des autres professions, publiques ou commerciales. La légitimité d'action des médiateurs est alors largement dépendante des prérogatives revendiquées par leurs « partenaires » professionnels.

En outre, les agents sont généralement perçus à travers les stéréotypes associés aux « jeunes des quartiers » ou aux « jeunes en difficulté », et ils souffrent alors de nombreux préjugés qui les discréditent aux yeux de leurs employeurs, de leurs « partenaires » et de leur public.

Des « partenaires institutionnels » soucieux de leurs prérogatives

Au-delà de l'objectif général de médiation, les employeurs fixent trois grands types de missions aux médiateurs : favoriser le « lien social », rendre de petits services au public, lutter contre l'insécurité.

L'entretien de la « cohésion sociale » est l'objectif le plus souvent désigné comme le cœur de métier de la médiation : les employés ont alors pour mission d'intervenir en qualité d'intermédiaire entre les particuliers (pour encourager les discussions, résoudre les troubles de voisinage…), ou de jouer un rôle d'accompagnement, voire d'interface, entre les institutions et leurs usagers (pour faciliter les démarches administratives, faire appliquer les règlements, négocier les contentieux…).

Les services rendus sont le plus souvent en rapport avec l'espace d'intervention ou les organismes « partenaires » du dispositif : orientations géographiques, renseignements sur les horaires et les lignes de transports, aide aux déplacements dans les véhicules, conseils sur les procédures à suivre ou les institutions à contacter, etc.

Enfin, la lutte contre l'insécurité évoque l'idée d'un partage des responsabilités et d'une certaine « coproduction de la sécurité[14] » par

---

13. J.-F. SIX, 1995.
14. F. OCQUETEAU, 1999, p. 7-13.

l'État, les collectivités territoriales et des organismes de droit privé. Mais cet objectif concerne en fait principalement les incivilités et le sentiment d'insécurité[15].

En effet, les agents ne disposent d'aucune prérogative particulière, ils n'ont pas le droit de faire usage de la force et ne peuvent donc pas sanctionner eux-mêmes les infractions. D'ailleurs, la charte de novembre 1997 relative aux agents locaux de médiation sociale stipule clairement que leurs missions ne pourront comporter aucun aspect répressif et leur fixe un triple objectif «d'animation dissuasive, de dialogue et de présence préventive[16]».

Les médiateurs exercent donc une activité essentiellement «discursive» et, sous couvert de partager les missions de sécurité, les fonctionnaires de police semblent plutôt se dégager des activités de prévention et de la répression des «incivilités», qu'ils jugent peu valorisantes et excessivement accaparantes[17].

Cependant, les médiateurs ne font pas pour autant du travail social ou de l'animation. Théoriquement, plusieurs dispositifs s'articulent avec les services sociaux intervenant sur les mêmes territoires ou auprès du même public; mais, dans la pratique, ces échanges restent exceptionnels. Les éducateurs de rue, en particulier, défendent leurs prérogatives à l'égard des publics en difficulté et ils redoutent que les médiateurs ne soient employés comme une main-d'œuvre de substitution, moins autonome et meilleur marché. La plupart considèrent que ces agents ne sont pas compétents en matière d'action sociale – faute de formation adaptée – et que, en intervenant dans ces conditions, ils risquent de se mettre eux-mêmes en difficulté.

Un positionnement délicat au quotidien

En accompagnant les agents dans leurs missions, on constate qu'ils sont généralement bien acceptés par la population et que des personnes de tout âge et de diverses origines viennent les solliciter. Les médiateurs rencontrent également beaucoup de personnes qu'ils connaissent personnellement et ils échangent souvent quelques paroles avec des jeunes qu'ils croisent au cours de leurs missions. Il est même surprenant, parfois, de voir avec quelle facilité certains habitants acceptent de les accueillir chez eux pour discuter.

---

15. S. ROCHÉ, 1996.
16. Charte relative aux emplois locaux de médiation sociale, 28 novembre 1997.
17. Cf. D. MONJARDET, 1996; D. DUPREZ, 1997, p. 61-82.

Cependant, au cours des entretiens, la quasi-totalité des médiateurs mettent l'accent sur les difficultés qu'ils rencontrent dans l'exercice quotidien de leurs missions.

Pour ceux qui interviennent en milieu ouvert ou dans les lieux fréquentés par du public, la première difficulté consiste à surmonter la gêne qu'ils éprouvent du fait même de leur présence. Le plus souvent, en effet, les médiateurs se contentent de déambuler sans motif précis ou restent debout à l'intérieur des véhicules. Ils éprouvent alors le sentiment d'être relativement inutiles et se disent d'autant plus mal à l'aise qu'ils doivent porter un uniforme qu'ils jugent généralement laid et ridicule.

Outre cette impression subjective, les agents font effectivement l'objet de moqueries et ils essuient même, parfois, de véritables insultes. Ce sont surtout quelques groupes de jeunes, âgés de 10 à 30 ans, qui les accusent d'être des « traîtres » et des « balances » – des agents indicateurs – parce qu'ils collaborent avec les propriétaires d'HLM ou les contrôleurs des bus.

Les médiateurs démentent d'autant plus ces accusations que plusieurs d'entre eux manifestent eux-mêmes, plus ou moins discrètement, une certaine hostilité envers les services de répression, en particulier les fonctionnaires de police et les vérificateurs des transports. Mais ils subissent malgré tout les effets pervers de cette exigence de « proximité sociale », puisque les « fauteurs de troubles » sur lesquels ils doivent intervenir sont parfois leurs propres amis ou leurs voisins d'immeuble... Ils se retrouvent ainsi entre le marteau et l'enclume et connaissent souvent des difficultés pour concilier leur vie professionnelle et leur vie privée, certains étant même victimes de violences physiques.

Pour éviter conflits interpersonnels et dilemmes moraux, les médiateurs ont alors tendance à exploiter la petite marge de manœuvre dont ils disposent dans l'exercice de leur mission et ils ignorent parfois délibérément certains comportements sur lesquels ils sont pourtant censés intervenir : ils n'essaient pas de disperser les groupes qui se réunissent paisiblement dans les halls d'immeubles ou ils s'arrangent discrètement avec des voyageurs en infraction pour leur éviter une amende.

Quelques employeurs tolèrent cette forme de négociation de la règle qu'ils jugent plus efficace à moyen terme qu'un affrontement immédiat, qui aurait pour effet de bloquer toute possibilité de discussion dans l'avenir et d'encourager à diverses formes de représailles. Cependant, les institutions partenaires s'en offusquent tout particulièrement : ils accusent les médiateurs de protéger les fauteurs de troubles, voire de profiter de leurs fonctions pour instaurer une sorte de caïdat auprès des jeunes et reprochent aux employeurs qui tolèrent ces pratiques d'« acheter la paix sociale » de cette manière.

Aussi, dans plusieurs dispositifs, les services de police procèdent à des enquêtes « de moralité » sur chaque candidat et ils interdisent souvent aux employeurs d'embaucher ceux qui ont des antécédents judiciaires, quitte à leur refuser ainsi une « seconde chance » d'insertion sociale. Quant aux employeurs, ils essaient généralement de faire tourner les équipes de manière à ce que les médiateurs n'interviennent pas toujours dans leur quartier.

L'intégration des médiateurs dans leur environnement professionnel

Hormis quelques exceptions, tous les emplois de médiateurs sont régis par des contrats « aidés[18] » et le thème de l'insertion professionnelle des agents est largement débattu par tous les acteurs de ces dispositifs.

Mais, là encore, cette caractéristique nourrit de nombreux préjugés à l'égard des médiateurs. L'image de « jeunes en difficulté » qui leur est attribuée constitue un stigmate pesant grâce auxquels leurs supérieurs et leurs collègues expliquent des problèmes qui relèvent en fait surtout de l'organisation même de leur travail.

L'enjeu de l'insertion professionnelle

Les employeurs déclarent n'accorder que peu d'importance au niveau de formation proprement dit, considérant que « la connaissance du milieu » et le « savoir-être » constituent des caractéristiques plus significatives ; ces emplois offrent donc une opportunité professionnelle aux candidats les moins qualifiés.

Par ailleurs, les recrutements massifs de jeunes issus des « quartiers sensibles » et plus particulièrement noirs et maghrébins, constituent un contrepoids aux discriminations dont ils peuvent être victimes sur le marché du travail[19].

---

18. D'après mes recherches, presque tous sont des emplois-jeunes ; les autres sont surtout des contrats emploi solidarité (CES), des contrats emploi consolidé (CEC) et des postes d'adultes-relais.
19. P. BATAILLE, 1997.

Mais le recrutement des médiateurs permet aussi à leurs employeurs et à leurs commanditaires de développer une stratégie de communication et de légitimation particulière. Ainsi, ces institutions recrutent parfois dans les quartiers dans l'objectif d'améliorer directement leur image auprès des habitants... qui sont aussi leurs clients ou leurs électeurs. Surtout, l'embauche de Noirs et d'Arabes participe d'une politique d'affichage antiraciste qui vise tout autant à renvoyer l'image d'une institution « ouverte » à son environnement (afin de limiter les violences des jeunes qui se sentent discriminés) qu'à lutter contre les *a priori* racistes de certains usagers ou des autres salariés.

La priorité accordée à ces caractéristiques a également des inconvénients. Les « partenaires » professionnels accusent souvent les médiateurs de ne pas être adaptés au monde du travail – sans que l'on sache toujours si cela est dû à leur niveau de formation ou à leurs origines... – et n'accordent souvent qu'une faible reconnaissance au travail des agents. En outre, de nombreux employeurs affirment que l'objectif d'insertion professionnelle entre en contradiction avec leur propre perspective de professionnalisation du métier.

Les médiateurs, quant à eux, déplorent ce statut d'« insertion » et leur faible salaire. Compte tenu du nombre important de Noirs et d'Arabes au sein des équipes, ils considèrent qu'ils occupent un emploi de seconde catégorie et qu'ils sont surtout utilisés pour exercer une forme de contrôle social discriminatoire. Ils sont donc relativement sceptiques quant à la valeur de cette expérience dans leur trajectoire professionnelle et ceux qui espéraient ainsi quitter leur quartier regrettent d'y être renvoyés pour remplir leurs fonctions. À cet égard, ces dispositifs ne leur permettent pas d'établir une rupture avec leur « milieu » et d'enclencher une forme de vie nouvelle[20].

Aussi, lorsque les médiateurs ont la possibilité d'obtenir un contrat à durée indéterminée auprès de leur employeur (ou d'une institution partenaire), cela devient un enjeu capital dans les relations entre les agents et leurs supérieurs – ce qui suscite même parfois des rivalités au sein des équipes. L'emploi de médiateur apparaît alors comme un processus de mise au travail et de présélection spécialement destiné aux « jeunes en difficulté », issus des quartiers et de l'immigration. Mais si toute possibilité de promotion leur est refusée, les employés manifestent vite de la lassitude et de la rancœur, invoquant même parfois le racisme des employeurs.

---

20. P. JUHEM, 2000, p. 53-71.

Plusieurs médiateurs, Noirs ou Arabes, bénéficient pourtant de ce type de promotion et certains d'entre eux reprochent à leurs collègues de nier leur propre incompétence derrière les accusations de racisme. Néanmoins, quelques employeurs reconnaissent (en aparté) qu'ils ne veulent pas embaucher certains agents en raison de leur couleur de peau, redoutant que les autres employés ou que leurs clients les accusent ensuite de favoritisme à l'égard des « minorités visibles »…

Plusieurs agents se sentent ainsi rejetés dans une catégorie ethnique dont ils ne se réclament pas exclusivement et déplorent d'être cantonnés dans un travail réservé aux minorités alors qu'ils cherchent précisément à se débarrasser de ce statut stigmatisant. L'emploi de médiateur semble alors engendrer une certaine forme d'« assignation à résidence identitaire[21] » plutôt que de favoriser l'insertion sociale et professionnelle des agents.

Les tensions liées à l'organisation du travail

La création des emplois de médiateurs entraîne différentes modifications dans l'organigramme de leurs employeurs. Selon l'orientation donnée à ces dispositifs, ces emplois sont placés sous la responsabilité de différents départements : tantôt celui de la sécurité et de la prévention, tantôt celui du développement social ; parfois même le service de médiation est directement relié à la direction des ressources humaines ou au service de l'exploitation.

Mais de nombreuses institutions font aussi le choix de ne pas employer directement les médiateurs qui interviennent pour leur compte. Plutôt que d'embaucher « en interne », ces organismes font alors appel aux services de prestataires spécialisés (généralement des associations) qui constituent les véritables employeurs des médiateurs du point de vue légal. Dans certains cas, les emplois sont même cofinancés par plusieurs organismes en même temps et les médiateurs partagent alors leur temps de travail pour chacun d'eux. Ce sont principalement les bailleurs d'HLM, les sociétés de transport et les agences EDF qui recourent à ce procédé, tandis que les municipalités recrutent directement les agents qui travaillent pour leur compte.

Pour les commanditaires institutionnels, ce mode d'externalisation présente un double avantage : cela leur épargne la charge de travail occasionnée par la formation et l'encadrement des employés et ils peu-

---

21. Y. PALAU, 1996, p. 613-622 (p. 622).

vent plus facilement se dégager de toute promesse d'embauche ultérieure auprès des médiateurs. Mais, en multipliant ainsi le nombre d'acteurs impliqués, l'organisation des dispositifs devient également plus complexe et leur mise en œuvre plus compliquée.

Pour les médiateurs, cette situation entraîne une certaine confusion d'ordre organisationnel qui se révèle défavorable à leur intégration professionnelle. En effet, ils sont ainsi officiellement distingués des salariés qu'ils sont amenés à côtoyer au quotidien et occupent à ce titre une position « à part » au sein du personnel. D'ailleurs, au départ de nombreux dispositifs, les agents n'étaient accompagnés d'aucun supérieur hiérarchique pendant leur travail – mais cette relative autonomie a donné lieu à de nombreux cas d'absentéisme et d'abandon de poste et l'organisation des dispositifs a finalement été modifiée de manière à diriger le travail des agents et à en surveiller la bonne exécution. Désormais, la plupart des médiateurs effectuent donc leur mission sous la tutelle d'un « encadrant ».

Or leurs « partenaires » leur donnent des consignes qui entrent parfois en contradiction avec celles de leurs supérieurs hiérarchiques et il est parfois difficile pour les agents d'identifier ceux dont ils doivent effectivement suivre les ordres : les objectifs de leurs missions apparaissent alors encore plus flous, et cela accroît un peu plus les tensions au sein des équipes.

Par ailleurs, quelle que soit la configuration retenue, les relations qui se tissent entre les médiateurs et le personnel des institutions partenaires sont relativement ténues. Physiquement, les médiateurs sont souvent isolés et, lorsque des locaux leur sont attribués, il ne s'agit généralement que de lieux délaissés ou destinés à un autre usage (caves de HLM, bureaux éloignés des agences, couloir en guise de pièce de repos...). En outre, les médiateurs parlent fréquemment d'une ambiance relativement désagréable, empreinte d'hypocrisie et de sous-entendus racistes. Ils attribuent cette situation au fait d'une minorité et affirment que leurs relations professionnelles sont le plus souvent placées sous le signe d'une indifférence polie. Mais j'ai moi-même recueilli des propos nettement hostiles de la part des autres salariés et ai assisté à plusieurs reprises à des échanges très ambigus.

Les syndicats ont parfois une influence directe sur ces situations. Certains perçoivent les médiateurs comme des adhérents potentiels et favorisent leur intégration professionnelle en encourageant les salariés à les accueillir ou en faisant pression sur la direction pour améliorer leurs conditions de travail. Mais, dans de nombreux cas, les syndicats se tiennent plutôt en retrait et ne se préoccupent pas des médiateurs – quand ils ne se montrent pas explicitement hostiles à leur embauche.

Conclusion

En valorisant certaines appartenances sociologiques comme des compétences professionnelles non techniques, les acteurs véhiculent une conception ethnicisante de la médiation sociale qui se révèle rapidement contre-productive. L'instrumentalisation de ces caractéristiques permet de justifier l'embauche d'individus «surnuméraires[22]» au marché du travail. Mais l'importance accordée aux appartenances communautaires (réelles ou supposées telles) contribue également à délimiter des frontières entre les groupes sociaux et à désigner d'incommensurables différences entre *eux* et *nous*. Tandis que les médiateurs vont à la rencontre du public, leurs «partenaires professionnels» apparaissent moins sur le terrain: selon C. BRÉVAN et P. PICARD, «il y a là une tentative paradoxale, qui consiste à créer de la proximité entre les institutions et les usagers par une forme "officialisée" de mise à distance[23]». L'intervention des médiateurs relève plus de l'interposition que de la mise en relation. Au lieu de favoriser la cohésion sociale, la création de ces emplois consacre plutôt la division du travail social sur la base de l'appartenance communautaire.

Ainsi, les emplois de médiateurs questionnent plus fondamentalement les possibilités d'insertion professionnelle et de promotion sociale des plus défavorisés. Or l'approche ethnique articule étroitement les relations identitaires et les relations de pouvoir. L'ethnique, c'est toujours l'autre, le dominé. Et si des chances d'insertion durable leur sont parfois offertes, les médiateurs sont le plus souvent cantonnés à des rôles d'exécution, sous le contrôle étroit de leurs «partenaires professionnels» et de leur employeur.

Les dispositifs de médiation sociale s'inscrivent ainsi parmi les «nouvelles formes d'encadrement des classes populaires[24]», mais la formulation des faits en termes de discrimination raciale et de relations interethniques masque les dimensions économiques et politiques de la situation.

---

22. R. CASTEL, 2002, p. 645 et *sq*.
23. C. BRÉVAN, P. PICARD, 2000.
24. G. MAUGER, 2001, p. 3-4.

BIBLIOGRAPHIE

BATAILLE P. (1997), *Le Racisme au travail*, Paris, La Découverte, coll. « Textes à l'appui. Sociologie ».

BEGAG A., DELORME C. (1994), *Quartiers sensibles*, Paris, Le Seuil, coll. « Points virgule ».

BÉHAR D., EPSTEIN R., ESTÈBE P. (1998), « Les détours de l'égalité. Remarques sur la territorialisation des politiques sociales en France », *Revue française des affaires sociales*, n° 4, octobre-décembre.

BEN MRAD F. (2002), *Sociologie des pratiques de médiation,* Paris, L'Harmattan, coll. « Logiques juridiques ».

BERTHELEU H. (1996), « À propos de l'étude des relations interethniques et du racisme en France », *Les Cahiers du Ceriem*, n° 1.

BRÉVAN C., PICARD P. (2000), *Une nouvelle ambition pour les villes, de nouvelles frontières pour les métiers,* rapport au ministre délégué à la Ville (consultable sur Internet: http://i.ville.gouv.fr/div-bib/doc/rapbrevanpicard.pdf).

CALVÈS G. (1999), « Les politiques de discrimination positive », *Problèmes politiques et sociaux*, n° 822, juin, p. 3-74.

CASTEL R. (2002; 1re édition 1995), *Les Métamorphoses de la question sociale. Une chronique du salariat*, Paris, Gallimard, coll. « Folio Essais ».

COSTA-LASCOUX J. (2001), « L'ethnicisation du lien social dans les banlieues françaises », *Revue européenne des migrations internationales*, n° 2 (17).

DUPREZ D. (1997), « Le modèle français de prévention de la délinquance », *in* P. Hebberecht, F. Sack, *La Prévention de la délinquance en Europe*, Paris, L'Harmattan, coll. « Logiques sociales ».

DUPREZ D. et al. (2001), *Policiers et médiateurs. Sur le recrutement et les appartenances,* rapport pour l'IHESI, IFRESI/CLERSE, juillet.

FASSIN É. (2003), « Penser la discrimination positive », *in* D. Borrillo (dir.), *Lutter contre les discriminations*, Paris, La Découverte, coll. « Recherches ».

JOBERT B., MULLER P. (1987), *L'État en action: politiques publiques et corporatismes*, Paris, Puf, coll. « Recherches politiques ».

JUHEM P. (2000), « "Civiliser" la banlieue », *Revue française de science politique*, n° 1, janvier.

MACÉ É. (1997), « Les contours de la médiation: institution, conciliation, conformation », *Revue française des affaires sociales*, n° 2, avril-juin.

MAUGER G. (2001), «Précarisation et nouvelles formes d'encadrement des classes populaires», *Actes de la recherche en sciences sociales*, n° 136-137, mars.
MEYER J.-L. (1999), *Des contrats emploi solidarité aux emplois-jeunes: regards sur l'insertion*, Paris, L'Harmattan, coll. «Logiques sociales».
MONJARDET D. (1996), *Ce que fait la police. Sociologie de la force publique*, Paris, La Découverte, coll. «Textes à l'appui. Sociologie».
MÜLLER P., SUREL Y. (1998), *L'Analyse des politiques publiques*, Paris, Montchrestien, coll. «Clefs. Politiques».
OCQUETEAU F. (1999), «Mutation dans le paysage français de la sécurité publique», *Annales de la recherche urbaine*, n° 83-84, septembre.
PALAU Y. (1996), «La médiation sociale, une construction idéologique», *Études*, n° 3856, décembre.
POUTIGNAT P., STREIFF-FÉNART J., BARTH F. (1995), *Théories de l'ethnicité. Les groupes ethniques et leurs frontières,* Paris, Puf, coll. «Le sociologue».
ROBERT Y. (2001), *Conclusion du groupe de travail interministériel sur les emplois dits de médiation sociale,* rapport au ministère de l'Emploi et de la Solidarité (consulté sur Internet: http://i.ville.gouv.fr/divlib/doc/YRobert.pdf).
ROCHÉ S. (1996), *La Société incivile. Qu'est-ce que l'insécurité?*, Paris, Le Seuil, coll. «L'épreuve des faits».
SIX J.-F. (1995), *Dynamique de la médiation*, Paris, Desclée de Brouwer, coll. «Culture de paix».
ZAUBERMAN R., LÉVY R. (1998), «La police française et les minorités visibles», *in* Y. Cartuyvels *et al.*, *Politique, police, justice au bord du futur*, Paris, L'Harmattan, coll. «Logiques sociales. Déviance».

LES LIMITES D'UN ÉQUIPEMENT SPORTIF DE PROXIMITÉ POUR LES JEUNES « EN DIFFICULTÉ »

Les « City Stades » à Toulouse

FABRICE ESCAFFRE*, MOHAMED ZENDJEBIL**

Depuis l'été 1991, des « City Stades[1] » sont installés dans les quartiers dits sensibles ou en difficulté. Destinés à pallier le désœuvrement estival des jeunes, ils ont connu un important développement dans les villes françaises et font aujourd'hui partie intégrante du panel des actions menées en faveur des populations d'enfants, d'adolescents et de jeunes adultes des quartiers d'habitat social.

Ce type d'équipement, s'il répond à un réel besoin en matière d'infrastructures sportives[2], mérite d'être étudié, plus de dix ans après la création du dispositif ayant enclenché son développement. Il est ainsi possible de revenir sur l'histoire des politiques et des équipements destinés aux jeunes dans la ville et d'analyser la place des jeunes des quartiers « en difficulté » dans l'espace public urbain.

C'est en effet cette dernière notion que l'analyse des City Stades invite à mobiliser. Elle renvoie à l'existence d'espaces de confrontation

---

* Fabrice Escaffre est attaché temporaire d'enseignement et de recherche (Ater) en géographie au Centre interdisciplinaire de recherches urbaines et sociologiques (Cirus-Cieu) de l'université de Toulouse-Le Mirail.
** Mohamed Zendjebil est doctorant au Centre interdisciplinaire de recherches urbaines et sociologiques (Cirus-Cieu) de l'université de Toulouse-Le Mirail.
1. Le terme « City Stade » est ici employé car il apparaît plus explicite que ceux de « J-Sport » et de « terrain de proximité » qui sont aussi utilisés. [Dans la suite du texte, les guillemets sont supprimés, ndlr.]
2. D. MANDOUZE, 2001, p. 65-66.

aléatoire avec l'altérité qui sont à l'origine du « vivre ensemble » en ville. Plusieurs études ont d'ailleurs montré la place centrale occupée aujourd'hui par les espaces publics, supports d'activités ludo-sportives, dans la construction de l'urbanité.

En s'appuyant sur l'observation des usages des City Stades des quartiers toulousains du Mirail et d'Empalot, analysés à l'aune de la notion d'espace public, cette contribution vise à manifester les limites de ces équipements sportifs de proximité, en répondant à trois questions : qui sont les utilisateurs des City Stades ? Comment ces terrains participent-ils à l'élaboration d'un « style » banlieue ? En quoi la question de leur localisation dans la ville est-elle fondamentale compte tenu du rôle qu'ils sont censés jouer en tant que lieux d'interaction sociale ?

Les politiques et les équipements destinés à la jeunesse depuis 1961 : évolution de la notion de jeunesse, des « 1 000 Clubs » aux City Stades

1962-1975 : l'édification d'une politique et d'équipements en faveur de la jeunesse

Deux phénomènes concourent dans les années soixante à l'élaboration d'une politique en faveur de la jeunesse qui se traduit, sur l'ensemble du territoire, par la réalisation d'équipements : l'urbanisation et l'autonomisation des jeunes. La France connaît alors une forte croissance urbaine se traduisant par la construction de grands ensembles et par l'étalement des périphéries urbaines. Les villes grandissent et s'étendent pour pouvoir accueillir des habitants venant des campagnes proches et de pays plus lointains, principalement du sud de l'Europe et de l'Afrique du Nord. La forte croissance économique de cette période, fondée sur la production industrielle, nécessite en effet une importante main-d'œuvre. La population urbaine s'accroît, ainsi que le nombre des jeunes qui la composent. Il est nécessaire de les prendre en considération car il n'y a pas, ou pas suffisamment, d'équipements pour les accueillir dans les espaces nouvellement urbanisés.

À cette conjoncture socio-économique, dont une des traductions spatiales est l'urbanisation, vient s'ajouter l'autonomisation grandissante des jeunes. Les années soixante sont une période de changements sociaux dont les liens avec l'urbanisation sont évidents. Les pratiques de socialisation des jeunes évoluent au contact d'un environnement urbain dans lequel ils ne peuvent plus vraiment perpétuer les traditions des campagnes ou des pays dont leurs parents sont originaires. On assiste à un assouplissement des cadres de socialisation qui se traduit, par exemple, par la diminution d'audience d'instances telles que les patronages. Profitant du développement des moyens de transport et de l'essor des préoccupations liées aux loisirs, la jeunesse s'autonomise.

Dans ce contexte, l'État décide d'engager une politique volontaire en faveur de la jeunesse, ce qui est à cette époque relativement nouveau. La loi programme de 1961 traduit cet engagement en mettant en place des grilles pour aménager, en fonction du nombre d'habitants, des équipements destinés aux loisirs culturels et sportifs. La priorité est de mettre à disposition des établissements scolaires des équipements pour l'enseignement de l'éducation physique et sportive. De nombreux terrains de sport, des gymnases et des piscines sont ainsi créés. La standardisation des équipements est la logique qui prévaut dans ce domaine, comme plus largement dans l'aménagement urbain.

Des lieux de rencontre et de culture sont aussi aménagés avec ce même souci de réponse quantitative et standardisée. En 1966, par exemple, est lancée l'opération « 1 000 Clubs de jeunes[3] ». Elle vise à créer sur l'ensemble du territoire national mille installations destinées à être des lieux de rencontre, de divertissement et d'apprentissage pour les jeunes. Ces « clubs » sont des modules préfabriqués qui sont adaptés aux attentes et aux contraintes locales. Ce type de lieu destiné à la jeunesse n'est pas une nouveauté, puisque les maisons des jeunes et de la culture se développent depuis l'après-guerre. Le changement découle de l'investissement de l'État et de l'ampleur de l'initiative.

Des difficultés de fonctionnement apparaissent rapidement dans ces structures et suscitent une évolution de la notion de jeunesse dans les actions publiques. Les espaces nouvellement urbanisés sont en effet peuplés de populations ouvrières néo-urbaines qui sont les premières victimes du ralentissement de la croissance économique des années soixante-dix. La hausse progressive du chômage entraîne la lente disparition de cette institution fondamentale de socialisation qu'est le travail. À cela viennent s'ajouter les conséquences négatives d'une ségrégation spatiale de fait, à base socio-économique et ethnique, de plus en plus perceptible.

Ainsi, nombre de structures présentes dans ces quartiers se transforment en lieux de regroupements affinitaires construits sur la base de

---

3. J.-P. AUGUSTIN, 1991. Voir aussi P. DURET, M. AUGUSTINI, 1993.

la proximité du lieu de résidence. Des situations de ségrégation se renforcent et un certain nombre de jeunes n'intègrent pas les structures mises à leur disposition, dont certaines sont présentées comme des « lieux de déviance tolérée[4] ». Il est aussi frappant de constater que les filles sont minoritaires par leur participation aux actions comme par leur présence dans les lieux destinés aux jeunes.

Ces évolutions sont en contradiction avec les visées qui ont présidé à la mise en place des équipements destinés à la jeunesse. Elles ne vont cesser de s'accentuer au fur et à mesure que les plus favorisés des habitants de ces quartiers partent en accédant à la propriété et que la situation économique générale continue de se caractériser par un taux de chômage élevé.

Depuis 1975 : de nouvelles formes de gestion de l'animation et une transformation du public visé

Dès les années soixante-dix, des actions sont mises en œuvre pour entraver cette évolution. La place et le rôle des associations sont renforcés. Ces dernières sont présentées comme le lien indispensable entre l'action publique et les jeunes, car elles connaissent les réalités microlocales dans toute leur complexité. Cette évolution marque une certaine forme de désengagement de l'État, jusqu'ici acteur majeur en matière de politique de la jeunesse. Mais ce type d'action ne renverse pas la tendance et, inexorablement, « la jeunesse n'est plus la référence, le public visé est celui des banlieues dégradées et des Zup à problème[5] ».

Les événements qui se produisent lors de l'été 1981 dans plusieurs banlieues de grandes villes françaises, dont le quartier des Minguettes près de Lyon, accélèrent les transformations en cours dans la prise en charge de la jeunesse qui se situe dès lors dans le champ de l'action sociale, l'objectif étant de favoriser l'insertion des jeunes dans un contexte économique difficile. Des missions locales sont créées pour optimiser les chances des jeunes de trouver un emploi et des entreprises d'insertion leur permettent d'avoir une première expérience professionnelle. Les structures chargées de l'animation socioculturelle sont maintenues et, avec les clubs et les associations, continuent de jouer un rôle majeur dans la prise en charge des enfants, des adolescents et des jeunes adultes.

Cette situation perdure jusqu'aux années quatre-vingt-dix qui débutent par des événements violents faisant apparaître plusieurs quar-

---

4. J.-P. AUGUSTIN, *ibid.*
5. J.-P. AUGUSTIN, *ibid.*

tiers, dont ceux du Val-Fourré à Mantes-La-Jolie et de Vaulx-en-Velin près de Lyon, sur le devant de la scène médiatique. La question des banlieues s'installe pour longtemps parmi les principales préoccupations, renforçant ainsi leur isolement. Dans le prolongement des évolutions amorcées dans les années soixante-dix, la jeunesse est définie de manière floue par rapport à un référentiel territorial : le quartier de résidence. Le terme «jeunesse», et plus particulièrement celui de «jeunes», a évolué en trente ans, de la désignation d'une catégorie d'âge à celle d'un groupe aux limites floues, structuré selon une appartenance territoriale considérée comme handicapante. Les quartiers «en difficulté» apparaissent peuplés de jeunes, implicitement surtout de garçons, «en difficulté», sans distinction nette d'âge ou d'autres critères. C'est dans un tel contexte qu'est créé le dispositif qui impulse le développement des City Stades.

Les City Stades : des équipements sportifs de proximité

Plusieurs phénomènes concomitants expliquent le lancement par le ministère de la Jeunesse et des Sports de l'opération «terrain de proximité» en juin 1991, qui prendra, en septembre 1991, le nom d'opération «J-Sport». Les «émeutes» de l'été 1990 dans certains quartiers et leur médiatisation jouent un rôle important, mais il serait erroné de les considérer comme l'unique cause du lancement de cette opération.

La fin des années quatre-vingt et le début des années quatre-vingt-dix sont d'abord marqués par des évaluations des actions menées dans les quartiers au cours des étés[6]. Elles pointent le manque d'équipements et d'actions continues tout au long de l'année. Cette période est aussi caractérisée par la tenue de plusieurs colloques qui présentent le sport comme une panacée en matière d'insertion sociale.

Il convient de ne pas séparer ces facteurs des changements qui se produisent dans ces années-là dans les loisirs sportifs. Le basket de rue se diffuse en France en s'appuyant sur la médiatisation dont bénéficie le basket américain dans sa version NBA, avec en point d'orgue la participation de la *Dream Team* aux jeux olympiques de Barcelone en 1992[7]. Des tournois de *streetball* sont organisés un peu partout en

---

6. P. DURET, M. AUGUSTINI, *op. cit*. P. Duret et M. Augustini font allusion aux rapports départementaux sur les opérations de prévention été de 1991.
7. Les meilleurs joueurs de la *National Basket Association* ont constitué une équipe restée célèbre sous le nom de *Dream Team* car regroupant des joueurs tels que Mickael Jordan, Magic Johnson, etc.

France, notamment par les équipementiers sportifs[8]. Cette vague du basket de rue est confortée peu après par l'apparition dans le championnat de France de basket professionnel de quelques joueurs issus des *playgrounds*[9]. Ces évolutions de la pratique du basket sont à rattacher au développement des loisirs sportifs autonomes se produisant en dehors des cadres associatifs traditionnels. Cette dynamique à l'origine de la course à pied hors stade et des pratiques de glisse urbaine touche aussi d'autres sports collectifs, notamment le football.

C'est dans ce contexte, et dans la lignée des actions menées en faveur des jeunes «en difficulté» depuis les années quatre-vingt, que s'inscrit l'initiative «J-Sport». Le public cible est celui des 13-18 ans et des jeunes adultes qui sont les moins touchés par les actions existantes. Les terrains aménagés sont des espaces de jeux standardisés (on retrouve la logique qui prévalait, dans les années soixante, pour les «1 000 Clubs»), de dimensions réduites, qui le plus souvent autorisent seulement la pratique du basket et du football. Par là, sans préjuger de la volonté des filles de pratiquer ces activités, il semble que ces équipements soient avant tout destinés à accueillir et à discipliner les usages des garçons, enfants et pré-adolescents en particulier.

Ces terrains sont installés au pied des immeubles sur des espaces verts ou sur des parkings. Ils sont constitués d'une surface de jeu limitée par des grilles qui évitent que les ballons ne partent trop loin. Ils ont souvent un revêtement confortable, une pelouse synthétique qui convient particulièrement à la pratique du football, et des couleurs vives: du vert, du jaune, du rouge. Leur localisation dans les quartiers populaires vient pallier le manque patent d'équipements sportifs.

Or ces localisations perpétuent ce qui était déjà présenté dans les années soixante-dix comme une limite, à savoir leur centration sur un public constitué sur une base résidentielle, sur une communauté de proximité homogène[10] par bien des aspects et notamment parce qu'elle est quasiment l'unique utilisatrice de ce type d'équipement.

---

8. Le *streetball* est une variante du basket qui est joué sur un seul panier, le plus souvent par deux équipes de trois joueurs. L'équipementier Adidas organise à l'époque un tournoi itinérant: le «Adidas *Streetball*».
9. M. SONKO est l'un des premiers joueurs professionnels issus des *playgrounds*, autrement dit des terrains de basket extérieurs d'accès libre; son parcours a été très médiatisé.
10. F. CHOBEAU, 1996, p. 87-99. L'auteur montre comment c'est sur la base de relations structurées, depuis le plus jeune âge, par la proximité des lieux de résidence que se constituent des groupes de jeunes en difficulté qui restent très liés entre eux et à leur quartier une fois devenus jeunes adultes, ce qui ne facilite pas leur insertion sociale.

Dans la première partie de ce texte, nous avons montré les évolutions et les permanences des politiques en faveur de la jeunesse ainsi que leurs traductions en terme d'équipements. L'évolution la plus fondamentale est celle de la définition du public cible. La jeunesse dans son ensemble est remplacée par la jeunesse « en difficulté » définie principalement par son lieu de résidence. Une autre évolution est notable : on passe durant cette période d'actions et de projets réfléchis, ambitieux dans leurs objectifs et difficiles à mettre en œuvre, à une prise en compte de la demande sociale qui n'est pas sans ambiguïté. Des permanences demeurent, en particulier celle de la contradiction d'actions qui, en se territorialisant dans les quartiers dans lesquels vivent les jeunes, participent à accentuer l'enfermement de ces derniers. Le ciblage des actions sur les garçons semble aussi être une constante, du moins depuis que celles-ci se centrent sur les quartiers « en difficulté ».

Ce sont ces évolutions et ces permanences qui permettent une analyse socio-spatiale des City Stades des quartiers du Mirail et d'Empalot à Toulouse, et de leurs usages.

Les City Stades à Toulouse, des micro-centralités de proximité

Les quartiers d'Empalot et du Mirail

Le quartier d'Empalot est le premier grand ensemble construit à Toulouse. Si les premiers logements sociaux datent des années trente, le quartier est principalement aménagé dans les années cinquante-soixante. Il est situé au sud du centre-ville dans la couronne péricentrale, à proximité de la Garonne, et accueille environ 7 000 habitants.

Conçu en 1961 par l'architecte Georges Candilis comme une « ville nouvelle », le quartier du Mirail a connu un destin de grand ensemble[11]. Prévu pour accueillir 100 000 habitants, il en compte aujourd'hui environ 25 000[12] résidant dans des tripodes construits selon les principes de l'architecture fonctionnaliste. Le projet de départ a été modifié à plusieurs reprises pour intégrer de petits immeubles et des maisons individuelles. Relativement enclavé, au sud-ouest du centre-ville, Le Mirail est mieux relié au reste de la ville depuis la mise en service de la ligne A du métro, en 1993.

---

11. M.-C. JAILLET, M. ZENDJEBIL, 2003.
12. Recensement général de la population, INSEE, 1999.

Ces deux quartiers sont des espaces stigmatisés, considérés comme en marge de la ville, mais pourtant fortement présents dans la société[13]. Les habitants les plus favorisés en sont partis dès les années soixante-dix en accédant à la propriété dans les espaces périurbains. Ne sont restées que les populations les plus modestes, qui sont aussi les plus touchées par le chômage, ce qui a entraîné la dégradation de l'image de ces quartiers et de leur environnement[14].

Les deux City Stades d'Empalot

Le quartier d'Empalot compte deux City Stades situés au pied des immeubles, le premier en face de l'école Dasté et le second non loin de la place des Cormorans. Les deux équipements ne sont pas visibles depuis les principales artères qui permettent de circuler autour du quartier ou de le traverser. Les usages ludo-sportifs de ces terrains se produisent en dehors des temps scolaires, en fin d'après-midi, le mercredi, le week-end et surtout pendant les vacances.

C'est le terrain situé en face de l'école Dasté qui accueille le plus grand nombre de joueurs. La pratique ludo-sportive dominante y est le football, joué par des garçons qui sont pour la plupart des collégiens. Les plus jeunes sont souvent spectateurs, car la technique employée pour organiser le jeu favorise les plus grands. Il s'agit de « relèves » successives d'une des deux équipes présentes sur le terrain par une équipe qui se constitue au bord du terrain dès qu'un nombre de buts fixés à l'avance est atteint : un s'il y a beaucoup de « relevants », deux ou trois s'ils sont moins nombreux. La stratégie la plus efficace employée pour jouer le plus longtemps possible consiste donc à rassembler dans une équipe le plus de bons joueurs qui, en gagnant, ne quitteront pas le terrain.

Le terrain situé près de la place des Cormorans n'a pas l'aspect d'un City Stade. Il s'agit en fait d'une installation qui conserve le principe d'un espace de jeu clos, mais qui a été aménagée avec des matériaux différents tels que des planches de bois pour les barrières latérales et du gravillon fin pour le sol. Cet espace de jeu est surtout utilisé par des enfants, plus jeunes que ceux présents sur l'autre terrain d'Empalot, habitant dans les immeubles situés immédiatement à proximité. Parmi ces utilisateurs, à la différence de l'autre City Stade, la proportion de filles est relativement importante.

---

13. Collectif, 1997.
14. F. ESCAFFRE, M. ZENDJEBIL, D. ECKERT, à paraître.

Ces deux terrains ne sont pas utilisés seulement à des fins sportives : dans les territorialités des jeunes, ils représentent des micro-centralités de quartier et servent ainsi de lieux où se retrouver pour discuter. Qu'il s'agisse de s'y rassembler pour jouer ou pour discuter, il est notable que les plus grands des jeunes d'Empalot (grands adolescents ou jeunes adultes) ne sont que rarement présents sur ces City Stades. On les retrouve plutôt près du centre commercial qu'ils « tiennent », selon l'expression d'une animatrice du quartier, faisant allusion à cette posture, observable dans nombre de quartiers, qui consiste à « tenir les murs », autrement dit, à s'y appuyer.

Les City Stades du Mirail

Les six City Stades du Mirail, répartis dans les quartiers de Bellefontaine et de Reynerie, sont également situés au pied des immeubles. Pendant les vacances d'été par exemple, c'est surtout le matin et à partir de 18 heures qu'ils accueillent un nombre important de joueurs dont les âges oscillent entre 10 et 13 ans. Les matchs de football, organisés selon la technique de la « relève », prennent alors la forme d'« exhibitions[15] » durant lesquelles les joueurs montrent leur habileté technique à leurs adversaires et aux spectateurs.

Plus qu'à Empalot, le positionnement des barres d'immeubles au Mirail segmente l'espace. Cette organisation de l'espace interne du quartier a eu une influence sur la localisation des City Stades, il semble qu'elle pèse aussi sur leurs usages. En effet, les joueurs habitent à proximité immédiate des terrains. Lors des observations menées sur les City Stades situés à Bellefontaine, ces joueurs nous ont expliqué que les « jeunes » d'autres immeubles ne venaient que rarement jouer là.

Le public des utilisateurs des terrains du Mirail est très largement constitué de garçons. Comme à Empalot, seules quelques filles très jeunes s'y amusent parfois. Du point de vue de l'âge, les jeunes adolescents sont majoritaires. Il n'est arrivé qu'une seule fois au cours des observations que nous assistions à des rencontres entre de jeunes adultes (18-25 ans). Toutefois, d'après les entretiens réalisés, il semble que ce type de match se produise plus souvent que ces observations ne le laissent croire, en particulier l'été en soirée.

---

15. M. TRAVERT, 2003. L'auteur insiste sur l'importance des duels et de la démonstration de l'habileté technique dans la pratique du football dans les quartiers d'habitat social.

Si l'on s'en tient à cette description des City Stades et de leurs usages, ces équipements apparaissent appréciés par ceux qui les utilisent. Mais il est nécessaire de se distancier de ce constat en se rappelant ce qui caractérise les actions et les équipements en faveur des jeunes des quartiers « en difficulté » et en posant notamment la question de la place des jeunes de ces quartiers dans l'espace public urbain.

Les limites des City Stades en tant qu'équipements sportifs de proximité destinés aux jeunes « en difficulté »

La question de l'âge et du sexe des utilisateurs des City Stades

Lors de la mise en place de l'opération « J-Sport », l'objectif était de toucher le public des 13-18 ans et des jeunes adultes vivant dans les quartiers d'habitat social, devenus moins réceptifs à l'animation classique[16]. C'est ce public qui représente la catégorie englobante des jeunes « en difficulté ». Les observations montrent que les utilisateurs les plus assidus des City Stades dans les deux quartiers toulousains étudiés ne recoupent pas totalement le public ciblé. Les 10-13 ans sont des utilisateurs réguliers, mais pas les 14-18 ans, ni les jeunes adultes. L'initiative n'atteint donc pas vraiment son objectif initial. Ce décalage découle peut-être de l'évolution des pratiques ludiques chez les jeunes, se diffusant des plus âgés vers les jeunes au fur et à mesure que les premiers s'en détournent. Il n'empêche que les City Stades présentent en revanche l'intérêt de discipliner les usages ludo-sportifs des espaces publics des quartiers populaires en les fixant. Ils proposent une version disciplinée du « football de pied d'immeuble[17] » dont M. TRAVERT a montré combien il était une activité inventive s'adaptant à l'environnement construit des cités en s'appropriant divers lieux de pratique.

Une seconde limite doit être mise en avant: les filles sont absentes des City Stades. Les jeux induits par ces terrains, en l'occurrence diverses variantes du football, ne les attirent pas. La présence, parmi les garçons occupant ces terrains, de frères, ou de membres de la famille, est peut-être un facteur qui éloigne les filles de ce type d'activité sportive dans l'espace public. De plus, du fait de l'autonomie de pratique et donc de l'absence d'encadrement, ce déséquilibre n'est pas remis en cause par une autorité extérieure. La pratique sportive des filles sur ces terrains a donc lieu pour la plupart durant l'enfance. À partir de l'ado-

---

16. UNION NATIONALE LÉO-LAGRANGE, 1994.
17. M. TRAVERT, *op. cit.*

lescence, on les retrouve dans des activités pratiquées dans le cadre de clubs le plus souvent non mixtes.

Les City Stades et le «style» banlieue

Le travail d'enquête mené en dehors des deux quartiers évoqués et plus particulièrement dans les *skateparks* incite à prendre en compte l'existence, au sein de la jeunesse, d'une ligne de partage qui est à mettre en rapport avec des différences de niveaux socio-économiques à partir desquelles des identités groupales se structurent en se fondant sur les modes vestimentaires, les musiques écoutées et les sports pratiqués. Schématiquement, au sein des cultures urbaines, cette ligne sépare les *skaters* et les rappeurs, les seconds représentant le «style» banlieue.

L'identité des premiers se construit à partir de la pratique du *skateboard*, mais plus largement des activités de glisse urbaine comme le *roller street*[18] ou le BMX[19]. Parmi les pratiquants de ces activités, un certain nombre font allusion à des altercations avec des «racailles», expression leur servant à désigner les jeunes gens correspondant au «style» banlieue. Les inscriptions parfois présentes sur les lieux de pratique renvoient à ces antagonismes. Sur un petit *spot*[20] dans le quartier de Lardenne, non loin du Mirail, on peut lire: «Vive les *skaters*, à bas les Arabes du Mirail.» Un autre exemple peut être donné avec cet extrait d'entretien: «*Avant, on se retrouvait place du Capitole* [pour faire du BMX], *mais c'était plus possible parce qu'il y avait trop de racailles, alors on est venu ici.*»

Du côté des rappeurs, les pratiques sportives en vogue sont, dans le prolongement des tendances présentées précédemment, le basket de rue et surtout le football. Les City Stades, par leur situation dans des quartiers déjà stigmatisés, renforcent l'identification des pratiques ludo-sportives qu'ils induisent au «style» banlieue. En se cantonnant à ces pratiques, ils participent non seulement, à un niveau symbolique, à la fragmentation de la jeunesse, mais en plus n'enrichissent pas les cultures ludo-sportives des habitants des quartiers dans lesquels ils

---

18. Le *roller street* est un type de pratique du *roller* qui a pour particularité d'être spectaculaire, puisqu'il s'agit de réaliser des acrobaties en utilisant le mobilier urbain.
19. BMX est le sigle utilisé par les pratiquants et correspond à l'anglais *Bicycle Motocross*. Il s'agit d'un cycle ayant des roues de petite taille, un grand guidon qui rend plus aisé la réalisation de figures et qui est capable d'encaisser des chocs assez violents (E. ADAMKIEWICZ, 1998).
20. Le terme *spot* est utilisé par les pratiquants pour désigner un lieu de pratique.

sont implantés[21]. Il convient d'ajouter que cette concentration appauvrissante est aussi dénoncée dans le domaine de l'animation socioculturelle, où plusieurs de nos interlocuteurs regrettent que des activités telles que le rap, le tag ou encore le hip-hop occupent une place parfois trop importante au détriment d'autres activités.

Les City Stades ou le dilemme de l'espace public de proximité

La plupart des City Stades de Toulouse sont situés dans les quartiers « en difficulté » au pied des immeubles. La description de leurs usages a clairement montré qu'ils fonctionnent à partir d'une communauté structurée par la proximité spatiale. Quelques City Stades dans l'agglomération toulousaine sont cependant situés en dehors des quartiers d'habitat social : ceux du Parc des sports par exemple. Ces deux terrains, installés dans l'enceinte de la piscine Nakkache, ne sont accessibles librement que durant la période de fermeture des piscines extérieures : en hiver, au début du printemps et en automne. Au début du printemps, ils fonctionnent comme un véritable espace public, dans le sens où ils permettent la confrontation aléatoire avec l'altérité[22] en accueillant des joueurs venus d'un peu partout dans Toulouse. Les parties de football s'y organisent selon les modalités déjà décrites de la « relève ».

Le contraste est grand entre ce qui se passe sur ces terrains, qui sont des lieux d'interactions sociales ouvertes, et les usages des City Stades au pied des immeubles, dans les quartiers. Sur les City Stades du Parc des sports, les joueurs sont de tous âges, de toutes « origines » et le système des « relevants » les fait jouer ensemble. Les confrontations sont engagées, car l'enjeu est de rester sur le terrain le plus longtemps possible, mais elles restent toujours correctes. Du fait de la proximité avec le quartier d'Empalot, certains jeunes viennent y jouer, mais leur nombre reste limité.

La plupart des City Stades ont un fonctionnement différent de cela. Les usages sont organisés à partir de la proximité, ce qui maintient la jeunesse sur place. Ainsi, les City Stades sont parmi les rares lieux de pratique ludo-sportive autonome urbaine qui ne fonctionnent pas comme un espace public mais comme un espace « commun[23] », avec tout ce que cela peut avoir d'enfermant.

---

21. C. ARPAILLANGE, C. DARLON, M.-A. MONTANE, 2002. Cette limite peut être appliquée aux politiques sportives locales, qui ont tendance à séparer les actions relevant de la politique sportive au sens strict de celles qui relèvent de la politique de la ville.
22. E. ADAMKIEWICZ, *op. cit.*
23. É. TASSIN, 1992.

Si les City Stades répondent donc au déficit d'équipements sportifs d'accès libre des quartiers populaires, dans l'état actuel de leurs localisations les plus fréquentes, ils ne peuvent être considérés comme des « outils » socio-éducatifs efficaces pour les jeunes de ces quartiers. Ces localisations, ainsi que la focalisation sur un nombre réduit de pratiques ludo-sportives, sont les réponses insatisfaisantes issues d'une vision déterministe qui affuble ces jeunes dans leur ensemble du qualificatif « en difficulté » parce qu'ils habitent dans certains quartiers. Réponse qui débouche sur une solution disciplinante et immobilisante faiblement porteuse d'ouverture sur l'altérité, sur la ville.

Méthodologie

Les observations des City Stades, menées entre avril et août 2003 et durant l'année 2004, ont été réalisées selon une grille faisant varier les moments d'observation. Elles s'accompagnent d'observations réalisées dans d'autres lieux de pratiques ludo-sportives dans l'agglomération toulousaine : la base de loisirs de La Ramée près du Mirail, le Parc des sports à proximité d'Empalot, ainsi que plusieurs *skateparks**.

Les entretiens semi-directifs ont été réalisés avec des personnes, investies dans l'animation ou l'encadrement sportif, qui présentent une connaissance particulière du domaine des activités ludo-sportives dans lequel les City Stades doivent être replacés.

* Enquête réalisée dans le cadre de la préparation d'un doctorat de géographie sur les usages ludo-sportifs des espaces publics dans l'agglomération toulousaine.

BIBLIOGRAPHIE

ADAMKIEWICZ E. (1998), « Les performances sportives de la rue », *Annales de la recherche urbaine*, n° 79.

ARPAILLANGE C., DARLON C., MONTANE M.-A. (2002), « La réponse publique aux pratiques ludo-sportives auto-organisées », *Sud-Ouest européen*, n° 13.

AUGUSTIN J.-P. (1991), *Les Jeunes dans la ville. Institutions de socialisation et différenciation spatiale dans la communauté urbaine de Bordeaux*, Bordeaux, Presses universitaires de Bordeaux.

CHOBEAU F. (1996), «Ethnies-cités, jeunes en difficulté d'insertion sociale en banlieue parisienne», in J.-P. Augustin, J.-C. Gillet (dir.), *Quartiers fragiles. Développement urbain et animation*, Bordeaux, Presses universitaires de Bordeaux, coll. «Le territoire et ses acteurs».

COLLECTIF (1997), *En marge de la ville, au cœur de la société. Ces quartiers dont on parle*, La Tour d'Aigues, L'Aube.

DURET P., AUGUSTINI M. (1993), *Sports de rue et Insertion sociale*, Paris, INSEP.

ESCAFFRE F., ZENDJEBIL M., ECKERT D. (à paraître), «"Lotissements d'immigrés" et territoires des loisirs dans l'agglomération toulousaine, entre appropriation inventive et fragmentation urbaine», Mosella, actes du colloque «Marges et Interfaces», Metz, Centre d'études géographiques de l'université de Metz.

JAILLET M.-C., ZENDJEBIL M. (2003), «Le Mirail à Toulouse: un projet de "ville nouvelle" au destin de grand ensemble», séminaire *Des grands ensembles aux villes nouvelles*, université de Paris I, juin.

MANDOUZE D. (2001), «"City Stade" et ludo-sport en banlieue», *Urbanisme*, n° 319.

TASSIN É. (1992), «Espace commun ou espace public? L'antagonisme de la communauté et de la publicité», *Hermès*, n° 10.

TRAVERT M. (2003), *L'Envers du stade. Le football, la cité et l'école*, Paris, L'Harmattan, coll. «Débats jeunesses».

UNION NATIONALE LÉO-LAGRANGE (1994), *Étude nationale «J-Sport» pour le ministère de la Jeunesse et des Sports*, Cibles.

LES FIGURES DES « JEUNES » DANS LES POLITIQUES ÉDUCATIVES LOCALES
L'exemple toulousain

Ingrid Voléry*

Depuis le début des années soixante-dix, la jeunesse est l'objet de considérations extrêmement ambivalentes. Symbole de créativité, d'énergie, d'adaptabilité et d'ouverture sur le monde, elle alimente une véritable fascination sociale. L'extrême valorisation des corps et des qualités juvéniles, des formes culturelles associées ou portées par la jeunesse, en est l'expression la plus archétypique. Depuis le mouvement social consécutif aux résultats du premier tour de l'élection présidentielle le 21 avril 2001, elle condense même l'espoir d'un renouveau politique censé déboucher sur une société libérale « enfin » humaniste et solidaire. Cependant, force est de constater combien les « jeunes » ne constituent pas véritablement une catégorie de l'action publique. Ainsi, selon les politiques sectorielles considérées, les dénominations fluctuent: « jeunes en insertion », « peu qualifiés » ou au contraire « diplômés » pour les politiques de l'emploi et de la formation professionnelle; « jeunes en difficulté » pour les politiques sociales. Dans le champ de l'action publique, les représentations des « jeunes » sont particulièrement fragmentées[1].

Cependant, depuis 1998, les collectivités territoriales utilisent un dispositif spécifique (le contrat éducatif local – CEL) afin de fédérer les multiples actions s'adressant à des publics âgés de 3 à 18 ans et ainsi

---

* *Ingrid Voléry est doctorante, attachée temporaire d'enseignement et de recherche (Ater) en sociologie au Certop (CNRS/université de Toulouse-Le Mirail).*
1. Sur cette question, cf. F. FIERRO, I. VOLÉRY, 2002, p. 112-120.

poser les jalons d'une politique territoriale de la jeunesse[2]. Durant huit mois, nous avons donc suivi les responsables institutionnels, cadres ou chefs de service, travailleurs sociaux et animateurs socio-éducatifs impliqués dans la définition et la mise en œuvre des divers services appelés à intégrer le contrat éducatif toulousain. Nous entendions saisir à la fois les modes de germination d'un tel champ d'intervention, les processus de désignation des jeunes et leur intégration dans un modèle plus général de régulation politique locale.

Pour y parvenir, nous avons croisé une analyse des documents et discours institutionnels avec l'investigation fine des catégories émergeant des pratiques. Cette approche implique donc un protocole de recherche spécifique s'inspirant de l'ethnométhodologie (observation, compilation des paroles dans l'action – *accounts* –, entretiens collectifs, entretiens individuels…). Toutefois, pour autoriser un dépassement de la situation et une montée en généralité, nous nous sommes ensuite efforcée d'inscrire les qualifications des figures juvéniles mises au jour dans des schèmes plus généraux. Cette mise en « généalogie » des pratiques permet d'extraire des principes d'organisation de l'action, pourtant absents de la littérature institutionnelle et managériale, tout en questionnant les liens entre les configurations de savoirs repérés : aux plans diachronique (filiations des repères sémantiques mobilisés par les professionnels) et synchronique (entre types de territoire)[3]. Ainsi, dans les espaces non classés en politique de la ville, les actions visent à satisfaire les jeunes consommateurs tout en organisant leurs loisirs et leur temps libre. Dans les quartiers sensibles, elles entendent plutôt contenir les pratiques juvéniles. Bien évidemment, ces configurations de savoirs ne sont pas strictement conséquentielles mais entretiennent des relations complexes de co-occurrence dont nous allons tenter de

---

2. Axe prévention sociale de la politique de la ville, dispositifs « Ville vie vacances », veille éducative, contrat local de sécurité, contrat temps libre, contrat enfance…
3. Nous référons ici à l'approche expérimentée par M. Foucault dans la seconde partie de son œuvre. Rappelons-en les principes essentiels : l'usage du passé pour renseigner le présent et la recherche des filiations sémantiques (en synchronie et diachronie – les *épistémè*) : « Une forme d'histoire qui rende compte de la constitution des savoirs, des discours, des domaines d'objet sans avoir à se référer à un sujet transcendant : les liens entre événements, les fils qui les relient ; notamment les rapports de force, les tactiques. » M. FOUCAULT, 1964, rééd. 2001, p. 145 et 147. Toutefois, en dépit du souci exprimé, les pratiques concrètes demeurent peu intégrées dans son analyse des dispositifs de pouvoir. C'est pourquoi il nous a semblé essentiel de mobiliser les techniques de recherche expérimentées par les ethnométhodologues, attentifs aux raisons pratiques et aux savoirs profanes.

rendre compte. Comprendre le traitement politique local de la jeunesse nécessite donc d'abord concomitamment ces deux pans, pour en tenter ensuite une articulation problématique.

Valorisation du sujet jeune dans les quartiers non prioritaires

La première catégorie d'actions observées se déploie dans les territoires non classés en politique de la ville. Elles se spécifient à la fois par leur déploiement territorial, par l'importance accordée au principe de satisfaction de l'« usager-client-consommateur » et enfin par les représentations que les opérateurs de terrain se font du public « jeune ». Cet « espace de pratiques » émerge donc de dimensions complexes articulant la construction sociohistorique de l'offre, les exigences gestionnaires propres à ce contexte d'action publique et une codification culturelle plus générale de la place de l'individu dans la régulation sociale[4].

Une offre thématisée concentrée dans le centre urbain

Considérons en premier lieu l'empreinte du contexte institutionnel sur la structure de l'offre. Dans les quartiers non prioritaires, la jeunesse n'est pas véritablement l'objet d'une réflexion politico-institutionnelle construite et programmée. Extrêmement disparates, les services « loisirs » se déploient bien souvent en marge des dispositifs contractuels étayant l'action publique en direction de la jeunesse. Ils visent essentiellement à équiper le temps libre sans toutefois construire ni des orientations éducatives ni même une quelconque pédagogie spécifique[5].

Ainsi, en l'absence de codification politique, cette offre de services est pour l'essentiel aux mains des clubs privés et des équipements de loisirs généralistes : maisons des jeunes et de la culture (MJC), clubs sportifs et culturels tout « public ». Quant aux services municipaux, ils développent une offre de loisirs ciblant les enfants (centre de loisirs sans hébergement pour les moins de 12 ans) tout en maintenant une

---

4. M. FOUCAULT, 2001.
5. De récents travaux conduits en sociologie politique et en sociologie du travail public soulignent combien, dans le cas des politiques locales constitutives (*i.e.* les politiques dont seules la procédure et les modalités partenariales sont précisées à l'avance), les lieux de production normative se déplacent vers ceux qui étaient auparavant considérés comme des courroies de transmission, opérationnalisant des objectifs définis par ailleurs. G. JEANNOT, 2001, p. 125-133.

offre thématisée sportive et culturelle pour les plus de 12 ans et les adultes (service « sport pour tous » et service culturel gérant les musées et les bibliothèques). Dans un cas, l'offre municipale équilibre l'offre privée. Dans l'autre, elle la « concurrence », notamment en proposant des activités de loisir adulte à moindre prix.

Faiblement maillée, cette prestation se concentre plutôt dans le centre « historique », tandis que les MJC sont implantées dans la ceinture urbaine. Bien qu'elle soit aujourd'hui particulièrement mise en avant, la question de la mobilité géographique n'est pourtant pas au cœur des préoccupations. La mobilité étant perçue comme « naturellement » acquise, les responsables des structures et les animateurs parient sur l'autonomie et la mobilité des publics, dont les jeunes font partie : « *De toute manière, à cet âge, les enfants sont beaucoup plus autonomes. Ils peuvent prendre le bus tout seul… donc il faut aussi un peu rationaliser l'offre…* » Aussi, il s'agit moins de travailler l'accessibilité géographique que la qualification « économique » du produit, sur un plan technique mais aussi en matière de relation de service[6].

Une qualification économique des services

À première vue érigée en principe central, la satisfaction de l'usager-client-consommateur organise l'ensemble des pratiques professionnelles observées.

> « Je défie les parents et les jeunes de trouver une offre d'une telle qualité à nos tarifs. On leur propose des séjours clés en mains… quasiment des tours opérateurs. » (Responsable du service camps de vacances)
>
> « Les animateurs sont des sportifs de haut niveau, les règles de sécurité, d'hygiène sont respectées […]. Notre politique, c'est de faire le lien avec des clubs sportifs pour encourager la pratique. » (Responsable du service sport)

Inscrite dans le cadre d'une prestation de service techniciste (« charte qualité »), l'action institutionnelle et associative met en avant le *curriculum vitae* des encadrants. Pour se légitimer, elle multiplie les enquêtes de satisfaction portant sur la qualité de l'encadrement et des activités. La municipalité toulousaine entend d'ailleurs développer des « pôles d'excellence » thématisés, à l'image d'un « espace danse » déjà

---

6. Le registre économique auquel nous faisons référence se polarise autour de deux dimensions distinctes : « industrielles » (renvoyant à la qualité technique des offres) et « marchandes » (renvoyant à la valeur ajoutée de la prestation de service et de la relation commerciale). L. BOLTANSKI, L. THÉVENOT, 1991.

implanté dans un quartier du centre urbain. Le « travail éducatif » des animateurs employés encourage alors la maîtrise de disciplines spécifiques et le glissement vers une pratique professionnelle, ultime étape dans la recherche de l'épanouissement personnel. Bien souvent opposé à la relation éducative, le rapport commercial sert alors de technique de transformation individuelle des usagers. Plus les jeunes fréquentent ces services publics, plus les intervenants les pensent socialement insérés.

De fait, plutôt que de réduire un tel changement à un « simple » processus de marchandisation alimentant l'étiolement du politique, il nous paraît nécessaire de dégager des représentations empiriquement reconstruites, renvoyant tant à une conception « individualiste » qu'à des intentions éducatives spécifiques.

Un soutien à l'épanouissement personnel

En effet, dans une large mesure, les offres de services proposées aux jeunes visent la promotion de l'épanouissement personnel: « *Favoriser leur créativité, leur bien-être.*[7] » Effet de plume ? nouvelle logomachie institutionnelle ? Il semble au contraire que, à bien y regarder, cette nouvelle modalité de « travail sur autrui » exprime et construise l'idée selon laquelle l'individu détient les clés de ses aspirations. Aussi, loin de manifester un repli de l'institution, ce processus d'individualisation des interventions doit être investigué en tant que tel. Il se donne particulièrement à lire dans les orientations des actions s'adressant aux jeunes des quartiers non prioritaires.

Dans ces espaces, les conceptions éducatives s'avèrent éminemment autocentrées (« épanouissement personnel », « ouverture culturelle ») et adossées à une lecture relativement subjectiviste de la jeunesse, désormais pensée en termes d'adolescence (« soutenir l'autonomisation », « accompagner l'adolescence »). L'individu intégré n'est plus vraiment celui qui se soumet aux standards institutionnels, mais celui qui sait se tenir « de l'intérieur » (prendre soin de soi, de son corps).

> « À partir du moment où quelqu'un est bien dans sa tête, il sera forcément plus à l'aise dans sa vie de tous les jours. C'est cela notre travail aujourd'hui ![8] »

---

7. Sources: projets éducatifs des services municipaux, ville de Toulouse, 2002-2004.
8. On peut ici évoquer l'engouement croissant des enseignants et des parents pour les pédagogies du projet, et la redéfinition du type d'attitude valorisée chez les apprenants: créativité, expressivité.

Désormais au cœur de l'intervention éducative, le travail du sujet sur lui-même donne corps à une insertion jusqu'alors définie en regard des degrés d'affiliation aux normes et aux espaces du travail social[9]. Le rapport à l'institution devient une technique favorisant l'introspection et la transformation de soi. Parallèlement, les réseaux d'écoute, d'appui et d'accompagnement à la parentalité, et plus largement la prolifération des groupes de parole, illustrent de manière criante ce souci institutionnel de mise en scène du sujet.

> « Il faut que les gens échangent, discutent. Le vrai problème aujourd'hui, c'est que les gens ne se parlent plus. Chacun est confronté à des problèmes qu'il pense indépassables, avec ses enfants, son conjoint, etc. Découvrir que d'autres sont dans le même cas, partager ces expériences, c'est important ! » (Responsable, centre social)

Cristallisant ces nouvelles modalités relationnelles, le récit de cas et le partage d'expériences se substituent d'une certaine manière à la casuistique traditionnelle des politiques sociales.

Parallèlement, les relations aux adultes, aux parents et entre pairs sont relues à travers ce prisme. Ainsi l'intervention étaye une « autonomisation » traduite en termes de temps passé en dehors des adultes, qu'il s'agisse des parents et/ou des animateurs. Symétriquement, sources d'apprentissage et vecteurs de construction de soi, les relations aux pairs sont elles aussi fortement valorisées. Aussi, les animateurs sportifs et culturels veillent à ce que les sociabilités adolescentes se prolongent en marge des équipements institutionnels. Marqueur de réussite éducative, la présence de « bandes de jeunes traînant dans la rue » est parfois même appréciée ; indicateur d'une forte personnalité, la contestation de l'autorité parentale et institutionnelle l'est tout autant.

> « Il y a des jeunes qui s'opposent mais c'est plutôt bien... c'est signe de caractère. Et puis c'est une étape indispensable à l'adolescence. » (Animateur, espace jeunes, quartier non prioritaire)

Les actions observées entendent donc construire un individu censé se suffire à lui-même[10]. Plutôt que de promouvoir des modèles compor-

---

9. Pour une description des principes de l'intervention institutionnelle d'avant les années quatre-vingt, cf. F. DUBET, 2002.
10. Dans *Le Complément du sujet. Enquête sur le fait d'agir de soi-même*, V. DESCOMBES rappelle les termes initiaux de l'analyse foucaldienne et invite à dissocier ce qui relève de l'exaltation de l'individu, de la valorisation de la vie privée et de l'intensité des rapports à soi, caractérisant selon lui la subjectivité moderne : « L'individu normatif ». V. DESCOMBES, 2004, p. 285.

tementaux ou des valeurs spécifiques, il s'agit davantage de soutenir des envies et des projets personnels. Le bien-être individuel semble alors propédeutique du bien-être social, modalité contemporaine du faire société (capacité à circuler entre groupes, à découvrir sa vérité). Plus largement d'ailleurs, l'émergence du loisir éducatif comme catégorie d'action publique nous semble constituer une illustration criante de cette transformation de la place de l'individu dans le schème de régulation politique[11].

De manière générale, un tel usage cristallise ce que M. FOUCAULT a appelé un «renversement de l'axe politique de l'individualité[12]». Alors qu'auparavant il convenait de mettre de côté les aspirations individuelles (le sujet assujetti) pour se socialiser aux valeurs de la République, les expériences subjectives deviennent précisément des ressorts d'insertion sociale et d'intégration politique. Mais de quel sujet parle-t-on au juste ?

La construction institutionnelle d'un sujet « à distance du monde »

À travers les savoirs qui s'élaborent autour de l'adolescent et de la «problématique juvénile», une casuistique fondée sur l'*artefact* d'un sujet désenchâssé s'érige et se consolide singulièrement. Se révéler à soi-même, découvrir ses talents cachés n'impliquent certes pas de pratiquer l'ascèse (sujet hors du monde), mais nécessitent de prendre constamment des distances vis-à-vis des codes et des rôles sociaux: «L'individu devient individu (au sens normatif) quand il parvient à se désocialiser de tel ou tel domaine.[13]» Se libérer de son milieu, de la domination du mari pour certaines femmes, des bandes pour certains jeunes hommes, permet alors de se trouver soi-même. L'occultation concomitante des contextes sociaux dans lesquels les publics s'inscrivent est d'ailleurs clairement repérable dans l'usage et la structure mêmes des dispositifs statistiques de veille (absence de croisements des données sociodémographiques et des usages du service public, constitution d'observatoires centrés sur les profils de consommation). Il est de ce point de vue essentiel de souligner

---

11. Sur la question des liens entre individualisme et régulation politique, cf. P. BIRNBAUM, J. LECA, 1986, rééd. 1991, p. 12.
12. M. FOUCAULT, *op. cit.* 2001, p. 225-226.
13. Il s'agit là d'un infléchissement notable, car, si l'institution sanctuaire décrite par F. DUBET *(op. cit.)* ne tenait pas réellement compte des rapports sociaux dans lesquels les publics s'inscrivaient, les travailleurs sociaux impliqués possédaient néanmoins des connaissances les concernant. À titre d'exemple, la catégorie institutionnelle des «familles de l'assistance» manifeste une modalité de prise en compte des configurations sociales dans lesquelles s'inscrivent les publics.

que, au cours du diagnostic territorial préalable à la signature du CEL, les responsables se seraient volontiers dispensés d'une investigation des conduites parentales et juvéniles.

Toutefois, la centration des lectures autour des compétences subjectives des uns semble en contrepoint induire une naturalisation des difficultés sociales éprouvées par les autres. Si la réussite est entièrement mise au crédit des individus-sujets, l'échec ou l'invalidation deviennent les résultantes d'incapacités essentialisées. Aussi, après avoir présenté les actions s'adressant aux jeunes insérés, il est tout à fait utile de s'enquérir de celles visant les jeunes «en difficulté».

Préserver les jeunes du quartier

Au cœur de la reformulation de la question sociale dans les « banlieues[14] », la jeunesse des quartiers prioritaires est au contraire davantage codifiée. Toutefois, comme nous le verrons, sa perception actuelle hérite largement du contexte politique dans lequel elle fut progressivement érigée en catégorie d'action publique.

Jeunesse et prévention de la délinquance dans la politique de la ville

Ainsi, au tournant des années quatre-vingt-dix, la construction politique de la jeunesse et de la question éducative locale se structure progressivement dans le cadre de la politique de la ville[15]. À Toulouse, lors du deuxième contrat de ville (1995-1999), les interventions municipales se déplacent de l'espace scolaire à l'espace public, des carences infantiles aux déviances juvéniles : *« lutter contre les causes de la délinquance »* et *« favoriser le renforcement territorialisé des services aux publics pour une meilleure citoyenneté »*.

> « Dans le cadre du contrat de ville 2000-2006, la question de l'éducation s'oriente autour de quatre enjeux : une conception élargie de l'éducation, qui a pour objet de contribuer à l'accès aux savoirs fondamentaux, à favoriser la socialisation et à assurer l'insertion des jeunes dans la vie professionnelle ; l'exercice d'une citoyenneté active, en favorisant les conditions de la participation des enfants, des jeunes et des familles [...].[16] »

---

14. Selon la définition donnée par R. CASTEL, 1995, rééd. 1999, p. 25.
15. H. VIEILLARD-BARON, 1998.
16. Ville de Toulouse, *Grand projet de ville 2000-2006*, *« La cohésion : éducation, enfance »*, Toulouse, 2002.

Début 2000, l'émergence d'un projet éducatif local (PEL) et la tendance plus générale à une municipalisation des politiques éducatives le confirment : *« L'éducation est un des axes forts des contrats de ville »*, *« Installer une culture du projet [...] pour repenser collectivement la question éducative en faveur des enfants des quartiers populaires*[17] *»*.

Le cadre de la réflexion est donc posé : la jeunesse habitant les quartiers prioritaires en est le protagoniste principal ; l'objectif d'action est celui de la « prévention sociale ».

Une offre généraliste polarisée...

Assez logiquement, la structure de l'offre de service objective un pivotement alimentant un nouveau principe de vision et de division du social, dirait P. BOURDIEU. Affaire d'éducation et de prévention, les actions ciblant les publics jeunes des quartiers prioritaires sont alors essentiellement prises en charge par deux institutions : les services municipaux et ceux du conseil général. À l'échelle de la ville de Toulouse, les services concernés le plus directement sont ceux du socioculturel et d'un axe spécialisé du service sport : « sport et quartier. » Deux autres y sont particulièrement impliqués, mais pour des publics âgés de 3 à 12 ans (les services vie scolaire et affaires sociales). Parallèlement, dans le cadre de son mandat « insertion sociale », le conseil général de la Haute-Garonne met en œuvre une prévention dite « généraliste » en finançant les clubs de prévention, associations exclusivement présentes dans les quartiers classés en politique de la ville.

Systématiquement articulée au secteur social, l'offre est aux mains des éduquants institutionnels légitimes, les travailleurs sociaux, qu'il s'agisse des éducateurs spécialisés des clubs de prévention, des travailleurs sociaux intervenant dans des associations ou bien encore des animateurs se qualifiant eux-mêmes de « travailleurs sociaux *bis* ». Tous soulignent combien la relation, structurante en elle-même, compte bien davantage que les apprentissages techniques effectués dans le cadre des activités. Le « travail éducatif » y est alors formulé en termes d'*« apprentissage de la citoyenneté »* et de *« resocialisation »*. L'offre de service est donc utilisée comme un vecteur pédagogique, tant du point de vue de sa localisation (et des mobilités qu'elle commande) que du point de vue des « objectifs éducatifs » qui la sous-tendent.

---

17. Ville de Toulouse, *PEL et politique de la ville*, Toulouse, 2003, p. 3.

...visant à préserver les jeunes du quartier

L'offre municipale et associative entend avant tout, en effet, préserver les jeunes du quartier. Les opérateurs sont en effet convaincus de l'existence d'une « culture juvénile » propre à ces territoires. De fait, dès 12 ans, il ne s'agit plus tant d'accompagner l'enfant dans l'expérience de l'éloignement maternel que de neutraliser une culture du quartier, par définition incapable de transmettre des conduites civiles et civiques.

> « – Nous, on leur signifie bien qu'ici [le foyer], ce n'est pas le quartier.
> – De quelle manière ?
> – D'abord le langage du quartier, ils le laissent dehors ! » (Animateur, foyer de jeunes)

À Toulouse, deux options sont expérimentées : soit sortir les jeunes de l'espace public pour les contenir dans un lieu perçu comme neutre (le foyer du bas d'immeuble) ; soit les emmener dans des territoires sans épaisseur sociale (base d'activités).

> « On a essayé de faire des circuits emmenant les jeunes des quartiers dans les faubourgs ou des équipements du centre. Mais les parents du centre repèrent que le bus passe par Le Mirail et ne mettent pas leurs enfants. Du coup, on a opté pour des lieux plus neutres, qui posent moins problèmes ; comme la Ramée (base de sport en plein air, non habitée). » (Responsable d'un centre de loisirs sans hébergement – CLSH)

Les services « socioculturel » et « sport et quartier » proposent respectivement des espaces jeunes et des activités physiques extrêmement localisés, implantés au pied des immeubles HLM. En charge de CLSH, le service « affaires sociales » expérimente quant à lui une offre organisant la mobilité des jeunes des quartiers et le *« mélange avec les autres »*.

Parallèlement, les professionnels considérés entendent prioritairement *« promouvoir la citoyenneté et le respect d'autrui »* en considérant autrement les connexions entre bien-être individuel et social. À l'échelle individuelle, plutôt que de travailler sur le développement psychomoteur, l'éveil et l'hygiène de vie (registre éminemment médicalisé privilégié pour l'enfant), il convient plutôt de redonner du sens au travail, à l'effort, au sacrifice, au dépassement de ses frustrations.

> « On leur explique que ce qu'ils payent pour les activités, c'est rien : "Tu vois ton séjour au ski qui t'a coûté 30 euros, il aurait fallu que tu travailles presque un mois pour te le payer !" Il ne faut pas leur mentir, ils sont déconnectés. Remettre un prix sur les choses, c'est éducatif ! » (Animateur)

Initialement nouée sur un registre commercial, la relation permet ici la valorisation de rôles sociaux sexués, censés marquer le passage à l'âge adulte et prévenir le «risque de déviance». De manière plus générale, au plan des apprentissages sociaux, il convient d'accrocher les jeunes et de les faire adhérer à un modèle extrêmement sexué, qualifiant la réussite sociale au masculin: celui du mâle *breadwinner*.

> «Bon, il faut quand même qu'ils comprennent que l'argent facile, le deal, c'est prendre des risques de se retrouver en taule... et qu'il vaut mieux une vie tranquille, qu'ils bossent pour pouvoir se payer ce qu'ils veulent.» (Animateur, espace jeunes, quartier sensible)

Certains animateurs embrassent même plus fondamentalement cette conception androcentrique et persuadent les jeunes de la nécessité de faire couple.

> «Et puis, moi je leur dis: pour se sauver, il faut un boulot et une femme. Cela te stabilise.» (Animateur jeunes, association de quartier)

À partir de 12 ans, le «jeune homme du quartier» est donc restitué dans un environnement présumé défaillant et désocialisant. Neutraliser les effets des fréquentations et redonner crédit à la figure du «chef de famille» constituent des leviers éducatifs particulièrement mobilisés par une institution pensant suppléer et prolonger l'éducation parentale.

Pour autant, ces perceptions construites au gré des pratiques ne sont pas seulement des pis-aller cognitifs, élaborés pour lisser les rouages d'une action collective défaillante[18]. Elles se réifient, s'objectivent dans les discours et les outils. Puisant largement dans des codifications sociohistoriques qui débordent le cadre du contexte d'intervention, elles alimentent des «savoirs profanes». Dans la mesure où ces savoirs informent les situations rencontrées et trament les pratiques professionnelles, ils doivent être pris au sérieux, notamment en ce qu'ils utilisent les corps comme supports de catégorisation et vecteurs de qualification des publics. Il convient donc de s'intéresser à ce qui s'apparente à de véritables «catégories bio-politiques[19]».

---

18. En cela, les repères ici analysés se distinguent nettement des conventions intégrées dans l'analyse économique; lesquelles recouvrent bien souvent des savoirs communs, des dispositifs cognitifs collectifs nécessaires à l'action collective: A. ORLÉAN, 1994.
19. Sur cette question, cf. N.-C. MATHIEU, 1992.

L'émergence d'une grille de lecture sexuée et ethnicisée

En effet, absente de la littérature institutionnelle, l'idée d'une « culture de quartier » s'impose à l'échelle des pratiques professionnelles, nourrissant même une véritable grille de définition des situations d'intervention. Il est donc nécessaire d'en analyser les dimensions :
– un langage distinctif :
> « [à propos du langage quartier] C'est une espèce de jargon qui vient de l'arabe. Ils le parlent tous, même ceux qui ne sont pas Arabes. C'est pareil pour la manière de se saluer [référence aux salutations musulmanes]. » (Animateur) ;

– un zapping/une surconsommation :
> « Il faudrait les emmener au cinéma tout le temps, faire du *quad*, faire ceci, cela. Ils sont toujours en demande et ils n'organisent rien. » (Animateur) ;

– des attitudes corporelles spécifiques (« *tenir les murs* ») ;
– enfin une adhésion stéréotypée à des modèles de comportement jugés virilistes (voiture, argent facile, sexualité vécue sur un mode pornographique) :
> « Ce qui leur plaît c'est les BMW, les fringues de marque et les bolides [les belles filles]. » (Animateur)

Cet usage spécifique des codifications des corps dans les régulations institutionnelles s'avère si central que les pratiques des publics ne manifestent plus des appartenances de classe mais des rapports de genre. Les filles y sont victimes de la domination masculine, les garçons maghrébins par essence sexistes et violents[20]. De là la volonté unanime de sortir les filles des griffes des garçons, par exemple en organisant des espaces non mixtes.
> « [Après trente minutes de discussion molle sur la manière dont le service pense la mixité sociale, nous abordons la question de la mixité de genre] Ah ! Cela, c'est une vraie question ! On ne peut pas laisser les jeunes filles comme cela. C'est des proies dans ces quartiers ! Il faut penser à des espaces non mixtes. » (Responsable, service municipal)

---

20. Par exemple, lorsque les relations de séduction entre garçons et filles se calent sur des normes sociales légitimes (pas d'excès de violence physique, verbale), la question de la mixité de genre n'est absolument pas considérée comme un problème. De la même manière, les opérateurs ne s'interrogent pas non plus sur les tensions liées à la filiation « sociale », parcourant pourtant l'ensemble des familles (projet professionnel, rapport au travail, à l'effort, à la discipline).

Quant aux garçons, il importe donc de canaliser leur énergie destructrice par des animations extrêmement « physiques ».

« On les fait courir, jouer au foot. Ça les défoule. Ils aiment bien. » (Animateur, espace jeunes, quartier sensible)

Cet alignement sur les attentes présumées des jeunes hommes est largement partagé par toutes les instances enquêtées, qu'il s'agisse des associations conventionnées par le conseil général (clubs de prévention) ou encore des services municipaux. Il contribue à instituer l'idée selon laquelle le « jeune du quartier » est par nature en proie à une agressivité qu'il convient de contenir.

À bien des égards, les déviances juvéniles sont alors encodées au prisme d'un virilisme exacerbé construit à travers les sociabilités entre pairs : la « maison des hommes » dirait D. WELZER-LANG à la suite de M. GODELIER[21]. Désormais centraux, les stéréotypes sexués construisent une véritable casuistique de l'intervention institutionnelle dite de « prévention sociale généraliste ». Le jeune y est vu comme « un individu dangereux », mais moins sur la base de sa conduite effective que sur ce qu'il « est ». Tel est d'ailleurs le fondement d'une action sociale qui, se redéfinissant sur un registre préventif, vise plutôt la transformation des « natures juvéniles » que la sanction des conduites[22]. Une telle notion place les questions du risque de déviance et de la dangerosité au cœur de la politique socio-éducative investiguée. Profondément naturalisés, tout écart aux normes et toute distance aux rôles sont alors vus comme pathologiques, signes d'un mal-être adolescent ou plus souvent marqueurs de « pathologies de la méséducation », que les parents soient pensés démissionnaires ou défaillants. Ces perceptions spécifiques s'objectivent d'ailleurs en aval, dans les réponses institutionnelles. La médicalisation des prises en charge en constitue un indicateur criant (agitation infantile vue comme pathologique dans les quartiers sensibles, augmentation des taux de placement en instituts de rééducation). Progres-

---

21. H. KEBABZA, D. WELZER-LANG, 2003.
22. Selon M. FOUCAULT, l'essor de la psychiatrie et de la médecine pénale constitue une première étape de cette dynamique : « Une façon de percevoir les choses qui s'organise autour de la norme, c'est-à-dire qui essaie de partager ce qui est normal de ce qui est anormal, qui n'est pas tout à fait justement le licite et l'illicite. La pensée juridique distingue le licite et l'illicite. La pensée médicale distingue le normal et l'anormal ; elle se donne, elle cherche aussi à se donner des moyens de correction qui ne sont pas exactement des moyens de punition, mais des moyens de transformation de l'individu, toute une technologie du comportement de l'être humain. » M. FOUCAULT, *op. cit.* 1964, rééd. 2001.

sivement, la casuistique institutionnelle se redéfinit, basculant du principe de l'adhésion aux principes institutionnels à la promotion diffuse de normes clivant le sain du pathologique.

Les explications que construisent les professionnels rencontrés puisent également dans les liens étroits historiquement construits entre conduites juvéniles et pratiques éducatives parentales[23]. Le jeune dangereux y est vu comme un mal éduqué, aux mains de parents en difficulté. Cette formulation s'ébauche dans une configuration de savoir reliant ordres familiaux et sociaux, une matrice d'intellection très prisée tant dans la sociologie que dans l'espace social français. De ce fait, malgré des expertises soulignant l'importance des sociabilités juvéniles dans les déviances, les savoirs institutionnels y afférant demeurent faibles et continuent à occulter le rôle des constructions virilistes en la matière. Ainsi, dans ce cadre de pensée, les pratiques atypiques ou illégitimes manifestent une dégradation morale, pudiquement appelée « perte de repères », de « savoirs de base », de « savoir-être et savoir-faire ». Aussi l'acte éducatif ici considéré relève-t-il davantage d'une transmission naturalisée que d'une pratique socialement construite. C'est ainsi qu'entre les codes virilistes du quartier et la culture maghrébine, une filiation spécifique est progressivement élaborée.

« C'est aussi un problème de décalage de cultures. » (Animateur)
« Ils sont entre deux cultures... Je crois que leur violence vient de là. » (Animateur)

Les violences faites aux femmes jettent alors l'opprobre et la peur sur des groupes sociaux fort hétérogènes, pourtant perçus comme autant de communautés subversives[24]. À bien des égards, ces explications ordinaires des conduites des « jeunes beurs des quartiers » contribuent à les enfermer dans une étrangeté indépassable, folklorisant une supposée dissidence idéologique dont les jeunes hommes concernés ne font pas véritablement part[25]. Ainsi, en 2003, les « problèmes des quar-

---

23. Précisons qu'il s'agit là d'une configuration de savoir très présente en France. La comparaison avec les problématiques anglo-saxonnes privilégiant les cultures de bandes est de ce point de vue tout à fait stimulante.
24. Des recherches féministes américaines ont bien montré comment le traitement des femmes sert de vecteur de qualification ou de disqualification d'un groupe social. En France, la récente focalisation des débats autour du port du *hijab* en rend bien compte. D. Z. B. THORNTON, 1993.
25. Si les jeunes rencontrés nous parlent volontiers d'une « mentalité du quartier », la description qu'ils en opèrent est loin de confirmer l'existence d'une sous-culture alternative à laquelle les opérateurs et les responsables institutionnels croient pourtant.

tiers » sont lus tantôt comme des causes, tantôt comme des manifestations d'un sexisme « musulman ».

Dès lors, à une polarisation urbaine bien connue s'ajoute une dualisation de l'intervention institutionnelle, tant et si bien que les difficultés ne sont plus renvoyées à des transformations économiques (de retour à l'emploi, d'intégration culturelle), mais expriment des « handicaps » territoriaux, censés indiquer des positions (l'adresse vaut pour condition sociale) et des « compétences » des publics[26]. De manière plus générale, cette métamorphose initie d'ailleurs le passage d'une question sociale (chômage, précarité) à une question familiale étroitement adossée aux stéréotypes sexués et ethnicisés analysés (perte de repères des jeunes hommes, difficultés des parents issus de l'immigration, malaise des filles)[27].

Vers une casuistique des politiques de prévention ?

Pour conclure, la description parallèle de ces deux univers de pratiques institutionnelles territorialisées doit être complétée par une analyse sociologique des liens complexes entretenus entre, d'un côté, la valorisation d'un « sujet-jeune à distance du monde » et, de l'autre, la naturalisation concomitante des difficultés expérimentées par les « jeunes de banlieue ». Il y a bien évidemment plusieurs manières de problématiser un tel nœud sémantique.

La première thèse consiste à invoquer un « effet d'optique » lié au changement de focale d'observation de la politique locale constitutive. On ne l'observe plus « d'en haut », à l'aune des dispositifs qui la structurent, mais en regard des productions normatives du travail public ordinaire. De fait, cette échelle d'observation exacerbe des aspérités fort anciennes et peut abusivement en faire des transformations liminaires.

La deuxième explication souligne au contraire une accentuation momentanée de la porosité entre espaces institutionnels et profanes. Plus clairement, dans des situations de flou normatif où les repères

---

Les travaux conduits par H. KEBABZA et D. WELZER-LANG sur le même territoire tendent à confirmer cette analyse : « Les bandes organisées, avec un leader, une identité forte, des rituels, n'existent plus [...], une explication en termes d'anomie masque selon nous simplement leur désir d'"être ensemble" de manière spontanée, ou sporadique, afin de répondre à un risque de marginalisation réel, et à un sentiment d'exclusion toujours vivace. » H. KEBABZA, D. WELZER-LANG, *op. cit.*, p. 56.
26. Sur cette question, S. BEAUD, M. PIALOUX, 2002, p. 215-243.
27. I. VOLÉRY, 2003, p. 153-177.

font défaut, les professionnels puisent dans des savoirs sociaux stéréotypés pour mettre en œuvre leur intervention. Cette dualisation serait donc transitoire.

Option plus forte, la troisième thèse envisage ce que M. FOUCAULT aurait sans doute appelé une transformation des configurations de pouvoir et, dans le cas qui nous occupe, des régulations institutionnelles. Dans cette perspective, l'analyse des diverses catégories pragmatiquement élaborées pour définir les situations d'intervention, percevoir les jeunes et adapter les réponses, rend compte d'une reconfiguration profonde de la casuistique institutionnelle. Auparavant nécessaire à l'aide sociale traditionnelle, la connaissance des biographies individuelles et familiales laisse place à des processus de typification plus labiles utilisant les corps comme supports de catégorisation et guides des pratiques[28]. La mobilisation de marqueurs sexués et ethnicisés révèlerait alors une redéfinition du périmètre des connaissances jugées légitimes et performantes. Partant, le traitement politique des jeunes dans la Cité offrirait une excellente fenêtre d'observation des reconfigurations plus générales des modes de régulation politique et institutionnelle.

BIBLIOGRAPHIE

AVENEL C. (1997), « La notion d'*underclass* à l'épreuve des faits », *Sociologie du travail*, XXXIX, n° 2, p. 211-234.

BEAUD S., PIALOUX M. (2002), « Sur la genèse sociale des "émeutes urbaines" », *Sociétés contemporaines*, n° 45-46.

BIRNBAUM P., LECA J. (1986, rééd. 1991) (dir.), *Sur l'individualisme*, Paris, Presses de la FNSP.

BOLTANSKI L., THÉVENOT L. (1991), *De la justification. Les économies de la grandeur*, Paris, Gallimard.

CASTEL R. (1995, rééd. 1999), *Les Métamorphoses de la question sociale. Une chronique du salariat*, Paris, Fayard.

COLLARD D. (2002), *La Médiation: une compétence ingérable ? Le cas des emplois-jeunes de la SNCF*, sous la direction d'Annie Borzeix, Paris, École polytechnique, 28 novembre.

---

28. C'est également le point de vue de D. COLLARD qui, dans une thèse soutenue en gestion, s'attache à clarifier les compétences propres aux médiateurs sociaux et les pratiques managériales qui s'y accolent. D. COLLARD, 2002.

DESCOMBES V. (2004), *Le Complément du sujet. Enquête sur le fait d'agir de soi-même*, Paris, Gallimard.
DUBET F. (2002), *Le Déclin de l'institution,* Paris, Le Seuil.
FIERRO F., VOLÉRY I. (2002), « Faire famille aujourd'hui. Parents et jeunes dans la société contemporaine », *Empan*, n° 47.
FOUCAULT M. (1964, rééd. 2001), *Dits et Écrits. II. 1976-1988*, Paris, Gallimard.
FOUCAULT M. (2001), *L'Herméneutique du sujet. Cours au Collège de France. 1981-1982*, Paris, Le Seuil.
GOLDBERG-SALINAS A. (1996), « Femmes en migrations, réflexion sur l'état de la question en France », *Migrants-Formation*, n° 105, p. 31-43.
JEANNOT G. (2001), « Le travail public : un exemple dans le développement local », *in* G. Jeannot, P. Veltz (dir.), *Le Travail entre l'entreprise et la cité*, La Tour d'Aigues, L'Aube.
KEBABZA H., WELZER-LANG D. (2003)*, « Jeunes filles et garçons des quartiers ». Une approche des injonctions de genre,* rapport de recherche, Délégation interministérielle à la ville, mission de recherche Droit et Justice, Toulouse, septembre.
MATHIEU N.-C. (1992), *L'Anatomie politique : catégorisations et idéologies de sexe*, Paris, Broché.
ORLÉAN A. (1994) (dir.), *Analyse économique des conventions*, Paris, Puf.
THORNTON D. Z. B. (ed.) (1993), *Women of Color in America*, Philadelphia, Temple University Press.
VIEILLARD-BARON H. (1998), *Banlieue, ghetto impossible ?*, La Tour d'Aigues, L'Aube.
VOLÉRY I. (2003), « De la question sociale à la question familiale. Quelle mobilisation des familles dans les quartiers urbains stigmatisés ? », *Politix*, n° 64, p. 153-177.

TROISIÈME PARTIE

INVERSER LE STIGMATE

STIGMATISATION ET INVERSION DU STIGMATE DANS LES ÉCOLES DE « LA DERNIÈRE CHANCE »

PHILIPPE VIENNE*

À l'origine de cet article se trouve une enquête sur les violences à l'école commanditée par la Communauté française de Belgique et réalisée sous la forme d'une observation participante de deux ans dans des rôles au sein du personnel éducatif, dans deux établissements d'enseignement professionnel et technique (appelés ici E1 et E2 pour des raisons de confidentialité). Ces écoles sont qualifiées « de la dernière chance » dans le paysage bruxellois de ces filières d'enseignement, en ce qu'elles sont parmi les dernières à accepter d'inscrire des élèves que les autres écoles refusent (informellement et illégalement) d'inscrire, considérant que les « cas » qui se présentent sont trop lourds[1].

Introduction

Je me propose d'utiliser la théorisation d'E. GOFFMAN sur les stigmates et la stigmatisation comme principe d'intelligibilité d'une partie des interactions du quotidien scolaire des établissements observés. Il s'agira d'étudier la nature des stigmatisations imposées aux élèves par les membres du personnel (et vice-versa), mais aussi de souligner les

---

* *Philippe Vienne est docteur en sociologie, chercheur au Centre de sociologie de l'éducation (Institut de sociologie) de l'Université libre de Bruxelles.*
1. Pour plus de détails, et pour une description de l'enquête de terrain et des possibilités de généralisation d'une démarche ethnographique, voir l'annexe méthodologique en fin d'article.

conséquences de ces stigmatisations sur les identités des personnes en interaction, et notamment d'examiner les processus d'inversion de la stigmatisation (et de la domination) par ceux qui la subissent.

La problématisation sociologique sur les stigmatisations qui se tissent autour des interactions et jugements scolaires permet de considérer également par un abord anthropologique, à la manière de G. BALANDIER étudiant le « désordre », une trame symbolique du quotidien scolaire. En étudiant dans la dernière section de cet article la fascination et la valorisation du grand banditisme par les élèves observés, nous retrouverons donc à la fois une conceptualisation qui s'articule autour des stigmatisations dans l'école, mais qui tente aussi de mettre en évidence quelques soubassements symboliques du monde scolaire actuel.

Un glissement vers le sens commun

E. GOFFMAN a défini le « stigmate » comme « la situation de l'individu que quelque chose disqualifie et empêche d'être pleinement accepté par la société[2] ». De manière plus précise, il faut considérer la stigmatisation, c'est-à-dire le processus social relationnel examiné, comme se trouvant au carrefour des trois types d'identités définies par l'auteur: l'identité sociale, l'identité personnelle et l'identité pour soi. C'est en définitive un élément de l'identité personnelle (ce que l'on est de manière visible, ce qui se dégage de nous comme signes) qui vient bouleverser l'identité sociale virtuelle (le rôle que l'on était censé incarner aux yeux du public), disqualifiant une personne en révélant une identité sociale réelle (ce que l'on devient alors réellement aux yeux du public) dépréciée, ce processus engendrant des conséquences dommageables pour l'identité pour soi (ce que l'on ressent de ce que l'on est) de la personne stigmatisée[3].

De nombreuses publications associent le « stigmate » à des métaphores spatiales, mettant en évidence ainsi des « quartiers stigmatisés[4] » ou des « secteurs stigmatisés » de ces quartiers[5], ou parlant encore de « périphéries urbaines stigmatisées[6] ». La stigmatisation touche ici comme nous le voyons au territoire, comme si ce dernier prenait une dimension indépendante des personnes qui le peuplent. Or la notion

---

2. E. GOFFMAN, 1975, p. 7.
3. E. GOFFMAN, *ibid.,* p. 73-74 et 127-128.
4. P. BOURDIEU, 1993, p. 159-167.
5. O. MASCLET, 2001, p. 62.
6. D. LEPOUTRE, 2000, p. 90.

de stigmatisation ne concerne que des personnes en interaction, une personne se retrouvant stigmatisée dans le cadre de cette relation sociale. Accoler au territoire ce qui est inhérent à la personne relève d'un raccourci sémantique ou d'une réification du territoire sous une forme personnifiée, si l'on suit la théorisation goffmanienne.

Ce qui se rattache à la notion de la stigmatisation en l'occurrence, en ce qui concerne le territoire décrit, ce sont les éléments suivants, selon les auteurs concernés : la mauvaise réputation en matière de toxicomanie du quartier[7], la mauvaise réputation en matière de violences et de trafics divers, ou encore en matière de délabrement[8]. Les symboles de stigmate sont la toxicomanie, le vandalisme, le laisser-aller des apparences dans les immeubles et leur environnement, les conduites ou «l'origine» des jeunes qui peuplent ces espaces. Ils sont ensuite véhiculés au sein de la réputation de ces territoires et portés par la rumeur. Mais cela ne fait pas du «quartier» un être stigmatisé pour autant. Le quartier est, à la rigueur, stigmatisant pour les individus qui y résident, sur la base des attributs décrits, et non pas stigmatisé.

D. LEPOUTRE, en reprenant les considérations de P. BOURDIEU en la matière, donne un bon exemple d'un tel raccourci sémantique. P. BOURDIEU avait décrit dans «Effets de lieux» le «quartier stigmatisé» comme étant celui «qui dégrade symboliquement ceux qui l'habitent et qui, en retour, le dégradent symboliquement». La définition est intéressante en soi, mais finit sous la forme trop lapidaire de «quartier stigmatisé», peu orthodoxe d'un point de vue goffmanien. Il manque à cette définition quelques éléments pour pouvoir s'associer à la problématique de la stigmatisation, à savoir la description des attributs, réifiés sous la réputation du quartier, qui permettent à des individus de subir une stigmatisation. D. LEPOUTRE reprend d'ailleurs également l'idée de stigmatisation spatiale[9], qui est beaucoup plus heureuse pour décrire ce dont il est question ici, bien qu'il s'agisse toujours d'un raccourci sémantique.

Pour éviter les glissements vers le sens commun, qui repéreraient par exemple des «écoles stigmatisées[10]» dans des «quartiers stigmatisés», il faut tâcher de rester dans le cadre conceptuel dressé par E. GOFFMAN, même s'il faut en soulever les ambiguïtés et les limitations.

---

7. P. JAMOULLE, 2002.
8. D. LEPOUTRE, 2001.
9. D. LEPOUTRE, *ibid.*, p. 40-41 et 51.
10. S. BROCCOLICHI, 1995, p. 25. La même remarque que celle qui est signalée en ce qui concerne le quartier stigmatisé peut être faite sur cet emploi : une réification et un raccourci sémantique.

Quatre formes de stigmatisations dans le quotidien scolaire

L'observation des interactions quotidiennes entre personnel éducatif et élèves, ou des élèves entre eux, amène à reconnaître quatre formes de stigmatisations pouvant intervenir dans le cadre scolaire :
- une stigmatisation « tribale » au sens d'E. GOFFMAN (« ethnique » au sens de P. BOURDIEU), qui peut prendre les aspects outrés du racisme ;
- des stigmatisations essentiellement scolaires, qui ont trait à la disqualification des élèves par le personnel sur des critères de performances scolaires et de comportements adéquats dans le cadre scolaire ;
- une stigmatisation qui concerne enfin la disqualification que les élèves font subir aux membres du personnel sur des critères ayant trait à la virilité.

La forme « tribale » de la stigmatisation concerne le domaine qualifié par C. DANNEQUIN de « remarques et comportements racistes et ségrégatifs[11] », en sachant évidemment que ces disqualifications culturelles ne sont pas le seul fait de membres du personnel à l'égard des élèves mais peuvent également se produire, en miroir, des élèves à l'encontre du personnel, ou encore au sein même des élèves, lorsque ces derniers se repèrent et se désignent comme « d'origine » différente.

Un prolongement plus pernicieux de cette problématique se retrouve dans l'organisation des stages en milieu professionnel pour les élèves. S. BEAUD l'avait déjà relevé dans son étude des lycées professionnels, quand les élèves font l'objet de refus d'être accueillis en stage par les entrepreneurs pour des raisons de « visibilité » auprès des clients. Les aspects trop « typés » d'une origine déterminée de ces élèves suscitent cette discrimination : une « bonne présentation demandée » doit être décodée dans ces termes : « non-Arabe », selon un chef d'entreprise qui s'en explique[12].

Dans mes propres observations, les élèves des deux établissements étudiés, en grande majorité d'origine marocaine, se voyaient refuser l'accès à certains stages pour les mêmes raisons, qui ne sont reconnues que de manière officieuse par les dispensateurs de stages. En fait, toute cette problématique n'est que le prolongement dans le milieu scolaire des discriminations à l'embauche dont traite E. GOFFMAN, qui tou-

---

11. C. DANNEQUIN, 1999, p. 83.
12. S. BEAUD, 1996, p. 25.

chent les groupes « repérés » et dénigrés sur une base culturelle[13]. Les élèves subissent en la matière une stigmatisation qui vient conforter la tension palpable règnant au sein de ces établissements, et qui s'exprime en partie sous les formes d'anathèmes racistes ou ségrégatifs entre les personnes mises en présence.

Deux stigmatisations scolaires

L'étude de G. MAUGER et C. FOSSÉ-POLIAK sur les loubards a éveillé mon attention sur la possibilité de stigmatisations spécifiquement scolaires cette fois, visant des groupes « repérés » sur la base d'attributs dépréciés. Les loubards se voyaient disqualifiés sur le plan scolaire, « voués aux classements systématiquement négatifs et à l'élimination du champ scolaire » en raison de l'ethnocentrisme de classe orientant le jugement des professionnels de l'éducation. Qu'ils soient traités de « crétins », d'« arriérés », de « débiles » ou de « caractériels », les loubards sont, comme nous pouvons le voir, stigmatisés sur les aspects de travail scolaire et de comportement en milieu scolaire[14].

Une remarque préalable doit être faite sur l'existence de stigmatisations surgissant dans et par l'institution scolaire, à travers ses représentants. E. GOFFMAN n'avait pas considéré un tel cas de figure, évoquant les seules formes de stigmatisations en milieu scolaire comme celles qui viennent des « taquineries » et de l'« ostracisme » d'un élève par ses condisciples. Cette vision des choses innocente grandement l'école, ce qui est étonnant de la part d'un sociologue qui a su « démonter » l'institution psychiatrique pour en révéler les soubassements.

C. DANNEQUIN relève ces deux formes de stigmatisations à travers les commentaires émis par les enseignants sur les résultats et le comportement des élèves, dans un cadre plus actuel, en ce qui concerne les jeunes gens des quartiers défavorisés, et S. BEAUD a utilisé dans un même ordre d'idées le terme de « stigmate scolaire » dans son étude des lycées professionnels. Ces considérations isolées peuvent être systématisées en décrivant sous le terme de stigmatisations scolaires les deux formes précitées.

La première forme concerne le travail scolaire, les performances scolaires de l'élève. L'identité sociale réelle est celle du « mauvais » élève que ses capacités ou sa conduite devraient conduire soit vers un

---

13. E. GOFFMAN, *op. cit.*, p. 47.
14. G. MAUGER, C. FOSSÉ-POLIAK, 1983, p. 49-67.

échec au sein de l'établissement, soit vers une orientation vers un autre type d'établissement ou d'enseignement. L'identité sociale virtuelle, celle qui était attendue, est par opposition celle qui permettrait à l'élève de poursuivre ou de terminer ses études dans l'établissement. Les attributs qui introduisent le décalage entre les identités sociales virtuelle et réelle sont multiples. Du point de vue des résultats scolaires, ce peut être l'évaluation scolaire, et en particulier la constatation des difficultés de lecture et d'écriture. La tentation est fréquente de la part des enseignants confrontés aux difficultés de la vie quotidienne dans les établissements étudiés d'invoquer que nombre d'élèves présents dans l'école sont sans doute mal orientés et devraient être renvoyés vers l'enseignement spécial en particulier. Je reviendrai au cours de l'exposé sur l'illettrisme, à partir des considérations de P. BOURDIEU et C. DANNEQUIN en la matière[15].

Quant à la stigmatisation d'aspects dépréciés du comportement des élèves, elle se rattache en partie à une stigmatisation plus générale d'attributs associés à la jeunesse du sous-prolétariat. Ces attributs déconsidérés regroupent par exemple une apparence vestimentaire jugée indésirable sur base d'une version de l'ordre scolaire « locale » à l'établissement, ou plus globale dans une série d'écoles, en matière de correction vestimentaire. Cela peut concerner également un langage dénoncé comme vulgaire, une gestuelle estimée agressive ou menaçante, mais aussi toute une série de comportements regroupés de manière hâtive dans la catégorie contestable des « incivilités », fort à la mode dans le cadre scolaire.

Écouter un *walkman* en classe, utiliser son téléphone portable dans l'école, baguenauder avec les copains dans les couloirs, sortir du cours sans en demander l'autorisation forment ainsi un ensemble de comportements sur la base desquels le personnel éducatif est amené à disqualifier un élève en le rappelant à l'ordre. Ce peut être aussi l'influence de certains éléments biographiques ayant trait au passé scolaire de l'élève, à savoir quels établissements il a fréquentés, quelle réputation plus ou moins « difficile » ont ceux-ci, et si l'élève en a été renvoyé, et pour quelles raisons ce fut le cas.

Si le personnel éducatif, dans le cadre des exigences fonctionnelles de l'ordre scolaire, peut juger légitimes ces rappels à l'ordre valant stigmatisation, les élèves peuvent ne pas ressentir les choses de la même manière. Leur trajectoire scolaire désenchantée peut les amener à

---

15. P. BOURDIEU, 1991, p. 8 ; C. DANNEQUIN, *op. cit.*, p. 84.

considérer avec suspicion ces exigences en matière d'ordre scolaire, qui ont perdu leur légitimité à leurs yeux et sont à présent de peu de poids en comparaison de leurs exigences propres, associées à la vie qu'ils mènent à l'extérieur des murs de l'école, et qu'ils trouvent parfaitement légitime. L'usage du téléphone portable, du *walkman* ou une certaine nonchalance en matière d'allées et venues dans l'école, ou en matière d'habillement, deviennent légitimes à leurs yeux en comparaison des attentes de l'école en ce qui les concerne.

L'existence de stigmatisations scolaires sur les performances ou les comportements dans le cadre scolaire est sans doute inhérente à l'émergence des formes modernes de scolarité, comme l'atteste notamment le modèle jésuitique des collèges, où la valorisation du «bon» élève par un système de privilèges et la punition par des châtiments du trublion vont de pair[16]. La stimulation du travail par une exacerbation des sentiments de fierté ou d'humiliation sur ces bases a-t-elle jamais disparu du modèle scolaire moderne? Mais, au-delà de cette «évidence» première de la nécessité de récompenser le travail et la civilité de l'élève, et de sanctionner les aspects inverses, il convient de se pencher avec P. BOURDIEU sur les aspects d'ethnocentrisme de classe qui peuvent se dissimuler sous les jugements scolaires.

P. BOURDIEU s'est toujours attaché à montrer ce qui séparait les «élus» des «exclus» du système scolaire et en quoi le système confortait et reproduisait la césure en question. Un de ces aspects rejoint la réflexion sur les stigmatisations scolaires dans un enseignement qui accueille un public défavorisé. P. BOURDIEU relevait la correspondance des jeunes étudiants des classes favorisées avec les «attentes», souvent inconscientes, des enseignants et les exigences de l'institution, sur des aspects comme la tenue (corporelle et vestimentaire), le style de l'expression ou l'accent, en somme de «petites perceptions de classe qui orientent, souvent de manière inconsciente, le jugement des maîtres». Les jugements scolaires peuvent également prendre en compte «la coloration éthique des conduites et l'attitude à l'égard du maître et de la discipline scolaire[17]».

---

16. A.-M. COMPÈRE, 1985, p. 217-225.
17. P. BOURDIEU, 1966, p. 338-339.

Une stigmatisation en matière de virilité

Il faut relever que les élèves peuvent mettre en place à leur tour des stigmatisations destinées à disqualifier les membres du personnel sur certains aspects. Dans un des deux établissements étudiés, dispensant des formations professionnelles « lourdes » qui attirent un public exclusivement masculin, la plupart des brimades adressées aux membres du personnel, masculins ou féminins, et formant stigmatisation, se rapportent à la notion de virilité.

Les insultes à caractère sexuel adressées à la gent féminine, tout d'abord, qu'il s'agisse des membres du personnel ou de personnes extérieures à l'école, sont assez fréquentes dans les deux établissements étudiés, prenant les formes variées de *« Mal baisée »*, *« Tu mouilles »*, *« Suce-moi »*, *« Va te faire enculer »*, ou d'exhortations plus longues destinées à mettre en boîte une enseignante sur ces aspects. Quant au dénigrement des membres masculins du personnel par les élèves, s'il peut également prendre la forme d'insultes sexuelles, il se rapporte généralement à l'affirmation que le membre du personnel n'est pas à la hauteur des élèves en matière de virilité. Le désigner comme un *« homosexuel »*, voire, comme j'ai pu l'observer, comme un *« dangereux pédophile »*, ramène le membre du personnel à une identité sexuelle dépréciée et disqualifiée qui permet aux élèves de manifester leur supériorité dans ce cadre. Cette forme particulière de stigmatisation appelle à reprendre quelques théorisations autour de la notion de virilité dans le monde populaire[18].

Une identité façonnée par les stigmatisations

Lorsque E. GOFFMAN s'intéresse aux conséquences d'une stigmatisation sur le troisième type d'identité qu'il a définie, l'identité pour soi (ou identité «sentie»), c'est afin de montrer ce que l'individu ressent à l'égard de son stigmate et ce qu'il en fait[19]. Nous allons distinguer ces deux aspects et examiner pour l'heure ce que la personne stigmatisée ressent. Nous avons vu plus haut que la stigmatisation était une forme de disqualification sociale d'un individu. Cela nous amènera

---

18. Cf. par exemple P. BOURDIEU, 1998; D. DUPREZ, M. KOKOREFF, 2000; G. MAUGER, 1996; P. WILLIS, 1978, p. 52; D. WELZER-LANG, 2002, p. 17-18.
19. E. GOFFMAN, *op. cit.*, p. 127-128.

à examiner les relations entre deux binômes : un couple dignité/considération, et son antinomique binôme, honte/humiliation.

E. GOFFMAN précise que ce que la stigmatisation comme processus social remet en question, ce sont les droits dont bénéficierait normalement un individu appréhendé à partir du port d'attributs non stigmatisés, « non contaminés » par le stigmate. Tout individu mérite du respect et de la considération dans le cadre des droits en question, mais la stigmatisation l'en disqualifie et le soumet au contraire à l'humiliation du port du stigmate comme « chose avilissante », dans les termes de E. GOFFMAN. Cette humiliation entraîne la honte, la haine et le mépris de soi-même, des sentiments qui sont au centre de l'itinéraire moral que traverse l'identité d'un individu stigmatisé[20].

Les conséquences de ces stigmatisations sur l'identité pour soi des élèves sont fondamentales, et il faut reprendre les termes choisis par P. BOURDIEU et P. CHAMPAGNE pour les évoquer : ce que l'école produit dans les filières de relégation, ce sont des élèves dont l'image de soi a été « écorchée, blessée, humiliée », des personnes rongées par la « honte de soi, la haine de soi ou le désespoir de soi[21] », lorsque les stigmatisations se fixent de manière durable sur l'identité pour soi et façonnent les individus.

L'inverse de la stigmatisation

Si la stigmatisation se définit comme un processus social conduisant à la dépréciation d'un individu, donc à une perte relative de dignité de ce dernier, suite à la révélation d'un signe qui détruit une identité sociale respectable, alors il existe nécessairement un processus social en sens exactement inverse. E. GOFFMAN n'a pas nommé ce processus mais l'a défini comme étant celui qui conduit à « déplacer vers le haut le jugement que nous avions porté chez quelqu'un[22] ». C. JAVEAU a choisi de qualifier de « chevron » l'inverse du stigmate, en se fondant sur la manière dont un militaire est récompensé pour sa bravoure par un tel emblème[23]. L'inverse de la stigmatisation est donc ce qu'il faudrait appeler une « chevronisation ».

---

20. E. GOFFMAN, *ibid.,* p. 15, 18 et 45-46.
21. P. BOURDIEU, P. CHAMPAGNE, 1992, p. 73 ; P. BOURDIEU, *op. cit.*, 1991, p. 9.
22. E. GOFFMAN, *op. cit.*, p. 13.
23. C. JAVEAU, 1997, p. 170, et 2003, p. 86.

C. JAVEAU laissant à d'autres le soin d'apporter un développement à ce qu'il qualifie pour sa part d'«embryon de concept», je tâcherai de satisfaire ce vœu. Comme dans le cas de la stigmatisation, le dévoilement d'un signe issu de l'identité personnelle d'un individu crée un décalage entre les identités sociales virtuelle et réelle de ce dernier, mais cette fois dans le sens où la personne «normale» dans la relation accorde à son interlocuteur un supplément de dignité. L'exemple du chauffeur de taxi dont on se rend compte après coup qu'il est un ancien prince russe, donné par C. JAVEAU, reflète bien ce processus où l'identité sociale réelle est surélevée dans le registre du respect et de la dignité par rapport à l'identité sociale virtuelle.

L'étude de ce processus social devient intéressante en ce qui concerne le cadre scolaire lorsque se mélangent et se succèdent des aspects de stigmatisation et de chevronisation sur les mêmes signes, interprétés dans des sens opposés, valorisants ou disqualifiants, selon les relations nouées entre des personnes différentes. L'élève stigmatisé sur les aspects de travail scolaire et de comportements à l'école pourra sur les mêmes signes déconsidérés par un interlocuteur au sein du personnel, ou parfois par ses pairs, se voir dans une autre interaction valorisé sur ces mêmes aspects, et reçoit ainsi un supplément de dignité sur des aspects qui créent ailleurs l'humiliation puis la honte. Un certain nombre d'auteurs ont saisi cette alternance mouvante de valorisation et de disqualification.

Commençons par les descriptions qui ne concernent pas exclusivement le cadre scolaire. En étudiant les «loubards», et déjà par la seule désignation dépréciative que ce nom indique, G. MAUGER et C. FOSSÉ-POLIAK se sont aperçu que ce qui vaut stigmatisation à l'égard des loubards, sur les aspects qui ont été décrits et qui se réunissent pour donner un portrait global disqualifiant, peut être également valorisant du point de vue de ceux qui s'autodésignent comme tels. Entre eux, ou à titre de provocation délibérée envers ceux qui leur imposent la stigmatisation, les loubards érigent en symboles de prestige des attributs qui ailleurs forment des symboles de stigmate. Puisque l'institution scolaire méprise leur «parler vrai» aux accents crus ou grossiers, les loubards élèvent ces pratiques langagières décriées en vertus. Il en va de même pour d'autres formes emphatiques, de gestuelle par exemple, qui, dépréciées ailleurs, deviennent ainsi des modèles de conduite valorisants pour les loubards[24].

---

24. G. MAUGER, C. FOSSÉ-POLIAK, *op. cit.*, p. 51-65.

Dans un domaine plus spécifiquement scolaire, P. BOURDIEU relève dans «L'ordre des choses» que, dans certaines conduites, un des jeunes gens du Nord de la France interviewé «s'enfonce dans l'échec, et dans le cercle du refus, qui redouble l'échec, manière paradoxale de faire de nécessité vertu, c'est-à-dire vice scolaire, et bientôt délinquance scolaire[25]». L'élève décrit, gagné par des conduites valant stigmatisation (des «vices» scolaires), à la fois jugé sur ses performances scolaires et sur son comportement («délinquance» scolaire), répond à ces stigmatisations en transformant les symboles de stigmate visés en symboles de prestige («faire de nécessité vertu»), créant ainsi de la chevronisation, sans doute auprès des pairs, sur ce qui le disqualifie parallèlement auprès des représentants de l'autorité scolaire.

L'accent mis précédemment par P. BOURDIEU sur la «déviance» ou la «délinquance» devrait retenir notre attention afin d'examiner de plus près un lexique surprenant dans les usages langagiers des élèves observés. Il s'agit d'une forme d'apologie et de curiosité brûlante à l'égard des formes de grand banditisme.

Une apologie du grand banditisme

J'avais été surpris, pour des élèves dont les compétences en matière historique sont des plus maigres, de leur savoir paradoxal dans le domaine des faits de grand banditisme. Au cours d'une surveillance de la salle d'étude, un groupe de trois élèves sanctionnés me «tchatchaient» en tant que nouveau membre du personnel en me racontant des histoires censées être «édifiantes» sur leur établissement. Dans cette logorrhée verbale intégrant de nombreux éléments touchant à la sexualité et au pouvoir de l'argent, intervient soudain une question : «*Eh M'sieur, vous connaissez Patrick Haemers ?*» L'évocation de ce truand belge des années quatre-vingt, sans doute largement oublié chez les élèves du même âge dans des établissements plus favorisés, était surprenante. Plus tard, soumis à de nombreuses remarques des élèves destinées à me montrer qu'ils étaient «au parfum» des us et coutumes de la délinquance, sans trop s'avancer cependant dans la description de leur propre part dans ces activités, l'évocation sous forme d'apologie du grand banditisme est revenue. Aussi ai-je décidé de faire un cours sur le sujet en évoquant les affaires liées aux «Tueurs du Brabant» dans les années quatre-vingt. Le déroulement de ce cours assez expérimental fut surprenant. À un chahut constant, qui avait d'ailleurs

---

25. P. BOURDIEU, *op. cit.* 1991, p. 8.

rempli les heures de cours précédentes avec ces élèves, succèdera un calme olympien. Les élèves se rapprochèrent et écoutèrent religieusement les extraits que je lisais des rapports d'enquête sur les tueries. Les scènes d'action furent largement commentées d'exclamations enthousiastes, les scènes d'échanges de coups de feu reprises par certains élèves sous la forme d'un « tac tac tac » de gamin imitant le bruit d'un pistolet-mitrailleur. Leur fascination pour le monde concret du grand banditisme fut très surprenante pour moi. Je relevai également que, par une inversion caractéristique, ce type de cours indifférait profondément les « sages » élèves du devant de la classe autant qu'il attirait profondément les « remuants » pairs formant le groupe dominant, celui du refus et des provocations à mon égard.

La question qu'il restait à se poser était la suivante : ces apologies et fascinations à l'égard du monde le plus « dur » du banditisme étaient-elles l'indice, comme certains auteurs le pensent, d'une pré-culture de la délinquance[26] dans les écoles où fleurissent les aspects « déviants » relevés par P. BOURDIEU ? Je pense au contraire qu'il convient de saisir de manière beaucoup plus circonstanciée un tel engouement des élèves pour le grand banditisme. Ce qu'il faut saisir, et ce que D. LEPOUTRE a fort bien relevé, c'est tout l'aspect de mise en scène, de mystification délibérée de leurs interlocuteurs que les jeunes opèrent dans leurs affirmations provocatrices. Les thématiques de la délinquance, petite ou grande, et l'apologie du grand banditisme sont en cela une manière de se mettre en scène, de se valoriser provisoirement dans un registre provocateur aux yeux du représentant de l'autorité qui est leur interlocuteur.

C'est une manière de le « bluffer », de le « tchatcher » en donnant sur un domaine où *a priori* sa compétence est limitée ou malaisée, en raison des valeurs de la société globale que ce représentant est censé défendre, l'impression que ce sont les élèves (ou les adolescents décrits par D. LEPOUTRE) qui savent, qui sont « au parfum », pour reprendre des termes à la Simonin, qui maîtrisent la situation et la dominent par conséquent. Le représentant de l'autorité est mis en difficulté et perd du prestige sur ces domaines qu'il ne maîtrise pas, tandis que les élèves en gagnent provisoirement en chevronisant ces domaines stigmatisés ailleurs (comme les tagueurs d'A. VULBEAU sont, dans leurs rêves de « super-héros », de nouveaux Fantomas[27]). Néanmoins, cette mise en

---

26. A. VAN ZANTEN, 2000.
27. A. VULBEAU, 1992.

scène est une façade provisoire, une manière de duper l'interlocuteur. Elle doit apparaître dans le chef de l'élève comme un répertoire disponible, que l'on peut stratégiquement utiliser dans la communication avec un représentant de l'autorité, et non comme un « indice » culturel d'une sorte de prédélinquance.

Méthodologie

L'enquête sur laquelle se base cet article a été commanditée par le ministère de la Recherche scientifique de la Communauté française Wallonie-Bruxelles et confiée au Centre de sociologie de l'éducation de l'Université libre de Bruxelles, sous la direction du professeur A. Van Haecht[28]. Il s'agissait de mettre en évidence les conditions d'émergence et le traitement qui était réservé par les professionnels de l'éducation aux « violences à l'école ». Elle a pris la forme d'une observation participante dans deux établissements d'enseignement professionnel de la région bruxelloise (appelés ici E1 et E2 suite à des conditions de confidentialité), et cela durant les années scolaires 1999-2000 et 2000-2001, à travers l'endossement par le chercheur de différents rôles au sein du personnel (des rôles de stagiaires surveillant-éducateur, puis un remplacement dans le cadre de l'enseignement du cours de morale non confessionnelle à des élèves de sixième année). Les observations recueillies durant les deux années de la recherche, et associées à des monographies des deux établissements étudiés, ont ensuite été examinées à travers quatre théorisations sociologiques et anthropologiques, qui interviennent comme principes d'intelligibilité, au sens de R. CASTEL, de la vie sociale de ces établissements scolaires. Ces principes d'intelligibilité peuvent ensuite être appliqués pour comprendre la vie sociale d'autres établissements scolaires. La première des quatre « grilles de lecture » compréhensives des observations recueillies est celle de l'institution totale d'E. GOFFMAN. Les trois autres principes d'intelligibilité sont fondés sur la théorisation par E. GOFFMAN des stigmatisations, sur une possible construction de l'altérité dans les relations sociales entre personnel et élèves, à partir notamment des travaux de F. HÉRITIER, et enfin sur les théorisations de P. BOURDIEU et de ses collaborateurs sur les violences dans le système scolaire. Ce matériel a servi de base à la confection d'une thèse en sociologie soutenue avec succès en février 2004.

---

28. Il a été tiré de cette recherche un ouvrage, cf. P. VIENNE, 2003.

BIBLIOGRAPHIE

BALANDIER G. (1979), «Violence et anthropologie», *in* A. Bruston, M. Maffesoli, *Violence et Transgression*, Paris, Anthropos.

BALANDIER G. (1988), *Le Désordre. Éloge du mouvement*, Paris, Fayard.

BEAUD S. (1996), «Les "bacs pros", La "désouvriérisation" du lycée professionnel», *Actes de la recherche en sciences sociales*, n° 114, p. 21-29.

BOURDIEU P. (1966), «L'école conservatrice. Les inégalités devant l'école et devant la culture», *Revue française de sociologie*, VII, p. 325-347.

BOURDIEU P. (1991), «L'ordre des choses. Entretien avec deux jeunes gens du Nord de la France», *Actes de la recherche en sciences sociales*, n° 90, p. 7-19.

BOURDIEU P. (1993), «Effets de lieux», *in* P. Bourdieu (dir.), *La Misère du monde*, Paris, Le Seuil, coll. «Libre examen».

BOURDIEU P. (1998), *La Domination masculine*, Paris, Le Seuil, coll. «Liber».

BOURDIEU P., CHAMPAGNE P. (1992), «Les exclus de l'intérieur», *Actes de la recherche en sciences sociales*, n° 91-92, p. 71-75.

BROCCOLICHI S. (1995), «Orientations et ségrégations nouvelles dans l'enseignement secondaire», *Sociétés contemporaines*, n° 21, p. 15-27.

COMPÈRE A.-M. (1985), *Du collège au lycée, 1500-1850 : généalogie de l'enseignement secondaire français*, Paris, Gallimard.

DANNEQUIN C. (1999), «Interactions verbales et construction de l'humiliation chez les jeunes des quartiers défavorisés», *Mots*, n° 60, septembre, p. 76-91.

DUPREZ D., KOKOREFF M. (2000), «Usages et trafics de drogues en milieux populaires», *Déviance et Société*, vol. 24, n° 2.

GOFFMAN E. (1975), *Stigmate. Les usages sociaux des handicaps*, Paris, Minuit.

JAMOULLE P. (2002), *La Débrouille des familles, Récits de vies traversées par les drogues et les conduites à risque*, Bruxelles, De Boeck, Oxalis.

JAVEAU C. (1997), *Leçons de sociologie*, Paris, Armand Colin.

JAVEAU C. (2003), *Sociologie de la vie quotidienne*, Paris, Puf, coll. «Que sais-je?».

LEPOUTRE D. (2000), «La photo volée. Les pièges de l'ethnographie en cité de banlieue», *Ethnologie française*, XXXI, p. 89-101.

LEPOUTRE D. (2001), *Cœur de banlieue. Codes, rites et langages,* Paris, Odile Jacob.

MASCLET O. (2001), « Mission impossible. Ethnographie d'un club de jeunes », *in* « Nouvelles formes d'encadrement », *Actes de la recherche en sciences sociales*, n° 136-137, p. 62-69.

MAUGER G. (1996), « Les mondes des jeunes », *Sociétés contemporaines,* n° 21, mars.

MAUGER G., FOSSÉ-POLIAK C. (1983), « Les loubards », *Actes de la recherche en sciences sociales,* n° 50, p. 49-67.

VAN ZANTEN A. (2000), « Le quartier ou l'école ? Déviance et sociabilité adolescente dans un collège de banlieue », *Déviance et Société,* vol. 24, n° 4, p. 377-401.

VIENNE P. (2003), *Comprendre les violences à l'école,* Bruxelles, De Boeck.

VULBEAU A. (1992), *Du tag au tag,* Paris, éditions de l'Épi, Desclée de Brouwer.

WELZER-LANG D. (2002), « Virilité et virilisme dans les quartiers populaires en France », *Ville-École-Intégration Enjeux,* n° 128, mars.

WILLIS P. (1978), « L'école des ouvriers », *Actes de la recherche en sciences sociales,* n° 24.

WINTER J.-P. (1999), « Tentative de "viologie" », *in* F. Héritier (dir.), *De la violence. II. Séminaire de Françoise Héritier,* Paris, Odile Jacob, p. 269-288.

LA JUSTICE DES CITÉS

Sébastien Peyrat*

Les jeunes qui habitent les « cités interdites[1] » sont parfois perçus comme anomiques, asociaux et sans rapport à la loi, comme des individus « [...] sans repères, ni moraux, ni sociaux, ni civiques[2] », « auxquels on n'a jamais inculqué les notions de règles sociales, d'interdits, de morale civique[3] » : « Dans la jungle, les plus forts tapent les plus faibles, et c'est ainsi que va le monde.[4] » Ces jeunes deviennent objet d'études particulières[5], on les incite à s'engager dans des projets dits « citoyens » en vue de leur socialisation. S'il est exact que certains jeunes des cités (ceux qui sont les plus visibles dans la cité – d'autres choisissent de ne pas y rester) ne respectent pas les règles en usage et parfois les lois du monde extérieur, on ne peut cependant pas en conclure qu'ils vivent sans loi dans une sorte d'état de nature tel que l'a décrit Hobbes.

Le point de départ de mes recherches a été de poser la question de savoir si, au contraire, les jeunes des cités respectaient des lois particulières ou, en tout cas, certaines normes. Afin de répondre à cette question, il m'a fallu découvrir la nature de ces normes et la nature du rapport à la loi dans la cité. Cette recherche a été menée du point de vue de ces jeunes eux-mêmes, dans leur logique, et non du point de vue et

---

* *Sébastien Peyrat est docteur en sciences de l'éducation.*
1. A. Bauer, X. Raufer, 1998, p. 24.
2. J.-L. Langlais, M. Gagneux, F. Feltz, 1998, p. 78.
3. C. Jelen, 1999, p. 130.
4. F. Dubet, 1992, p. 103.
5. Voir les rapports des Renseignements généraux sur les « Violences urbaines et suburbaines », mais aussi différents rapports parlementaires (J. Dray, J.-M. Delarue) et les enquêtes des inspections générales (sociales et judiciaires).

dans la logique du monde extérieur à la cité. Elle est le résultat de neuf ans de rapports suivis et continus avec des jeunes de deux cités en particulier et de plusieurs années passées à parcourir les cités de la Seine-Saint-Denis afin de mener des entretiens de recherche.

J'appelle ici « jeunes de la cité » les jeunes qui font partie d'un groupe désigné par le nom d'une cité donnée. L'expression « jeunes des cités » désignera les jeunes qui se reconnaissent et s'entre-reconnaissent très facilement (habillement, langage, comportement) et qui savent qu'ils respectent les mêmes règles : celles qui découlent de la mutualité de la cité et qui existent dans toutes les cités[6].

La cité comme territoire

La cité est un lieu nommé[7] et situé à la périphérie du centre-ville. Ses murs sont tagués voire dégradés plus ou moins fortement selon les cités (et les programmes de réhabilitation). Le revenu des habitants y est modeste et la population jeune visible. On peut y apercevoir des jeunes de moins de 25 ans qui « traînent » dans les halls ou sous les porches. Ces jeunes sont largement reconnaissables : ils portent des vêtements de sport (et de marques connues) ; lorsque vous vous approchez d'eux en tant qu'étranger à la cité, ils vous regardent droit dans les yeux et, une fois à portée de voix, vous interrogent sur la raison de votre présence ici (c'est-à-dire dans la cité) : la cité est gardée par les jeunes qui l'habitent. Si certains jeunes choisissent de ne pas rester à « galérer » dans la cité, pour éviter d'avoir des « ennuis », par exemple avec les forces de l'ordre ou avec d'autres jeunes d'autres cités, ils font néanmoins partie du groupe des jeunes de cette cité, car ils y habitent et, de ce fait, sont soumis à ses règles particulières[8]. Les jeunes qui deviennent l'âme de la cité sont ceux qui restent sur son territoire parce qu'ils s'y trouvent et parce qu'ils s'y retrouvent afin de partager leurs expériences de vie : ce sont les jeunes de la cité. Les membres des forces de l'ordre parlent à leur propos d'insultes, voire d'agressions physiques violentes.

La cité n'est plus un lieu mais un territoire, exclusivement réservé aux jeunes de la cité et à ses habitants, composé de tout ce qui se trouve

---

6. Cf. *infra* « Une mutualité réglée ». Voir également à ce sujet S. PEYRAT, 2003.
7. La cité « des 3 000 » à Aulnay-sous-Bois (93) ou celle « de la Vigne-Blanche », aux Mureaux (78), sont autant de noms donnés aux cités dans un but originel de convivialité.
8. Ils acceptent et se soumettent à ces règles auxquelles ils sont, au même titre que tous les autres habitants, obligés d'adhérer ; par exemple, la « loi du silence » vaut pour tous dans la cité.

sur les terrains lui appartenant et qui, en conséquence, appartient aux jeunes (comme les terrains vagues alentours). La cité est aussi un bien commun à tous les jeunes de la cité. Chacun peut en disposer comme bon lui semble et le nom de la cité devient le second nom des jeunes qui y « traînent ». La cité est leur propriété et, à ce titre, ils en disposent de trois façons qui sont similaires aux attributs de la *res* juridique : *l'usus* – les jeunes de la cité peuvent user comme bon leur semble de son territoire (jouer au football sur un terrain, faire un rodéo en voiture sur un parking...); le *fructus* – les jeunes profitent des opportunités que leur offre la cité (faire du *business*, mais aussi profiter d'un voyage offert par un service public local durant les vacances); *l'abusus* – qui consiste à disposer de la faculté de détruire une chose qui vous appartient et se traduit par exemple par les incendies volontaires dans les cages d'escalier ou les dégradations d'abribus... Les services des Renseignements généraux ne cessent de classer de plus en plus de cités sur une « échelle des violences urbaines » allant du degré 1 (le degré de la délinquance et de l'incivilité) au degré 8 (celui de l'émeute).

De plus en plus de jeunes s'approprient un espace qui devient exclusivement le leur au fur et à mesure de son abandon par les autres adultes.

Cependant, que cela soit dans la cité ou dans les cités en général, l'appropriation du lieu ne peut pas se faire de la même façon pour tous sans l'existence de règles, de normes, seules capables de gérer l'existence d'un groupe social donné. Ces jeunes n'occupent pas la cité sans raison. S'il peut « vous arriver des bricoles » lorsque vous passez dans la cité en tant qu'inconnu, c'est parce qu'il existe un accord entre les individus qui vivent dans la cité sur le fait que, effectivement, il y a occupation des lieux publics et dangerosité pour quelqu'un qui traverse ce lieu particulier sans raison.

Une mutualité réglée

La première chose que l'on peut voir dans les cités, ce sont des groupes de jeunes. Jamais on n'y rencontre un jeune tout seul et isolé. Lorsque l'on « extrait » quelques jeunes de la cité (par exemple lorsque quelques-uns vont se promener quelque part, ou lors de sorties organisées par telle ou telle structure) et si un conflit grave éclate entre un jeune et un inconnu, la première chose qui se produit est le rassemblement des autres membres du groupe autour du jeune. Si le conflit tourne au désavantage du jeune engagé, les autres membres présents interviennent. Lors de bagarres entre bandes appartenant à des cités différentes, les présentations (indication par les protagonistes du nom de leur cité d'origine) ont souvent lieu. Les jeunes de la cité se définissent comme appartenant au groupe de la cité. Ce groupe porte son nom et, vu de l'extérieur, il apparaît compact et très uni. En fait, dans la cité, la règle principale est la mutualité et la protection mutuelle des jeunes entre eux. La cité est décrite comme un lieu de protection, dans lequel on peut faire ce que l'on veut (dans la limite de la règle de la mutualité), et comme un lieu de liberté; alors que l'extérieur est vécu comme un endroit dangereux et privatif des libertés d'expression et de comportement, inique et discriminant, agressif envers les jeunes. L'existence du groupe de la cité est le seul moyen pour que la « *cité* [soit] *forte* ». Cette force ne peut exister qu'avec le concours de tous, et même l'entraînement de tous à la lutte physique (lors des bagarres rituelles qui ont lieu entre les jeunes à l'intérieur même de la cité) afin de pouvoir « se défendre ». C'est pour cette raison que les jeunes de la cité doivent être solidaires les uns des autres en dehors de ses murs. Cette défense se justifie autant contre les membres des groupes des autres cités que face à des inconnus. La vie en dehors de la cité est considérée comme risquée physiquement. D'où la solidarité de ces jeunes, même lorsque leurs liens sont ténus – parce qu'ils ne « traînent » pas ensemble ou ne sont pas du même sous-groupe affectif – ou s'ils sont en conflit. L'extérieur, qui est l'inconnu, ne doit pas se rendre compte des dissensions entre jeunes de la même cité, toujours dans un souci de cohérence et de protection mutuelle solide et solidaire.

Cela ne veut pas dire que les jeunes de la cité ne forment qu'un seul groupe parfaitement homogène. En fait, ils se structurent en différents groupes, en fonction de l'âge et de l'importance hiérarchique de leurs membres; cette hiérarchie est fonction de l'intégration du jeune dans le système délinquant et/ou criminel de la cité. Ainsi, le groupe des « grands » qui trafiquent dans la cité est très respecté, parce que sa capacité à punir physiquement les autres membres de la cité – les plus jeunes en particulier – est très forte. Néanmoins, la formation des groupes internes à la cité se fait aussi selon un critère plus affectif. Les jeunes de la cité qui s'entendent bien, qui se connaissent et se fréquentent depuis le plus jeune âge forment autant de sous-groupes au sein de celui, général, de la cité. Chacun d'entre eux occupe une place dans la hiérarchie des groupes. Les groupes des plus âgés et des plus délinquants occupent une place importante et reconnue parce que leurs membres ont une forte capacité violente et que, en cas de problème grave, ce sont eux que les plus jeunes iront trouver pour les aider (lors d'une expédition punitive et vengeresse contre une autre cité, par exemple), toujours dans l'application de la règle de la mutualité de la cité. Par ailleurs, pour un jeune donné, l'occupation d'une place hiérarchique élevée au sein d'un groupe dépend de son âge et de son niveau d'intégration au groupe des jeunes qui commettent des délits ou des crimes. Plus un jeune de la cité est intégré dans un groupe de jeunes en infraction avec les règles du droit, plus il sera craint par les autres, et plus son pouvoir sera grand sur eux.

Il existe toutefois une différence entre la détention du pouvoir et son exercice. Ainsi, si un « grand » abuse de sa force sans raison sur un plus petit et qu'il le blesse visiblement (le « petit » a des marques physiques durables et visibles), l'autorité du membre incriminé sera très amoindrie. La règle de la mutualité veut que les jeunes d'une même cité prennent garde de ne pas l'affaiblir en blessant trop fortement l'un de ses membres. Enfin, comme les groupes sont hiérarchisés et ordonnés, chaque membre exerce un pouvoir sur un ou d'autres jeunes à travers la position communautaire du groupe auquel il appartient et sa propre position à l'intérieur de son groupe.

Il découle de la hiérarchisation et de l'ordonnancement des jeunes des cités en un groupe général et en sous-groupes un ensemble de règles et de normes propres à toutes les cités où « ça se passe mal ». La raison d'être de ces règles et de ces normes est la garantie de la cohésion et de la survie du groupe des jeunes de la cité. Ainsi, la fameuse « loi du silence » existe, dans le but de protéger les membres du groupe. Si un membre du groupe de la cité disparaît (du fait d'une dénonciation, par exemple), c'est toute la cité qui s'affaiblit, et cet affaiblissement est insupportable, car la cité pourrait alors être en danger (lors d'une agression par une autre cité, par exemple). Les joutes physiques, nombreuses, entre les jeunes de la cité sont aussi destinées à augmenter la force physique du groupe. C'est « l'entraînement de la cité ». Chaque jeune doit être fort afin que la force du groupe (donc la force de la cité) soit élevée, car de cela dépend sa position hiérarchique au sein de la hiérarchie des cités. Ainsi, telle cité sera connue pour ses capacités de vengeance violente et, de ce fait, elle sera crainte, son pouvoir sera grand et sa position hiérarchique élevée. Cette hiérarchie explique aussi ce que les médias appellent des « vengeances aveugles ». Tout membre reconnu appartenant à une cité ennemie (parce qu'il a été aperçu dans cette cité) est susceptible d'être la cible de représailles physiques violentes (lorsque les deux cités sont en guerre, par exemple).

Les jeunes de la cité ne sont plus des individus, mais les membres d'un lieu particulier reconnu comme tel par tous (les habitants des autres cités, mais aussi les gens de la ville). Cette reconnaissance signifie bien, aux yeux des jeunes, que leurs règles sont prééminentes sur celles de notre société. Tout le monde sait qu'il ne faut pas aller dans les cités (sauf à prendre un risque physique). Les règles de la cité s'appliquent à ses membres (les « histoires de la cité » ne regardent que la cité) et les conflits entre jeunes se règlent dans son périmètre. Il n'est pas question pour un jeune de la cité d'aller voir la police afin de résoudre un « problème » avec un autre jeune, et encore moins lorsqu'il s'agit d'un membre d'une cité différente. La résolution du « problème », du conflit, est toujours violente avec d'autres jeunes ou d'autres personnes comme les éducateurs (d'un établissement scolaire, par exemple) extérieurs à la cité.

Le règlement des conflits internes à la cité passe par l'instauration d'une véritable justice instituée, c'est-à-dire dont les règles de fonctionnement et de condamnation sont établies par les jeunes eux-mêmes. Le processus commence par une bagarre publique et rituelle, mais la résolution du conflit a lieu après la bagarre. Lorsque les protagonistes sont *« fatigués de se battre, ils vont parler après »*. Le règlement du conflit a alors lieu devant des membres du groupe de la cité. Chacun va intervenir afin d'aider à la résolution du conflit interne dans le cas où les protagonistes ne pourraient pas s'arranger seuls entre eux. La résolution du conflit passe par l'analyse de la situation, de son enjeu et du caractère des protagonistes par les membres présents. Puis, la majorité des membres prend position en faveur d'une solution dite par l'un d'entre eux, obligeant les protagonistes à se soumettre à la décision de la cité. Le conflit est alors oublié immédiatement après la décision rendue. La justice de la cité est rapide, orale et sans appel, en contradiction directe avec nos règles de droit qui instaurent la procédure d'appel comme un droit très important, garant d'une bonne justice. La justice de la cité fonctionne, dans ces conditions, comme une méthode d'application de ses propres règles, mais aussi comme facteur de régulation sociale au sein du groupe. Les règles de droit de la République ont aussi, en théorie, ce rôle primordial pour la communauté désireuse de se pérenniser dans le temps. La justice institutionnelle, c'est-à-dire l'organe chargé de garantir le respect des règles au sein d'une communauté humaine donnée, que ce soit celle de la cité ou celle de la République, est aussi là pour empêcher l'implosion du groupe.

Les règles de la cité sont reconnues par tous. Cela fait bien une dizaine d'années qu'elles existent et se développent. En fait, elles se pérennisent et se transmettent. Les plus grands «éduquent» les plus petits en leur montrant l'exemple et en leur parlant. Ainsi, parce que les grands peuvent *«se faire mille euros»* en une soirée, les petits voudront faire à l'identique. Ainsi, parce que les grands leur disent que les policiers sont tous violents, racistes, méchants, les petits ne les verront que de ce point de vue (surtout après avoir assisté à des descentes de police musclées). À travers les discours des grands et l'expérience journalière que chacun se raconte le soir dans les halls (expérience de violence et de tension entre les jeunes et les gens de l'extérieur), la nécessité de l'existence de la mutualité de la cité est toujours ressassée. La cité est le lieu de ces jeunes, qui sont identiques parce qu'ils proviennent tous d'un milieu précaire et qu'ils ont conscience d'être relégués et ségrégés (à cause de leurs origines étrangères ou de leur lieu même de vie, c'est-à-dire la cité). Alors, les règles de la cité sont transmises, pérennisées, et de plus en plus intériorisées par les jeunes qui y vivent.

Les grands décrivent souvent la cité et son groupe de jeunes comme le seul lieu de protection, le seul lieu dans lequel le jeune est considéré en tant que ce qu'il est dans ses qualités et ses défauts : *« On ne peut pas juger quelqu'un si on ne le connaît pas. »* Or, dans la cité, tous les jeunes se connaissent, au moins de vue. Chaque jeune connaît chaque jeune, au minimum ceux de son sous-groupe et ceux du groupe général de la cité. Cette connaissance se fait sur des critères moraux et éthiques. Ainsi, tel jeune sera considéré comme «fou», tel autre comme «intelligent», tel autre comme «voleur», etc. Chaque jeune sera estimé dans sa cité par les autres. Cette considération justifie la règle de la mutualité de la cité, même si celle-ci est parfois en violation directe avec les principes fondamentaux de la démocratie (par exemple l'usage à outrance de la force physique dans la cité, la difficulté d'avoir une vie privée, etc.). Pourquoi les jeunes des cités, qui savent aussi être en souffrance à cause des conditions de vie qu'ils s'imposent eux-mêmes, acceptent-ils des règles parfois aussi dures ?

Un groupe source de justice

Afin d'analyser les raisons qui poussent ces jeunes à s'imposer des règles contraires aux lois et à la morale républicaines, il convient d'abord de rappeler ces normes qui régissent la société française. Le comportement des personnes vivant sur le territoire de la nation française – ou qui y sont de passage – est régi par un ensemble de textes publics disponibles à tous. Il s'agit des textes de loi. La loi est une règle écrite, générale et permanente élaborée par le Parlement. Elle devrait être le résultat d'un contrat social entre les membres d'une même communauté qui s'efforcent de concilier l'aspiration des individus au bonheur avec les exigences de la vie sociale, les libertés individuelles avec la soumission des individus à l'intérêt général. J.-J. ROUSSEAU exprime ce contrat à travers un idéal républicain dirigé par quatre grands principes : la renonciation à nos droits naturels au profit de l'État qui, par sa protection, conciliera l'égalité et la liberté ; la sauvegarde par le peuple tout puissant du bien-être général contre les groupements d'intérêts avec l'aide d'un législateur ; la pureté de la démocratie par la tenue d'assemblées législatives ; enfin, la nécessité de créer une religion d'État[9].

Le contrat social ne peut se réaliser qu'au travers de l'institution. L'institution est, selon la théorie juridique[10], une organisation juridique sociale, c'est-à-dire destinée à un ensemble d'individus, dont l'autorité est reconnue parce qu'elle est établie en correspondance avec l'ordre général des choses du moment, et qui présente un caractère durable, fondé sur un équilibre des forces ou une séparation des pouvoirs. En assurant une expression ordonnée des intérêts adverses en présence, elle assure un état de paix sociale qui est la contrepartie de la contrainte qu'elle fait peser sur ses membres. L'institution, dans cette perspective, est organisée en plusieurs institutions spécialisées. Parmi celles-ci, on trouve l'institution judiciaire, c'est-à-dire les tribunaux, dont le rôle est de régler les conflits entre les personnes conformément au droit écrit dans les codes. Un procès a lieu pendant lequel les parties exposent leurs visions respectives des faits avec l'aide facultative ou obligatoire d'un avocat. Le juge (ou les juges, en ce qui concerne les formations collégiales) tranche alors le litige et règle le problème entre les parties en fondant sa décision sur le droit.

Certains conflits peuvent relever d'un droit particulier spécifiquement dédié à la protection des personnes et de leurs biens. Il s'agit du droit pénal. Les infractions à ce droit portent atteinte à la collectivité dans son ensemble. Ces infractions sont les contraventions, les délits et les crimes. Elles sont jugées suffisamment graves pour faire l'objet de sanctions privatives de liberté ou de peines d'amende. Le contrevenant a, dans ce cas, une dette envers la nation française, qu'il doit payer. Il

---

9. J.-J. ROUSSEAU, 1762, nouvelle édition 1992.
10. Et en particulier le doyen Hauriou.

est ensuite amendé et jugé apte à reprendre sa place dans la communauté. Le juge des enfants (au pénal) a un rôle social encore plus fort, fixé par l'ordonnance du 2 février 1945 relative à l'enfance et à la jeunesse délinquante. Il a le pouvoir de prononcer, à l'égard du mineur délinquant, des mesures éducatives ainsi que des sanctions pénales (allant même jusqu'à la peine de prison). Ce pouvoir est en fait un panel de sanctions éducatives destinées à l'éduquer et, en particulier, à lui faire comprendre le sens de la loi et ce qu'est la vie en communauté dans la société française. Ces sanctions mettent toujours en œuvre les services éducatifs – publics ou associatifs habilités – de protection judiciaire de la jeunesse. Des éducateurs sont nommés afin d'apprendre aux jeunes délinquants les règles qui sont celles de la société française actuelle, fondées sur son contrat social et sur son droit.

Cependant, la représentation que les jeunes des cités ont de la République est très différente de celle du législateur. Ainsi, ils ne voient jamais l'institution gardienne des lois, c'est-à-dire le juge, comme un personnage chargé d'expliquer la règle sociale ou comme le bras d'une communauté humaine condamnant un comportement déviant. C'est un personnage qui dit quelque chose de lointain qui « *entre par une oreille et sort par l'autre* ». Ces jeunes se refusent à entendre le sens des paroles du juge. Pour eux, celui-ci ne dispose que d'un seul pouvoir, celui d'envoyer en prison. Une prison qui fait majoritairement peur aux jeunes. Son rôle socialisant, son rôle d'explication du fameux contrat social n'est absolument pas compris par ces jeunes, parce qu'ils vivent sous le *diktat* d'un autre contrat social : celui de la cité, et qu'ils ignorent celui de la République.

Ils ont d'ailleurs une représentation négative de cette République, qui rend difficiles les nombreuses tentatives d'enseigner la citoyenneté à l'école. Cette représentation leur semble justifiée par les faits. Lors d'entretien, combien de jeunes disent qu'il n'y a « *que des reubeus*[11] *ou des reunois*[12], *dans la cité* » ? La discrimination, négative, commence par une politique de logement jugée injuste et source de relégation. Les promesses de l'autre communauté, en matière d'accès à l'emploi comme aux richesses, sont jugées réservées à une élite à laquelle ils n'appartiennent pas. Ils se représentent les institutions françaises comme iniques et injustes à leur égard. Ainsi, la préfecture est habitée par des fonctionnaires racistes, et l'enseignant, le juge et le policier

---

11. Jeunes d'origine maghrébine.
12. Jeunes d'origine noire africaine.

n'échappent pas à cette image. Les contrôles abusifs et les arrestations plus violentes que nécessaires, alors que le *« Français »* ne se fait jamais contrôler ou arrêter, en sont un autre exemple dans la représentation que se font les jeunes du travail policier. Les enseignants de banlieue, dont le comportement peut parfois être provocateur ou blessant vis-à-vis des jeunes, ne font que renforcer un sentiment d'injustice dont l'origine se situe dans cette autre communauté. Le comportement des gens qui voient des jeunes de la cité à l'extérieur de celle-ci justifie aussi ce sentiment d'injustice : *« Un jour, j'ai demandé l'heure à une dame dans le bus, elle a sursauté comme si elle avait cru que j'allais la voler ou j'sais pas quoi. »* En fait, les jeunes des cités sont à la fois fiers et déçus de cette reconnaissance négative. Ils en sont fiers, car elle est fondée sur la peur et sur la crainte. Ils sont déçus, parce qu'ils pensent qu'il s'agit là de la seule et unique façon pour eux de se faire reconnaître par le monde extérieur.

Les discriminations positives peuvent aussi être ressenties comme infamantes. Les gens extérieurs aux cités ou à la cité sont jugés responsables de la ségrégation et de l'image stigmatisante dont les jeunes sont les victimes. Ces gens respectent et adhèrent à un contrat social auxquels ces jeunes n'ont pas accès, un contrat qu'ils ne peuvent pas passer, parce qu'ils jugent que cette autre communauté, qu'ils ne comprennent pas, ne les reconnaît pas et ne les respecte pas. Le contrat social de la République n'est, aux yeux des jeunes des cités, pas respecté. Il est la source d'un sentiment d'injustice très fort, qui les conduits à revendiquer leur propre contrat social.

L'acceptation des règles de la cité, c'est la poursuite d'un but commun, la recherche de la reconnaissance par les autres et la protection vis-à-vis de ces autres. Si les autres ont peur des jeunes des cités, il devient légitime et juste de créer ses propres règles en réponse à d'autres règles jugées iniques et violentes du fait de leur résultat ségrégatif et reléguant. Et, puisque la relégation est une réalité[13], autant que ceux qui relèguent l'apprennent à travers l'adoption de règles tout à fait contraires à celles qu'ils tentent d'imposer aux relégués. Ainsi, les comportements violents (agressions physiques, intimidations envers les enseignants, etc.) se justifient amplement du point de vue de la cité. L'autre est jugé comme étant la source des souffrances endurées et il doit le payer. Le fait de « payer » pour la faute commise envers autrui est juste et c'est une règle conforme à notre droit commun (voir les

---

13. J.-M. DELARUE, 1991.

procédures de dommages et intérêts). Le code (et le contrat) de la cité, même s'il est par certains côtés injuste (domination des plus « grands » ; loi du silence, etc.) est respecté parce qu'il est, en fait, une application inversée (inégalité pour égalité, cantonnement pour liberté et individualisme pour fraternité) du contrat social proposé par l'autre communauté.

Les jeunes demeurent des jeunes de la cité tant qu'ils habitent dans la cité. Même si, en grandissant (après 22 ans notamment), ils ne restent plus à « galérer » dans la cité (parce qu'ils parviennent à trouver un emploi par exemple), ils passent toujours des moments sur leur territoire à côtoyer les sous-groupes d'âge auxquels ils appartiennent (ainsi que les autres, plus jeunes), voire à participer à certains trafics illicites. Tant que les jeunes habitent dans la cité, ils restent membres de son groupe. C'est pour cette raison que de nombreux jeunes, en grandissant et en réalisant que les règles de la cité ne sont pas si justes, n'ont qu'une seule envie : déménager le plus loin possible pour ne plus être tentés par la cité ni ennuyés par les autres membres du groupe qui restent à traîner sur son territoire. La sortie de la cité peut se faire volontairement (par le biais d'un emploi qui oblige, heureusement, à déménager) ou bien lorsqu'un jeune rencontre une jeune femme dont l'influence (lorsqu'elle est « bénéfique[14] ») l'oblige à ne pas (trop) rester dans la cité au sein du groupe de pairs, au sein des « histoires » de la cité, source de dangers et d'« ennuis » avec notre société et sa justice.

Ainsi, les jeunes des cités ne sont pas des individus anomiques au comportement dépourvu de sens. Ils ont créé leur propre contrat social, leur propre communauté, régie par des règles précises et non écrites. La création d'un groupe particulier régi par des règles particulières est la preuve irréfutable de la volonté des jeunes des cités de se faire justice eux-mêmes. Si les autres, ceux qui sont en dehors des cités, sont injustes avec elles et leurs jeunes, alors il convient de se créer ses propres règles fondées sur ses propres valeurs qui, par là même, deviennent justes. Pour les jeunes des cités, il est juste d'être reconnu pour ce qu'ils sont et non d'être réduits à des « sauvageons » ou à des élèves en échec irrécupérables. Il est juste d'avoir droit à la protection physique et morale (et la cité sait le faire bien mieux que la police d'une communauté extérieure). Il est juste d'avoir accès facilement à l'argent (à travers les trafics de la cité). Il est juste de faire payer, en fai-

---

14. En effet, lorsqu'un jeune de la cité se retrouve avec une jeune de la cité, le couple reste au sein du groupe des jeunes de la cité donnée.

sant peur, ceux qui sont jugés responsables d'une condition de vie si différente de celle décrite sur tous les écrans et sur tous les murs. La cité devient le seul et unique territoire de la justice pourtant promise par notre société.

BIBLIOGRAPHIE

ASSIER-ANDRIEU L. (1996), *Le Droit dans les sociétés humaines,* Paris, Nathan, coll. «Sciences sociales».
BACHMANN C., LE GUENNEC N. (1997), *Autopsie d'une émeute,* Paris, Albin Michel.
BAUER A., RAUFER X. (1998), *Violences et Insécurité urbaines,* Paris, Puf, coll. «Que sais-je?».
BECKER H.-S. (1985), *Outsiders. Études de sociologie de la déviance,* Paris, Métailié, coll. «Observations».
BODY-GENDROT S. (2001), *Les Villes, la fin de la violence?,* Paris, Presses de Sciences po, coll. «La bibliothèque du citoyen».
BOLTANSKI L., THÉVENOT L. (1997), *De la justification: les économies de la grandeur,* Paris, Gallimard.
BORDET J. (1999), *Les Jeunes de la cité,* Paris, Puf, coll. «Le sociologue».
BUI TRONG L. (2000), *Violences urbaines: des vérités qui dérangent,* Paris, Bayard.
CAVÉ L. (2000), *La Délinquance des mineurs,* Chatou, Carnot, coll. «Documents».
COLLECTIF (2000), *Ville-École-Intégration Enjeux,* CNDP, n° 121, juin.
CUBERTAFOND B. (1999), *La Création du droit,* Paris, Ellipses, coll. «Le droit en questions».
DELARUE J.-M. (1991), *Banlieues en difficulté: la relégation,* rapport au ministre d'État, ministre de la Ville et de l'Aménagement du territoire, Paris, Syros-Alternatives, coll. «Ten».
DUBET F. (1992), *La Galère: jeunes en survie,* Paris, Fayard.
DUBET F., LAPEYRONNIE D. (1992), *Les Quartiers d'exil,* Paris, Le Seuil, coll. «L'épreuve des faits».
GOFFMAN E. (1975), *Stigmate. Les usages sociaux des handicaps,* Paris, Minuit.

HOBBES T. (1651, rééd. 2000), *Léviathan*, Paris, Gallimard, coll. «Folio essais».
JELEN C. (1999), *La Guerre des rues. La violence et les jeunes*, Paris, Plon.
LANGLAIS J.-L., GAGNEUX M., FELTZ F. (1998), *Rapport sur les unités à encadrement éducatif renforcé (UEER) et leur apport à l'hébergement des mineurs délinquants*, Paris, Inspection générale des affaires sociales.
OGIEN A. (1995), *Sociologie de la déviance*, Paris, Armand Colin.
PEYRAT S. (2003), *Justice et Cités. le droit des cités à l'épreuve de la République*, Paris, Économica.
ROSSINI R., BEGAG A. (1999), *Du bon usage de la distance chez les sauvageons*, Paris, Le Seuil, coll. «Point virgule».
ROUSSEAU J.-J. (1762, nouvelle édition 1992), *Du Contrat social*, Paris, Flammarion.
VIEILLARD-BARON H. (1994), *Les Banlieues françaises ou le ghetto impossible,* La Tour d'Aigues, L'Aube, coll. «Le monde en cours».
VIEILLARD-BARON H. (1997), *Les Banlieues: un exposé pour comprendre, un essai pour réfléchir,* Paris, Flammarion.
VULBEAU A. (2001) (dir.), *La Jeunesse comme ressource. Expérimentations et expérience dans l'espace public*, Saint-Denis, Obvies; Ramonville-Saint-Agne, Érès, coll. «Questions vives sur la banlieue».

L'AUTOGESTION DES « JEUNES DE LA CITÉ »
L'arrivée des animateurs « grands frères »

Thomas Sauvadet[*]

CET article est basé sur trois années d'enquête de terrain (observation participante, 2000-2003) dans une cité HLM du sud de Paris où j'ai habité bien avant de m'engager dans l'enquête en question[1]. Il observe et analyse les relations entre la municipalité concernée[2] et le leadership d'un groupe de jeunes dits « de la cité ». Mais d'abord : qu'est-ce que ce groupe et comment fonctionne-t-il ?

Comment les « jeunes de la cité » forment-ils un groupe ?

Les adultes et les jeunes qui résident dans la cité étudiée sont peu présents sur l'espace public de leur zone d'habitation. Repli sur le foyer domestique, repli sur soi, désintérêt, peur réelle ou imaginaire, poids du stigmate : autant de facteurs qui expliquent ce fait social. Le centre social du quartier, le café et le terrain de sports de la cité, les allées et les rues qui sillonnent la zone d'habitation sont néanmoins utilisés de manière régulière par une minorité de garçons qui se connaissent tous. Ils sont appelés et s'appellent les « jeunes de la cité » mais ne représentent en réalité qu'un dixième de la population juvénile mas-

---

[*] Thomas Sauvadet, est docteur en sociologie, attaché temporaire d'enseignement et de recherche (Ater) à l'université de Paris VIII.
1. Je connaissais personnellement ceux qui s'appelaient et étaient appelés les « jeunes de la cité ». J'ai été amené à leur garantir l'anonymat.
2. Une ville populaire de taille moyenne qui compte plusieurs zones d'habitat social. La cité étudiée fait partie des plus volumineuses, mais pas des plus stigmatisées.

culine totale. Ils connaissent des situations familiales précarisées et/ou conflictuelles (fils d'ouvrier en préretraite ou en invalidité, famille nombreuse monoparentale à la charge de la mère, violences familiales, surpopulation du domicile familial...). Ils ont de 5 à 30 ans, et cette sociabilité «intergénérationnelle» s'apparente à des rapports de filiation. Bien sûr, les plus jeunes enfants ne sont pas réellement intégrés au groupe étudié mais, déjà présents dans la rue, ils commencent à se familiariser avec cet environnement social. Les plus âgés se reconnaissent en eux et disent s'occuper de leur éducation. «Petits frères» et «grands frères»[3] sont les métaphores qui servent à expliciter les liens entre les plus âgés et les plus jeunes.

Néanmoins, tous ces acteurs fréquentent surtout leurs pairs et s'associent avec eux pour former des groupes rassemblant l'ensemble ou une partie de ces derniers. Chaque classe d'âge (enfance/adolescence/jeune d'âge adulte) est ainsi divisée en «bandes» qui possèdent leurs points de rencontre, puis leurs spécialisations (consommation de drogues, délinquance, activité sportive) et leur nom.

Il y a des fils de Bretons et de Polonais, de Sénégalais et d'Ivoiriens, d'Italiens et de Portugais, de Turcs et d'Algériens, même si ces derniers sont plus nombreux que les autres. Les «jeunes de la cité» forment un groupe d'une soixantaine de personnes autour duquel gravitent une quarantaine d'adolescents et de jeunes adultes. Ces derniers s'y intègrent par intermittence à partir de l'adolescence, puis le quittent rapidement au jeune âge adulte: je les ai appelés les «positions périphériques», par opposition aux «positions centrales». Ils viennent de familles plus favorisées (avec notamment une chambre privative et une scolarité plus longue) et se voient affublés d'un statut de subalternes qui se reflète dans leur surnom («Poireau», «Mollusque»...). Leur intérêt est la création d'un vaste réseau relationnel et l'accomplissement d'expériences interdites «viriles» propres à l'adolescence (consommations de drogues, «virées» avec la bande...) pouvant servir de «rites de passage» vers l'âge adulte.

Tous ces jeunes baignent dans une culture typique des «jeunes des cités»: codes vestimentaires, gestuels et linguistiques spécifiques, musique rap...

Un «punk», un «hippie», un «rocker» ou un «hard-rocker», etc., n'y ont pas leur place. En ce sens, la pauvreté (relative) n'est pas le seul

---

3. P. DURET, 1996.

facteur explicatif de l'adhésion au groupe «jeunes de la cité[4]», mais elle représente une donnée déterminante.

Les jeunes des «positions centrales» sont victimes d'une forme d'«hypertrophie sociale de l'espace résidentiel». Ce concept signifie la centralisation croissante des relations sociales sur la zone d'habitation. Cette situation s'explique par différents facteurs au caractère socio-économique évident: éloignement du domicile familial[5], déscolarisation, chômage, refus du travail salarié ingrat et précaire, faible pouvoir d'achat freinant toute mobilité, harcèlement policier[6] et harcèlement des services de sécurité privés, stigmates compliquant l'interaction avec des personnes «ordinaires».

Le quartier devient un support identitaire collectif. «Être de la cité», c'est partager le stigmate de ceux qui vivent principalement sur cet espace, et cela symbolise l'appartenance au groupe «jeunes de la cité». Les jeunes concernés comprennent le caractère profondément social des épreuves qu'ils traversent, et prennent conscience de leur force, de leurs capacités d'action collective. Ils sont amenés à développer des «protections rapprochées». R. CASTEL explique: «Lorsque dominent les liens tissés autour de la famille, du lignage et des groupes de proximité, et que l'individu est défini par la place qu'il occupe dans un ordre hiérarchique, la sécurité est assurée pour l'essentiel sur la base de l'appartenance directe à une communauté et dépend de la force de ces attaches communautaires. On peut parler alors de protections rapprochées.[7]» Le besoin de «protections rapprochées» se nourrit de l'insécurité sociale dont sont victimes ces jeunes (chômage, réduction de la durée des allocations, poids croissant de la stigmatisation et de la répression policière...). La désorganisation structurelle impose, au fil du temps, la production d'une organisation sociale locale. Dons, contre-dons, prêts, services divers et usages du crédit, achats, ventes, trocs, trafics, solidarités face à la police, lutte collective

---

4. Des jeunes particulièrement pauvres peuvent être attirés par une autre «sous-culture juvénile», ou être fidèles au réseau de socialisation de leur ancien quartier, ou être liés à des réseaux de socialisation d'ordre ethnique (quelques Asiatiques rejoignent ainsi le 13e arrondissement dès qu'ils en ont l'occasion)...
5. Violences verbales et/ou physiques, et/ou surpopulation du domicile familial, et/ou manques divers de ressources matérielles... Cela entraîne la prédominance socialisatrice de la rue, c'est-à-dire de l'espace public.
6. La police ne s'arrêtait quasiment jamais dans la cité étudiée, acceptant et forcée d'accepter quelques «illégalismes populaires» (M. FOUCAULT, 1975) collectivement défendus. Ce harcèlement s'effectuait en fait principalement à l'extérieur du quartier.
7. R. CASTEL, 2003.

contre le stigmate[8] : autant d'opérations qui s'épanouissent dans ce contexte de précarités et d'interconnaissances. Les groupes étudiés se forment sur la base d'une association de proximité, d'une association par similitude[9] : une union basée sur la certitude d'avoir un « destin commun » pendant toute une jeunesse.

Mais ces solidarités sont sans cesse remises en cause par les rivalités internes au groupe : escroqueries, agressions verbales, agressions physiques et menaces d'agression physique produisent de multiples tensions.

Le mode de hiérarchisation le plus efficient

Largement enclavés sur un espace où ils doivent parader (l'espace public)[10], comment les jeunes concernés gèrent-ils les rivalités qui les opposent ?

Nous savons que les actes physiques violents (en dehors des plus graves) ont augmenté dans les années quatre-vingt-dix et sont concentrés sur la jeunesse des quartiers pauvres[11]. Dans le groupe étudié, l'affrontement physique détermine en priorité la hiérarchie sociale. Le « capital physique » est en conséquence un principe fort de classification[12]. La force fait le droit, fait l'honneur, et cela recouvre une dimension profondément anthropologique. Sous un angle sociohistorique, on peut dire qu'« en

---

8. E. GOFFMAN, 1975.
9. Définition classique établie par DURKHEIM, WEBER, SIMMEL et TÖNNIES à propos du terme de « communauté ». Les « jeunes de la cité » forment ainsi une organisation sociale qu'il est possible de qualifier de communautaire, mais qui est aussi caractérisée par une dynamique microsociétaire, notamment du fait de la division du travail que produit l'économie du cannabis de manière croissante : il y aurait une lutte tendancielle entre ces deux types d'organisation.
10. Il est intéressant de faire un parallèle avec les « jeunes à marier » des communautés villageoises de R. MUCHEMBLED, 1989.
11. L. MUCCHIELLI, 2001. L. Mucchielli explique par ailleurs : « Il est classique en criminologie de s'interroger sur les relations entre agresseurs et agressés. Le premier constat qui en est toujours ressorti est celui de l'importance des cas où la victime connaissait son agresseur. La proportion varie des deux tiers aux quatre cinquièmes selon les pays et les époques… Les bagarres entre jeunes hommes dans les quartiers pauvres tiennent ici une place centrale. Et c'est sans doute dans ce cadre que les travaux soulignant la part prise par le comportement de la victime dans l'homicide sont les plus décisifs. Von Hentig et Wolfgang avaient beaucoup insisté sur les provocations de la victime et avaient suggéré que, dans de nombreux cas de ce type, la répartition des rôles aurait pu s'inverser si les circonstances (notamment le fait d'être armé ou de se servir de son arme le premier) avaient été légèrement différentes. » L. MUCCHIELLI, 2002, p. 148-158.
12. G. MAUGER, C. FOSSÉ-POLIAK, 1983, p. 49-67.

confisquant l'usage de la force, l'étatisation tue une forme de civilisation de l'honneur : entre l'honneur et la légalité, l'antinomie est fondamentale et persiste jusqu'à nos jours[13]». L'apparence relative d'harmonie qui peut parfois se dégager ne doit pas tromper l'observateur. Certes, il est rare d'observer un combat physique, mais les menaces de violences physiques, sont, elles, quotidiennes. Je ne parle pas là des jeux de langage ou d'attitude, omniprésents au sein du milieu étudié, je parle d'un acteur, ou d'un groupe d'acteurs, subissant une intimidation physique caractérisée.

Il suffit de quelques affrontements physiques pour poser les fondations d'un ordre hiérarchique qui a une histoire spécifique sur chaque terrain. La création d'une structure sociale hiérarchisée et régulée par des rapports de force d'ordre physique se trouverait ici à la base des stratégies de carrières, des logiques de solidarités et d'alliances, et serait d'autant plus inaccessible aux chercheurs que ces derniers se rapprocheraient de «la vision intellectualiste des univers scolastiques [...] qui traitent le corps et tout ce qui s'y rattache, et en particulier l'urgence liée à la satisfaction des besoins et la violence physique effective ou potentielle, de telle manière qu'il est mis en quelque sorte hors jeu[14]». Ainsi, contre la croyance naïve en une utilisation exclusivement physique de la force, P. BOURDIEU et J.-C. PASSERON rappellent qu'«il n'est pas [...] de rapport de force, si mécanique et si brutal qu'il soit, qui n'exerce de surcroît un effet symbolique[15]».

Le «capital guerrier[16]» est le capital le plus rentable au sein du milieu concerné. Qu'est-ce que ce «capital»? Il comprend évidemment le «capital physique», mais renvoie aussi à une forme de discipline morale (ne jamais se soumettre, défendre son honneur, connaître les règles de «l'école de la rue»...), à l'outillage de la violence et au «vice» (expression des acteurs). Le «vice» représente la manipulation

---

13. J. PITT-RIVERS, 1997.
14. P. BOURDIEU, 1997.
15. P. BOURDIEU, J.-C. PASSERON, 1970.
16. Je choisis le terme de «guerrier» pour sa capacité à signifier le mode de hiérarchisation le plus efficace au sein du champ étudié. «La guerre est donc un acte de la force par lequel nous cherchons à contraindre l'adversaire à se soumettre à notre volonté» (C. VON CLAUSEWITZ, 1989). Tout ce qui s'y passe doit avoir la lutte pour première origine. «Pour réduire l'adversaire à l'obéissance, il nous le faut placer dans une position telle qu'il y trouve plus de désavantages que n'en comporterait sa soumission au sacrifice que nous voulons lui imposer.» L'aptitude au combat, à la fois physique et mentale, ainsi que les alliances qui assurent la force du nombre sont comme dans toutes les «situations de guerre» des facteurs déterminants qui assurent ou pas la victoire (C. VON CLAUSEWITZ, *ibid.*).

d'autrui et fait la différence entre ceux qui « connaissent la rue » et les « bouffons » (expressions des acteurs). Ces derniers se font posséder sans s'en rendre compte. Même s'ils sont athlétiques, même s'ils sont bagarreurs, le « vice » permet de les utiliser sans qu'ils s'en aperçoivent, de les « niquer » : un terme qui désigne autant la jubilation engendrée par l'escroquerie que le caractère actif et masculin de l'escroc. « Avoir du vice », c'est être un expert des ruses efficientes dans le milieu appréhendé, notamment dans les relations du « business ».

Enfin, le « capital guerrier » renvoie surtout aux alliances tissées dans le groupe : la force du nombre est le premier mode de capitalisation du « capital guerrier ». Dans ce contexte, avoir des grands frères est un avantage compétitif majeur : porter un nom célèbre (« c'est le petit frère de… ») représente une protection.

Loin d'être réduits à des actes anomiques, les comportements violents étudiés s'inscrivent sur une scène sociale, dans un champ de positions hiérarchisées sur la base même de ces comportements. Ils prennent un caractère rationnel, relationnel, et créent du lien social. La violence physique engendre, au fil du temps, la formation de réseaux de défense et d'attaque, elle crée des solidarités.

Le « capital guerrier » témoigne d'une certaine conflictualité. D'un côté, il s'agit de manifester de la défiance, de l'autre il convient de tisser des alliances, d'attribuer des traitements de faveur. Le juste dosage est déterminant.

Le comportement des plus importants leaders (délinquants notoires) illustre cette complexité. D'un côté ils imposent brutalement leur autorité, de l'autre ils savent se rendre populaires : offrant du cannabis, prêtant un engin de locomotion, finançant une fête, vendant à crédit des marchandises… Il s'agit de réduire le coût du pouvoir[17] en minimisant les rivalités. Si l'ascension sociale nécessite l'installation d'une réputation « guerrière », une fois au « sommet », le leader doit faire preuve de plus de modération. La violence physique n'a plus be-

---

Si j'utilise le terme « guerrier » pour qualifier le mode de hiérarchisation caractéristique du champ étudié, c'est pour exprimer un principe de fonctionnement, un principe qui atteint le summum de son efficacité dans ce que nous appelons communément une « situation de guerre ». Cela n'est évidemment pas le cas dans les groupes étudiés, ce qui n'empêche pas ce principe de fonctionnement d'y être le principe le plus efficient. C. VON CLAUSEWITZ a d'ailleurs montré la pluralité des formes que prend la guerre : en fonction de son intensité (férocité et fréquence des combats…), de son but (anéantir l'ennemi ou le déstabiliser suffisamment pour l'obliger à se soumettre…), de son échelle (deux hommes ou deux pays…).
17. M. FOUCAULT, op. cit.

soin d'être employée systématiquement, car, une fois la réputation établie, la simple menace (gestuelle, verbale, du regard) suffit. Discrète, elle permet d'intimider sans faire « perdre totalement la face[18] » aux subalternes. De ce fait, elle offre le moyen d'une gestion sociale quotidienne. Parallèlement, le groupe exerce un contrôle normatif à la hauteur de ses moyens : vendant son soutien au plus raisonné dès qu'une situation s'y prête. Il y a là un caractère véritablement politique, où la question centrale est la gestion collective des rapports de domination[19].

Générosité, capacités dans divers jeux (football...), pratique de l'islam, etc., créent parallèlement un « capital sympathie » (particulièrement utilisé par les « positions périphériques »), qui reste secondaire à moins de se transformer en un capital social lui-même convertible en « capital guerrier ». C'est là un point déterminant : si ce « capital » facilite l'intégration sociale, il est néanmoins relativement inefficace dès qu'il faut exiger, exclure ou imposer de manière régulière, dès que la compétition sociale s'affirme, dès que les ressources matérielles et symboliques viennent à manquer et entraînent une sélection entre ceux qui pourront en bénéficier et les autres.

Ceux qui sortent vainqueurs de ces affrontements se voient attribuer différents privilèges. Le « capital guerrier », par la crainte qu'il inspire, permet de s'imposer et donc d'« exister ». Il étouffe par exemple les mauvaises blagues sur les sujets sensibles (complexe physique, débauche de la mère ou d'une sœur, alcoolisme du père, pauvreté matérielle flagrante...). Les jeunes qui possèdent ce « capital » sont « respectés » (respect de l'intégrité physique, du confort, des biens et de la bonne réputation...) et en font bénéficier leurs proches : des jeunes aident leur père à porter des courses, leurs frères et sœurs ne sont ni frappés ni volés, le hall d'immeuble et les voitures de leur famille bénéficient d'une attention particulière...

Utile pour une stratégie défensive, le « capital guerrier » devient indispensable pour une stratégie offensive, incontournable pour qui veut faire carrière au sein de l'économie illicite, notamment dans l'économie du cannabis. Dans un milieu où l'interconnaissance est poussée et où les ressources financières manquent, l'activité commerciale se tra-

---

18. E. GOFFMAN, *op. cit.* 1974.
19. Comme l'explique É. DURKHEIM (1978), le groupe exerce (aussi) sur ses membres une influence modératrice qui tempère l'action brutale de la lutte pour la vie et de la sélection. Partout où il y a des sociétés, il y a de l'altruisme, parce qu'il y a de la solidarité. Malgré la dureté du fonctionnement social étudié ici, ce dernier n'échappe pas à cette règle.

duit par une utilisation constante du crédit, du paiement différé : sans « capital guerrier », les crédits accordés ne sont pas remboursés, ou à moitié et/ou trop tardivement, et/ou pas en argent (après des mois de demandes répétées, un jeune a par exemple été remboursé avec de vieilles paires de baskets). À l'inverse, le dealer à fort « capital guerrier » n'a pas besoin de s'épuiser pour être remboursé intégralement et rapidement. Ses débiteurs le remboursent en priorité car ils savent que leurs autres créanciers patienteront plus facilement. Souvent surendettés, et après d'intenses réflexions visant à sécuriser au maximum leur situation, les débiteurs en question doivent faire des choix et hiérarchiser leurs dettes.

Les dealers à fort « capital guerrier » bénéficient donc d'un avantage compétitif déterminant. Leur compétitivité initiale leur ouvre la voie d'un statut de grossiste. Certains jeunes à fort « capital guerrier » se mettent ainsi à dealer très tardivement, vers 20-25 ans, sans avoir jamais consommé auparavant et après de longues hésitations, et se positionnent ensuite très rapidement comme des grossistes.

Le « capital guerrier » permet également l'appropriation quotidienne (ou du moins l'usage abusif) des biens et des services à usage collectif potentiellement disponibles au sein du groupe (appropriation d'une bouteille bien fraîche de Coca lors d'un match de football sous un soleil de plomb, usage abusif d'une moto volée ayant de nombreux autres « propriétaires »…). « Potentiellement », car ces biens et services sont souvent soumis à des négociations dans lesquelles l'impact du « capital guerrier » est déterminant.

L'acquisition de « capital guerrier » renvoie à de véritables enjeux, ce n'est pas « juste pour la frime ». Lors d'une enquête dans une autre cité HLM, Abdelkrim (de Marseille, 21 ans) m'explique :

> « Quand j'avais 15 ou 16 ans, comment j'étais méchant ! C'était l'époque où je me battais avec mon père… et dans la rue… où j'ai dormi dans une cave, où j'ai été éjecté de l'école… Dans la rue, je me battais pour n'importe quoi… pour avoir le respect. Parce que si j'avais pas été une teigne, j'aurais mangé une dépression. […] Si t'es rien dans la société et rien dans la rue, tu coules rapide. Personne tient le coup. »

Abdelkrim, qui a connu des difficultés sociales particulièrement importantes, résume ici ma problématique, avec d'une part la nécessité capitale du champ « jeunes de la cité » lorsque l'acteur n'a pas réellement d'autre champ de socialisation auquel se raccrocher, et, d'autre part, la rudesse avec laquelle il arrive à « se faire une place » dans ce petit monde qu'il nomme « la rue », « les jeunes de la cité », « du quartier ».

L'arrivée des « grands frères »

Le service jeunesse de la ville est entièrement constitué par de jeunes hommes dont le manque de formation est inversement proportionnel à leur connaissance précise des « jeunes de la cité » ; mais, avant le milieu des années quatre-vingt-dix, les animateurs municipaux n'étaient pas « du cru » : ils éprouvaient les pires difficultés avec « les jeunes de la cité », même avec une origine ethnique identique. Des actes de vandalisme endommageaient le matériel et les locaux, des humiliations et des menaces engendraient une importante rotation des effectifs. Pour les « jeunes de la cité », les animateurs concernés n'étaient là que pour les faire tenir tranquilles et représentaient un leurre (« un os à ronger ») que la mairie espérait efficace. Les « opérations anti-été chaud » étaient considérées comme la preuve éclatante de la dynamique en place : elles n'existaient que parce qu'il y avait eu des « étés chauds ». Les jeunes concernés pensaient que « la » société ne s'intéressait à eux « que » s'ils devenaient une menace. Dans le cas contraire, ils pouvaient végéter, déprimer, se détruire, sans que cela ne pose problème. En conséquence, il fallait se faire voir et harceler « la » société, oppresser l'oppresseur pour que celui-ci réalise, et réduise, l'oppression qu'il effectuait. Le climat était tendu : aucune circonstance atténuante n'était tolérée. La violence des émotions se mêlait à une instrumentalisation de la violence : « foutre le feu » était l'argument principal pour faire pression dans une négociation, pour obtenir un local ou des départs en vacances. La municipalité communiste déployait une large politique sociale, mais était aussi méfiante envers les « jeunes de la cité[20] » : il y avait un fossé entre les « vieux ouvriers français et communistes » et les jeunes concernés caractérisés par leur absence de politisation (« traditionnelle »), leur exclusion du marché de l'emploi et leur origine immigrée[21]. Pour les jeunes, les élus étaient « dans le système », le fait qu'ils soient communistes n'y changeait rien. Ils n'en faisaient jamais assez et trompaient les plus pauvres en prétendant parler en leur nom. J'essayais bien de leur faire comprendre que la politique municipale ne pouvait à elle seule changer leur vie, je tentais de leur faire réaliser qu'il pouvait y avoir de plus mauvais pouvoirs de proximité (ce dont certains conviendront lorsque la mairie passera à droite), mais, face à l'hostilité que provoquait mon point de vue, j'ai vite appris à me taire. Depuis toujours, les communistes déte-

---

20. Voir à ce sujet le travail d'O. MASCLET, 2003.
21. S. BEAUD, M. PIALOUX, 2003.

naient le pouvoir politique le plus proche, le plus accessible à leur colère, le pouvoir sur lequel ils constataient qu'ils avaient prise.

Le « problème de l'insécurité » est devenu parallèlement un enjeu électoral majeur[22], sur le plan local comme à l'échelle nationale, les médias ont joué un rôle de plus en plus important dans la construction de ce sentiment[23].

La politique municipale a donc évolué. Le recrutement de « grands frères », le « besoin de proximité[24] » sont apparus nécessaires au maintien d'une forme de contrôle social. Un peu de pouvoir fut transféré à l'organisation locale que constituaient les « jeunes de la cité ». La question était : quel « jeune de la cité » au chômage fera l'affaire ?

Grégory (25 ans) fut candidat au poste de « grand frère ». Il avait des appuis dans le milieu associatif : il avait été un capitaine charismatique du club local de football. Ce « CV » donnait certaines garanties à la mairie : Grégory était « un gentil », qui avait l'autorité et le dynamisme indispensables.

Une fois embauché en contrat à durée déterminée (CDD), Grégory facilite le recrutement (en CDD) de Farouk (alias Grand Farouk, 26 ans, un des deux principaux grossistes de cannabis du groupe « jeunes de la cité »). À eux deux, ils animent le centre social du quartier, organisant des tournois de foot, des sorties à la piscine ou au Parc des Princes, des séjours à la mer ou à la montagne.

La présence de Grand Farouk change radicalement le rapport des « jeunes de la cité » au centre social : il suffit qu'il élève le ton pour que le moindre débordement s'arrête net.

J'ai commencé à sérieusement m'interroger en regardant le parcours des deux principaux grossistes de cannabis du groupe « jeunes de la cité », c'est-à-dire les deux plus gros « capitaux guerriers » de ce groupe. Ils ont un pouvoir croissant, qui dépasse dorénavant les strictes limites du groupe « jeunes de la cité ». Quel peut être le regard d'un adolescent observant Grand Farouk être à tour de rôle un « leader-dealer » et un animateur ? Cette situation renforce la présentation de Grand Farouk comme un modèle de réussite.

---

22. Dans ce contexte tendu, des manipulations politiques se sont produites dans une ville socialiste située à quelques kilomètres du terrain étudié. Une émeute a saccagé les infrastructures municipales. Un enregistrement téléphonique a révélé la collusion entre le cabinet du maire d'une ville voisine (RPR) et un des leaders du groupe d'émeutiers. L'affaire a été saisie par la presse.
23. P. CHAMPAGNE, 1991, p. 64-75 ; L. MUCCHIELLI, *op. cit.* 2002.
24. À propos de la RATP, voir E. MACÉ, 1999, p. 77-89.

Grand Farouk a un avantage sur Grégory: il est moins mesquin dans son travail d'animateur, qui représente avant tout une «couverture», et est attentif à ne pas entacher cette respectabilité. La gestion des plus jeunes est pour lui très aisée grâce à la crainte qu'il inspire. Grégory, lui, subit régulièrement des provocations et sent bien que ses capacités d'intimidation vont atteindre rapidement leurs limites face à l'ascension des nouvelles «générations». Les plus jeunes sont «pires que nous à notre époque» dit-il, exprimant par là son sentiment croissant d'insécurité. S'il perd son autorité, il risque de perdre sa place: soit parce qu'il sera jugé laxiste, soit parce qu'il deviendra physiquement agressif.

De plus, il ne peut s'empêcher de tirer abusivement profit de ce petit pouvoir; en vue d'une excursion ou d'un séjour, il s'arrange pour écarter les plus turbulents et se faire ensuite soudoyer par eux, s'en vantant afin de faire étalage de son «vice»:

> «Y'a l'Apache [Abdelramane, 8 ans] qui veut partir avec le voyage organisé pour la mer. Il a jamais vu la mer, mais on peut pas l'amener: il va foutre l'bordel [le reste du groupe approuve par de larges acquiescements de la tête et des petits sourires]. Alors j'lui ai dit que tout ce qu'il tape [vole], il me donne la moitié s'il veut pas remonter direct à Paris! [rires du reste du groupe.]»

Tous ces petits trafics, tous ces rapports de force, constituent le quotidien des «jeunes de la cité» et Grégory n'a ni honte ni peur en tenant ce genre de propos, à partir du moment où il n'y a pas d'observateur extérieur, une catégorie dans lequel il ne me classe pas. Il ne souhaite pas être un animateur comme ceux dont il se moquait[25]. Sa nouvelle position[26] ne l'empêchera pas de «se faire respecter» comme un «jeune de la cité» au milieu d'autres «jeunes de la cité»: «bloqué» provisoirement sur le terrain (il cherche un emploi de bureau), son rôle de «jeune de la cité» lui «colle à la peau», lui est utile.

Il faut se poser la question de la manière dont un enfant ou un adolescent est amené à concevoir les rapports sociaux lorsqu'il doit «magouiller» même avec ceux qui sont payés pour lui apporter une «bouffée d'oxygène». Une enfance des années quatre-vingt-dix – deux mille

---

25. Il avait écrit des raps qui les ridiculisaient et n'hésitait pas à les intimider physiquement. Grand Farouk et lui avaient d'ailleurs incendié par deux fois le centre social de l'époque.
26. Une nouvelle position renforcée par le fait qu'il est devenu père et loue dorénavant son propre appartement.

est confrontée à un processus de ghettoïsation plus avancé qu'une enfance des années quatre-vingt – quatre-vingt-dix : elle n'a pas le même genre d'animateurs. Et le premier voyage à la mer d'Abdelramane risque d'avoir une portée pédagogique limitée, s'il ne le confirme pas dans l'apologie du « vice ».

Enfin, si Grégory est un animateur, il n'est pas extérieur au système hiérarchique du groupe étudié : pour beaucoup de ses pairs, il reste le sous-fifre (« *C'est pas parce que t'es animateur que tu vas pas faire ce que je te dis !* »), et certains se sont vite approprié les ressources du centre social qui dépendent de lui. Comment refuser à Aziz (27 ans, l'autre grossiste de cannabis du groupe étudié) quelques places pour un match au Parc des Princes ? Celui-ci rafle fréquemment les dernières places et les distribue à ses amis (qui en revendent parfois une partie devant le Parc des Princes).

Ces scènes montrent comment l'aide sociale municipale, détournée de son public le plus légitime et/ou d'une partie de son action préventive, se retrouve inféodée à la logique du « capital guerrier », contrôlée sur le terrain par les plus gros « capitaux guerriers » des « jeunes de la cité », renforçant les logiques microsociétaires à l'œuvre, c'est-à-dire les logiques de différenciation et d'interdépendance économique internes au groupe. Un effet pervers redoutable est l'enfermement de la conflictualité précitée entre la municipalité et les « jeunes de la cité » dans l'unique groupe « jeunes de la cité ».

Le directeur du cabinet du maire (avant les élections municipales de 2001), M. O., explique le maintien de cette politique de recrutement alors que nous discutons dans son bureau des Assises de la jeunesse et qu'il a constaté l'opposition vindicative des « grands frères » à cette manifestation qu'ils jugent illusoire :

> « Ce ne sont peut-être pas des pédagogues traditionnels, mais ils sont efficaces sur le terrain. Ils savent s'y prendre et ils sont au courant de ce qui se passe. Il y a une semaine, quand les jeunes de X [une cité HLM de la ville] ont fait une descente à Y [la cité HLM étudiée], on a su quel était le degré de gravité de la situation et quels allaient être les lieux où des événements pouvaient encore se produire. Il ne faut pas les isoler mais travailler avec eux, il n'y a pas d'autres solutions, sinon la situation se dégrade. Il y a bien des éducateurs de la prévention spécialisée. Ils sont expérimentés, diplômés, mais ils dépendent du conseil général, pas de nous, premier problème. Deuxième problème : ils ne sont pas constamment sur les quartiers. Quand ils ferment leur local [le local concerné est en dehors des zones d'habitat social] en fin d'après-midi, c'est fini, il n'y a plus personne. Avec l'équipe municipale mise en place,

on a un rapport plus étroit, plus proche, sur chaque cité, on fait de la proximité. Les horaires de bureau ne sont pas toujours les mêmes. Nos gars sont toujours placés au cœur. Je peux les appeler à onze heures du soir au moindre événement. »

Kader (21 ans) a néanmoins été licencié pour s'être laissé aller devant l'élu à la jeunesse à des brutalités, sur la cité étudiée. Il s'est montré incapable de la duplicité nécessaire à son double statut : « jeune de la cité » d'un côté, animateur municipal de l'autre, ces deux statuts devant parfois être assumés simultanément, c'est-à-dire sous le double contrôle des « jeunes de la cité » et de l'employeur.

Lorsque la ville a basculé à droite en 2001, la nouvelle municipalité n'a pas changé de politique en ce qui concerne les « grands frères » : la différence s'est effectuée sur la répartition des budgets accordés aux associations, avec un redéploiement des subventions au profit des classes moyennes, des zones pavillonnaires, de « ceux qui votent et paient des impôts[27] ». Une police municipale a été mise en place.

Le *lobbying* associatif

Quelques « jeunes de la cité » créent des associations et utilisent la menace que peuvent constituer les copains de « leur » cité afin d'obtenir des subventions. Lors des Assises de la jeunesse, Mustapha (26 ans), qui a participé la veille à la réunion de l'association censée regrouper toutes les associations qui visent le « public jeune » de la ville (avec environ 100 000 euros de budget annuel), menace M. O :

> « J'voulais vous dire une chose : une seule chose très claire ! Si vous voulez pas de l'association avec des vrais moyens, j'peux vous assurer qu'bientôt, quand y'aura des problèmes, vous regretterez ! Parce que si vous lâchez pas l'argent aujourd'hui vous le lâcherez plus tard avec encore plus de problèmes ! Alors réfléchissez bien parce que ça, ça peut facilement vous foutre en l'air la mairie. Moi, les jeunes, j'les connais.

---

27. M. Jean (ouvrier qualifié, père de famille, 52 ans, sympathisant « de gauche », habitant d'une zone pavillonnaire, président d'une association de quartier) se plaignait ainsi peu avant les élections municipales de 2001 : « La mairie fait trop de choses pour les jeunes des cités. Ils ont tout : piscine et bibliothèque gratuites, des sorties pour trois fois rien… Ils ne votent pas, ils ne paient pas d'impôts, ils volent, ils brûlent et on leur donne des droits et des avantages. Nous, on paie des impôts, on vote, on monte des associations et on n'a pas de budget. Il faut aller dans une ville de droite pour ça ? Alors quoi ? Il n'y a rien pour nos enfants sur le quartier parce qu'ils ne brûlent pas de voitures ? C'est ça, la logique ? Non, non, faut arrêter les conneries : les gens en ont marre de voir ça. »

J'ai grandi ici. Tous les types de mon quartier j'les connais bien et même ceux des autres quartiers. J'marche dans toutes les cités la tête haute ! J'veux rouler avec vous, faire des trucs bien et vous vous faites la langue de bois : attention ! Vous nous baiserez pas comme ça, alors attention ! Réfléchissez bien ! Moi j'vous l'dit ! »

M. O. écoute attentivement en faisant des petits signes d'acquiescement de la tête : il cherche à sortir d'une logique de tension qu'il a redoutée lors de toute la préparation de l'événement. Le contrôle du calme de la cité (ou d'une manifestation comme les Assises de la jeunesse) devient facilement un moyen de pression[28].

En revanche, Mohamed (24 ans), Sébastien (23 ans) et Dimitri (22 ans), tous en « position périphérique », ont créé une association qui se veut la plus consensuelle possible : envers la municipalité et le leadership des « jeunes de la cité ». Repérés comme des « gentils », des « présentables », ils ont été soutenus par la municipalité ; Dimitri a été promu président de « l'association mère » et a ainsi donné des interviews dans le journal municipal. Le pouvoir acquis par Dimitri le place néanmoins au cœur des rivalités internes au groupe « jeunes de la cité » ; or ni lui ni ses amis ne peuvent rivaliser avec les gros « capitaux guerriers » de ce groupe, dont Mustapha fait partie :

« J'ai abandonné. Mustapha me prenait trop la tête et puis y'avait toujours des problèmes avec l'association. À cause des autres, ils respectent pas le matériel et ils foutent le bordel ! J'ai abandonné [soufflant avec lassitude]. C'était trop la pression. La mairie, ils étaient contents de m'avoir. J'étais dans la ligne de mire, j'te jure [rire crispé]. »

Non seulement Dimitri devait faire face à la jalousie de Mustapha, mais il devait réaliser une forme de gestion sociale, en imposant une réglementation, en surveillant l'utilisation du matériel, etc. ; or son petit « capital guerrier » ne lui permettait pas d'être crédible dans ce rôle et il y avait des abus, des dégradations...

Cette association a duré seulement onze mois, la présidence de Dimitri uniquement trois. Dans tous les cas, le « jeune de la cité » à la tête d'un projet associatif doit faire de ses relations avec Grand Farouk et Aziz (les principaux leaders) une des priorités absolues de son association : contre quelques privilèges, comme faire bénéficier en priorité

---

28. On retrouve la même dynamique sur la cité du Luth de Gennevilliers, où O. MASCLET (2003) observe que le saccage du café-musique est le seul argument de poids que les « porte-parole formels ou informels de la cité » peuvent opposer aux « agents légitimes de la réhabilitation » du quartier.

leurs proches lors de l'élaboration d'un séjour organisé, ils apportent leur soutien, et, dès qu'ils élevent le ton, « le respect » (un terme omniprésent) est immédiat. En tant qu'animateur du quartier, Grand Farouk a, en plus, une influence sur la répartition budgétaire qu'effectue la municipalité en direction des associations « jeunes » de la cité.

Cette situation rend le personnage de Grand Farouk (ou d'Aziz) incontournable et le dissocie du simple voyou aux yeux des jeunes concernés. Les conflits internes au groupe « jeunes de la cité » imposent l'acquisition de « capital guerrier » (soit directement, soit par alliances) en vue de l'obtention de n'importe quelle position de pouvoir : sinon, le climat de tensions épuise rapidement les bonnes volontés (et les moins bonnes).

Conclusion

Dans un premier temps (« le temps long de la crise[29] »), l'hypertrophie sociale de l'espace résidentiel produit un processus d'enfermement sur la zone d'habitation : évitement du foyer familial, déscolarisation, chômage, faible pouvoir d'achat freinant toute mobilité, etc., autant de facteurs qui expliquent cette dynamique. Dans un deuxième temps, les « positions centrales » (environ un dixième de la population de moins de 30 ans et de sexe masculin) s'organisent en conséquence[30] et produisent un groupe cherchant à s'approprier le lieu où il vit[31] pour compenser sa dépossession sociale[32], un groupe qui développe une structure socio-économique et une identité dont le support est l'espace de vie représenté par la cité. L'association qui en résulte est sans équivalent numérique : d'où l'impression que « la cité, c'est les jeunes ! » et

---

29. S. BEAUD, M. PIALOUX, *op. cit.*
30. À condition de constater de la stabilité résidentielle ; dans le cas contraire, le lien social devrait logiquement être constamment remis en cause par le renouvellement incessant de la population.
31. Les principales résistances à l'appropriation précitée du territoire sont évidemment représentées par la police, qui agit par la contrainte physique, mais elles renvoient aussi à la « brigade des mœurs » que représentent certains groupes de militants religieux, agissant par la contrainte morale. Les résidents de la cité ont, eux, une capacité minime à lutter contre cette appropriation des lieux : ils sont souvent isolés les uns des autres, et/ou consacrent peu de temps à la vie sociale de leur quartier, rejetant cet espace stigmatisé, estimant qu'ils n'ont rien à y faire, redoutant le groupe « jeunes de la cité », et/ou étant simplement trop occupés par ailleurs.
32. S. BEAUD, M. PIALOUX, *op. cit.*

aussi qu'«ils se connaissent tous», qu'ils sont «les jeunes de la cité». Elle crée également une «sous-culture» dite «des cités».

Ce groupe reflète les critères que les pères fondateurs de la sociologie utilisent pour définir une communauté: une association par similitude et proximité, fondée sur des principes coopératifs et des états complexes d'affectivité, d'union et d'habitudes. Cette communauté est utile pour se protéger du stigmate[33] que représente la conjugaison de la pauvreté, de la jeunesse, de la présence dans la rue et de l'origine immigrée. Le groupe «jeunes de la cité» organise une réponse collective, retournant le stigmate en emblème[34]. L'espace public devient un espace de rencontres qui permet aux jeunes concernés de symboliser collectivement leurs difficultés personnelles, de hisser un contre-pouvoir où sont discutées, acceptées ou rejetées les injonctions extérieures[35]. Autrement dit, cette organisation locale est salutaire face à l'anomie provoquée par l'oppression structurelle.

Elle est néanmoins incapable de compenser réellement les effets destructeurs de l'oppression précitée. Elle est «juvénile», enclavée sur son quartier, et son organisation socio-économique est rudimentaire ainsi que fragilisée par l'illégalité dans laquelle elle est amenée à se développer. Les temps sociaux où s'exprime une solidarité «communautaire» (lutte collective contre le stigmate, ambiance festive et fraternelle, entraides entre *alter ego*...) cohabitent avec des logiques microsociétaires[36] brutalement capitalistes (division du travail engendrée par l'économie du cannabis, logiques de distinction, logiques utilitaristes propres à une économie de «débrouille», voire de «survie») et se conjuguent à une anthropologie de l'honneur où la force a toujours fait le droit[37], où le capital physique est déterminant[38]. Sur fond de faiblesse du monopole étatique de la violence physique, la cohésion du groupe «jeunes de la cité» est déstabilisée par de violents conflits, même si ces derniers créent aussi du lien: des alliances, du capital social, d'ordre «guerrier».

M.-O. PADIS[39] écrit: «Les actes commis avec violence s'accroissent et ils concernent des protagonistes qui se connaissent et sont proches

---

33. E. GOFFMAN, *op. cit.* 1975.
34. P. BOURDIEU, 1980, p. 63-72.
35. J. HABERMAS, 1978.
36. Voir par exemple à ce sujet J. BORDET, 1999.
37. J. PITT-RIVERS, *op. cit.*
38. G. MAUGER, C. FOSSÉ-POLIAK, *op. cit.*
39. M.-O. PADIS, 2000, p. 153-172.

par l'âge et la classe sociale. À une délinquance de prospérité succède une délinquance de pénurie qui juxtapose à la prédation des biens une atteinte physique aux personnes [...]. Les violences augmentent entre interconnaissances, ce qui signifie que les jeunes sont les premières victimes de la violence des jeunes [...]. Elles fonctionnent en réseau de familiarité. Cela signifie qu'il faut s'interroger sur un type de relation [...]. »

La recherche de « capital guerrier » est favorisée par l'hypertrophie sociale de l'espace résidentiel : il s'agit de tirer le maximum de ressources de cet espace central de socialisation. Elle permet d'« être respecté », de faire « respecter » ses proches, d'accéder aux diverses ressources matérielles dont dispose le groupe, et, de cette façon, d'accéder à la société de consommation, voire de se construire un statut d'entrepreneur (*via* la délinquance) en phase avec l'idéologie dominante.

Ceux qui ont réussi depuis leur enfance à prendre la tête du groupe des jeunes de leur âge sont devenus à leur maturité bien plus que les simples leaders d'un groupe de jeunes adultes, d'adolescents et d'enfants ; ils se sont (un peu) transformés en « garants des lieux » et en tirent des bénéfices substantiels : grâce à son influence, Grand Farouk est devenu animateur[40].

Il est impossible de le réduire à un simple « voyou », puisque, d'une certaine façon, il est un « notable » façonné par le processus de ghettoïsation[41] des vingt dernières années, et non dénué de générosité, malgré sa brutalité conquérante. C'est parce que le groupe « jeunes de la cité » devient un enjeu politique (en lien avec la thématique de l'insécurité) et parce que Grand Farouk influe de manière déterminante sur ce groupe (stoppant quelques adolescents qui s'apprêtent à incendier des voitures...) qu'il a conquis ce poids « politique » à l'échelle de la cité et au plan municipal.

---

40. J'ai étudié une cité HLM marseillaise où la « politique des grands frères » a promu des « jeunes du quartier » qui étaient en rupture partielle avec le leadership délinquant de ce groupe, pointant (discrètement) sa responsabilité dans l'engrenage que connaissait tel ou tel adolescent. La « politique des grands frères » a ici favorisé l'émergence d'un petit contre-pouvoir.
41. Voir le rapport du Conseil d'analyse économique rendu public le 5 novembre 2003, dans lequel les auteurs soulignent le processus de ghettoïsation qui frappe les quartiers pauvres à travers vingt-cinq ans de chômage de masse et de ségrégation urbaine. Ainsi, « le revenu moyen des foyers fiscaux » a baissé de 15 % en douze ans dans certaines communes telles que Grigny et La Courneuve. Cf. J.-P. FITOUSSI, É. LAURENT, J. MAURICE, 2004.

BIBLIOGRAPHIE

BEAUD S., PIALOUX M. (2003), *Violences urbaines, violence sociale. Genèse des nouvelles classes dangereuses*, Paris, Fayard.
BORDET J. (1999), *Les Jeunes de la cité*, Paris, Puf, coll. «Le sociologue».
BOURDIEU P. (1980), «L'identité et la représentation. Éléments pour une réflexion critique sur l'idée de religion», *Actes de la recherche en sciences sociales*, n° 35, p. 63-72.
BOURDIEU P. (1997), *Méditations pascaliennes*, Paris, Le Seuil.
BOURDIEU P., PASSERON J.-C. (1970), *La Reproduction. Éléments pour une théorie du système d'enseignement*, Paris, Minuit.
CASTEL R. (2003), *L'Insécurité sociale. Qu'est-ce qu'être protégé?*, Paris, Le Seuil.
CHAMPAGNE P. (1991), «La construction médiatique des "malaises sociaux"», *Actes de la recherche en sciences sociales*, n° 90, p. 64-75.
DURET P. (1996), *Anthropologie de la fraternité dans les cités*, Paris, Puf.
DURKHEIM É. (1978), *De la division du travail social*, Paris, Puf.
FITOUSSI J.-P., LAURENT É., MAURICE J. (2004), *Ségrégation urbaine et intégration sociale*, Paris, La Documentation française, coll. «Les rapports du Conseil d'analyse économique».
FOUCAULT M. (1975), *Surveiller et Punir*, Paris, Gallimard.
GOFFMAN E. (1974), *Les Rites d'interaction*, Paris, Minuit, coll. «Le sens commun».
GOFFMAN E. (1975), *Stigmate. Les usages sociaux des handicaps*, Paris, Minuit.
HABERMAS J. (1978), *L'Espace public. Archéologie de la publicité comme dimension constitutive de la société bourgeoise*, Paris, Payot.
MACÉ É. (1999), «Face à l'insécurité, la médiation. Les grands frères de la RATP», *in* M. Wieviorka (éd.), *Violence en France*, Paris, Le Seuil, p. 77-89.
MASCLET O. (2003), *La Gauche et les Cités. Enquête sur un rendez-vous manqué*, Paris, La Dispute, SNEDIT.
MAUGER G., FOSSÉ-POLIAK C. (1983), «Les Loubards», *Actes de la recherche en sciences sociales*, n° 50.
MUCCHIELLI L. (2001), *Violences et Insécurité. Fantasmes et réalités dans le débat français*, Paris, La Découverte, coll. «Sur le vif».
MUCCHIELLI L. (2002), «Les homicides», *in* L. Mucchielli, P. Robert, *Crime et Sécurité. L'état des savoirs*, Paris, La Découverte.

MUCHEMBLED R. (1989), *La Violence au village. Sociabilité et comportements populaires en Artois du XVe au XVIIe siècle*, Bruxelles, Brepols.

PADIS M.-O. (2000), « De l'art du conflit à l'art de l'esquive », *Esprit*, n° 268.

PITT-RIVERS J. (1997), *Anthropologie de l'honneur*, Paris, Hachette, coll. « Pluriel ».

VON CLAUSEWITZ C. (1989), *De la guerre*, Paris, Gérard Lebovici.

QUATRIÈME PARTIE

« FAIRE AVEC » LES DISPOSITIFS

FAIRE DU « SALE BOULOT » UNE RESSOURCE
Une équipe de jeunes opérateurs sociaux aux prises avec ses environnements locaux

Fabienne Barthélémy[*]

Le programme « Nouveaux services – emplois-jeunes » a fait naître des formes de travail nouvelles, au carrefour de deux logiques : une logique d'aide à l'emploi destinée à favoriser l'insertion professionnelle et sociale d'un public jeune et une logique d'incitation à la création de nouvelles activités sociales. L'idée n'était pas de créer un nouveau métier ni de concurrencer les professions existantes, mais d'impulser une dynamique de remise à l'emploi à travers des activités destinées à répondre à des « besoins sociaux non satisfaits[1] ». Pour les employeurs locaux (municipalités, associations), il s'agit d'une opportunité pour développer à moindre coût[2] de nouveaux services. Dans cette perspective d'aide à l'emploi, les jeunes sont recrutés non pas sur des prérequis relatifs à la qualification, mais sur des critères qui renvoient à des compétences « incorporées », c'est-à-dire des savoir-faire empiriques issus de leur expérience, de leur parcours de vie (connaissance de la ville, capacité d'écoute, de dialogue) qui font corps avec leur personnalité. Il s'agit de « savoirs en acte, en situation, et donc liés à des contextes spécifiques », par opposition à une qualification « technique » qui exige des

---

[*] *Fabienne Barthélémy est attachée temporaire d'enseignement et de recherche (Ater) en sociologie à l'université de Paris XII – Créteil-Val-de-Marne. Elle est doctorante au Centre de sociologie des organisations (CNRS-IEP),*
1. Circulaire DGEFP 97/25 du 24 octobre 1997 relative au développement d'activités pour l'emploi des jeunes.
2. Rappelons ici que l'État prend en charge 80 % du salaire d'un emploi-jeune.

« connaissances formalisées, le respect méthodique de procédures » et la mise en œuvre de savoirs abstraits[3]. L'accent est mis sur la compétence individuelle plus que sur la garantie offerte par la qualification ou la certification. La qualité des intervenants est supposée comme relevant de la proximité qu'ils peuvent déployer avec le public. Le postulat est le suivant : en tant que jeunes issus du quartier et donc du « milieu », ces nouveaux intermédiaires doivent pouvoir réguler des rapports sociaux devenus conflictuels, particulièrement avec leurs *alter ego*.

Ces opérateurs n'ont pas le profil classique de l'intervenant social. Leur entrée dans la vie professionnelle, liée à l'obtention d'un emploi aidé, ne tient pas à l'acquisition du titre de travailleur social délivré par l'une des écoles spécifiques aux professions sociales. Or ce titre a valeur de garde-fou dans cette communauté professionnelle : il autorise le partage du secret professionnel entre pairs, garantit la qualité de la prestation et protège contre les éventuelles velléités d'un non-professionnel. De surcroît, la précarité du statut de ces jeunes, liée à une faible rémunération et à la fin annoncée du dispositif emplois-jeunes, les distingue nettement des métiers classiques du travail social. Ces nouveaux intervenants heurtent donc de plein fouet une sphère d'intervention fortement codifiée. On comprend que le projet de faire de savoirs profanes la base d'une nouvelle activité spécifique n'aille pas de soi. Se pose alors la question de la légitimité de ces intervenants. Comment assurer une légitimité à leurs actes et comment la faire valoir dans un contexte où il devient urgent de se stabiliser et de trouver une place durable sur le territoire ? La fin du dispositif emplois-jeunes et l'incertitude qu'elle fait naître plongent les opérateurs devant l'urgence de promouvoir le bien-fondé de leur existence et la valeur ajoutée de leur mode d'intervention. L'étude de ces formes de travail ne peut se passer d'une analyse précise des jeux de relation dans lesquels sont pris les nouveaux opérateurs. Car c'est au gré d'alliances et de luttes impliquant tout un champ d'acteurs que se façonnent et se recomposent ces nouvelles pratiques. Analyser ces formes de travail, c'est décrire l'histoire d'agencements malléables dont les frontières sont en négociation avec divers auditoires : membres du groupe, professionnels[4], usagers[5], décideurs (locaux

---

3. C. DUBAR, 1996, p. 179-193.
4. Le terme « professionnels » fait référence aux intervenants établis (assistants de service social, conseillers en économie sociale et familiale principalement), par opposition aux nouveaux opérateurs.
5. Dans la suite du texte, nous utiliserons les termes « usagers », « clients », « ayants droit » de manière équivalente.

et nationaux)[6]. Nous partons de l'idée selon laquelle, pour obtenir une forme de stabilisation, un nouvel opérateur doit non seulement mener un travail de construction d'une prestation et d'une compétence spécifique, mais également développer une activité d'argumentation auprès de ces divers interlocuteurs[7]. Son ancrage sur le territoire va dépendre de sa capacité à négocier un espace d'intervention et la reconnaissance d'une utilité sociale auprès de ces différents auditoires. Interroger ces expériences de travail, c'est réfléchir plus généralement aux modalités d'échange entre personnels qualifiés et non qualifiés et aux formes de négociation que doivent mener des opérateurs émergents avec leur environnement pour gagner une forme de stabilisation.

Cette contribution propose de réduire la focale sur les relations entre les nouveaux opérateurs et les professionnels du champ d'intervention (principalement assistants de service social et conseillers en économie sociale et familiale). Comment cohabitent-ils ? Quels types de liens entretiennent-ils ? Cette relation met en évidence des moments où la légitimité des actes des nouveaux opérateurs est contestée. Elle est donc particulièrement intéressante pour mettre en lumière les logiques de justification et de construction d'une légitimité professionnelle[8] et les ajustements locaux auxquels donnent lieu ces jeux de relation.

La contribution s'appuie sur une enquête empirique menée pendant six mois dans une zone urbaine de Basse-Normandie. Le réseau de prise en charge sociale y est organisé autour de deux services sociaux, l'un municipal (le centre communal d'action sociale, CCAS), l'autre départemental (le service social départemental, SSD), deux associations caritatives et un service municipal de « médiation et prévention sociale ». Composée de six intervenants en contrat emplois-jeunes[9] et d'un encadrant de proximité – éducateur spécialisé de formation –, cette équipe est placée sous la responsabilité du service jeunesse de la

---

6. Cette analyse globale fait l'objet du doctorat de troisième cycle de l'auteur. Voir http://www.cso.edu.
7. C. PARADEISE, 1985, p. 17-31.
8. C. PARADEISE, *ibid.*
9. Dans la suite du texte, nous les appellerons « médiateurs », mais cette appellation ne renvoie à aucune catégorie socioprofessionnelle officielle. La pertinence de la « médiation sociale » comme catégorie d'analyse sociologique par une partie de la littérature en France sur le sujet est d'ailleurs à questionner. Cette appellation ne permet pas de rendre compte des enjeux et questionnements décisifs qui sont à l'œuvre dans ces formes de travail. Elle tend à lisser l'ensemble des jeux d'acteurs et la diversité des logiques d'action qui caractérisent ces expériences et à ne pouvoir dépasser le constat d'une disparité stérile entre les configurations locales.

ville et du maire (de par son inscription dans le contrat local de sécurité[10]). Nous avons réalisé une quarantaine d'entretiens semi-directifs auprès des acteurs du réseau local (médiateurs, encadrant, «décideurs» [élus locaux], professionnels de l'environnement [assistants de service social, conseillers en économie sociale et familiale], autres personnels de structures locales [bailleurs sociaux, foyer d'accueil, associations]). Nous avons également accompagné les médiateurs dans leur quotidien. Ces observations ont été l'occasion d'assister à leurs interactions avec le public et certains professionnels et de mettre à l'épreuve le discours des médiateurs au regard de leurs pratiques effectives.

L'analyse révèle que, pour pouvoir se stabiliser sur un territoire, les nouveaux opérateurs doivent ajuster leur mode d'intervention aux données du territoire et aux exigences des professionnels. La rationalisation des pratiques et la promotion du réglage de la «bonne distance» entre le médiateur et son public impulsés par l'encadrant témoignent de cette stratégie de mise en correspondance. Une fois assurée une base de coopération minimale, c'est par un processus d'apprentissage que les professionnels et les médiateurs découvrent progressivement l'intérêt d'une coopération régulière. Les professionnels, en déléguant ce qu'ils considèrent comme les tâches les plus humbles de leur métier, fournissent aux médiateurs un instrument de valorisation que ces derniers peuvent faire valoir auprès des élus locaux, seuls dépositaires d'une possible pérennisation de leur poste. Par le biais d'une rhétorique professionnelle de l'expertise dont les termes sont à analyser, l'encadrant fait valoir aux élus le contact direct et régulier avec le public comme la compétence spécifique de l'équipe.

La recomposition des activités : de la rue au domicile

À ses débuts, l'équipe se heurte à de très fortes réticences de la part de professionnels locaux, principalement les assistants de service social, qui refusent de lui accorder toute légitimité d'intervention. Cette hostilité initiale «doit être appréhendée comme l'expression d'une inquiétude à l'égard des transformations […] tendant à remettre

---

10. Le contrat local de sécurité (CLS) est un dispositif partenarial qui a pour objectif principal l'amélioration de la sécurité sur l'ensemble du territoire communal. Présidé souvent par le préfet, il a vocation à mobiliser l'ensemble des acteurs qui peuvent y concourir : élus locaux, police, bailleurs sociaux, sociétés de transports, associations.

en cause la nature même du savoir professionnel des éducateurs ou assistants sociaux.[11] » Ces professionnels sont inquiets devant l'instabilité de ces opérateurs et l'imprévisibilité de leur comportement. Leurs attributions ne sont pas réellement prédéfinies : ils ont alors tendance *« à se mettre un peu sur tout, à jouer à l'assistante sociale »* (un assistant de service social). Leur manque de formation académique, les critères qui ont motivé leur recrutement, l'absence de distance professionnelle mais aussi l'affectivité avec laquelle ils interviennent auprès du public constituent les principaux axes du discours de contestation de leur profil. Sur le marché du travail des professions sociales, la proximité avec le public, qui est au fondement de ces métiers émergents, n'est pas signe de professionnalisme, bien au contraire.

Les nouveaux opérateurs se trouvent rapidement dans une impasse : sans la coopération des professionnels, ils ne sont pas eux-mêmes en mesure d'apporter une réponse concrète aux demandes du public avec qui ils sont en relation directe[12]. Les mains liées dans une relation de dépendance forte, ils n'ont aucun moyen de se constituer une clientèle propre et de se positionner auprès d'elle en tant qu'interlocuteur pertinent. Or, dans un contexte d'incertitude quant à la pérennisation de leurs postes, il devient urgent pour ces nouveaux opérateurs de conquérir une légitimité. Pour exister durablement, ils doivent convaincre les professionnels locaux qu'ils détiennent des compétences qui peuvent leur être utiles – et distinctes de celles qui leur sont propres. Ils doivent aussi convaincre leur institution d'appartenance (ici la municipalité) qu'ils ont une utilité sociale. Pour cela, ils doivent leur apporter des garanties de leur professionnalisme et de la qualité de leur intervention. Le statut professionnel de l'encadrant, éducateur spécialisé de formation, y contribue. Il rassure les professionnels. *« Moi, je suis travailleur social, je peux interpeller les assistantes sociales parce que je suis au même titre et ça facilite la relation »* (encadrant). En prenant en charge lui-même les premiers contacts avec les professionnels, il assure une régulation des échanges et une meilleure circulation des informations entre les intervenants qu'il encadre et les professionnels locaux. Rappelons que, au sein du milieu du travail social, le statut professionnel – la formation initiale et les codes déontologiques qu'il induit – garantit la distance nécessaire à l'exercice et favorise l'échange d'informations entre intervenants sociaux. Sans ces garanties, les médiateurs

---

11. L. MATHIEU, 2000, p. 263-279.
12. Il faut préciser que ces nouveaux opérateurs n'ont pas d'autorité légale en matière de prise en charge sociale.

sont finalement contraints à intervenir dans *« l'affectivité »* (un assistant de service social). L'encadrant est *« du milieu »*, il connaît ces règles. Il développe alors une stratégie de mise en conformité des pratiques de l'équipe avec l'un des codes de la profession d'assistant de service social : le réglage de la *« bonne distance »*. L'objectif est de contourner l'absence de statut et d'aller contre l'état fusionnel des médiateurs avec les usagers. Observons les modalités de cette mise à distance…

La mise à distance passe, d'une part, par l'évolution du public d'intervention de l'équipe. Alors que, pendant ses trois premières années, l'équipe intervenait sur l'espace public et auprès de *« jeunes squattant les cages d'escalier*[13] *»* (encadrant), elle est amenée aujourd'hui à entrer quotidiennement au domicile de personnes repérées comme *« fragilisées »* (âgées, démunies, toxicomanes). Le cœur de l'intervention de l'équipe participe d'un accompagnement *« à consonance sociale »* (encadrant) et repose sur la conduite de visites à domicile régulières. Ce suivi se décline en une multitude de tâches quotidiennes : accompagner une personne sans mode de locomotion pour assurer une démarche administrative, changer un verrou, faire les démarches nécessaires pour le rétablissement d'une ligne téléphonique, aller chercher une personne seule pour l'aider à faire ses courses puis la raccompagner chez elle. Les médiateurs s'éloignent donc progressivement de ce qu'ils qualifient de *« rappel à l'ordre inutile »*. La proximité d'âge avec ce public ne leur donnait *« aucune autorité pour dire aux jeunes quoi que ce soit »* (un médiateur). Les médiateurs se réjouissent de cette évolution qui donne sens à leurs pratiques. La fragilité des personnes visitées (vivant souvent dans des logements insalubres et dans des conditions d'hygiène rudimentaires) crée un sentiment fort d'utilité au sein de l'équipe. *« On va à domicile, et ça, c'est légitimé par le fait que la personne est fragilisée, c'est une relation de confiance qui se noue, et c'est ça notre moyen d'action »* (encadrant).

La mise à distance du public passe également par une dynamique de rationalisation des pratiques de l'équipe qui vise à convaincre les professionnels réticents d'obtenir une forme de coopération. L'encadrant impulse notamment au sein de l'équipe un protocole. L'idée est la suivante : dès qu'un médiateur entre en contact avec une personne, avant d'envisager une quelconque intervention auprès d'elle (accompagnement ou autre), il faut contacter les services sociaux de droit commun pour savoir si la personne est connue ou non et si des mesures la concernant ont déjà été engagées. Ce protocole permet non seulement

---

13. Rappelons que cette équipe a été créée dans le cadre d'un contrat local de sécurité.

d'éviter un « *doublon*[14] », mais aussi de mettre également en scène une distance critique à l'égard du public : « *Romain est toujours très touché. Pour lui, personne ne fait rien dans les services sociaux, moi, je lui dis : "Est-ce que tu as vérifié par rapport au travailleur social qui suit la personne, tu as pris contact avec lui ?" Le problème c'est qu'il est tout de suite en état fusionnel avec la personne, il faut téléphoner à l'assistant social, et je lui dis : "Essaye de voir la réalité et de ne pas t'en tenir aux propos de la personne"* » (encadrant). L'encadrant tient à faire d'eux « *des professionnels* » et non pas « *des emplois-jeunes, avec tout ce qu'il y a de péjoratif derrière* » (encadrant). Il s'assure systématiquement que cette vérification a été entreprise. Cette norme de pratique est impulsée non seulement pour discipliner le groupe, mais surtout dans une stratégie de reconnaissance et de légitimation auprès d'interlocuteurs « *récalcitrants* » : « *Il faut qu'ils prennent le réflexe de contacter les travailleurs sociaux en me tenant au courant, ça permet qu'ils soient reconnus, parce qu'ils s'en sont pris plein la gueule. Ils doivent en avoir conscience, il y a des gens qui ne sont pas ouverts dans tout milieu, qui ne supportent que les gens formés comme eux, ça existe dans le travail social* » (encadrant). Cette dynamique de rationalisation des pratiques contribue à homogénéiser les pratiques de l'équipe, donc à rendre plus prévisible le comportement des nouveaux intervenants. Les professionnels se sentent moins menacés par ce qui s'avérait être hier un agencement instable potentiellement déstabilisateur. De plus, l'encadrant met en place un cahier de liaison au sein de l'équipe et des fiches nominatives par personne rencontrée. L'idée est de favoriser une connaissance collective des situations traitées. « *Avec ces fiches, j'espère faire en sorte que n'importe quel médiateur puisse prendre le relais ; pour cela, il faut qu'il soit au courant de la situation de la personne rencontrée et de son évolution* » (encadrant). L'objectif est de « *désenclaver* » la relation, c'est-à-dire de casser la proximité entre l'intervenant et son public, afin de favoriser une impersonnalité de l'intervention.

En somme, si la proximité entre l'intervenant et son public a été à l'origine de l'obtention de l'emploi, il est nécessaire de mettre à distance le public pour stabiliser le groupe et négocier auprès des professionnels locaux une place sur le territoire. L'analyse révèle que ces mesures de régulation des rapports avec l'extérieur trouvent un écho auprès des professionnels, qui les mobilisent sur des tâches à accomplir.

---

14. Commettre un « doublon » consiste à solliciter un professionnel pour la mise en place d'une mesure qu'il a déjà engagée.

Nouveaux opérateurs et professionnels établis : dynamique d'apprentissage et intérêts communs

Si les débuts de l'équipe sont marqués par un refus de collaborer de la part des assistants de service social, de nouvelles modalités d'échange entre les deux catégories d'intervenants s'établissent progressivement. C'est dans une forme de division du travail qu'ils en viennent à développer des relations régulières, qui demeurent ambivalentes, mais qui permettent aux nouveaux opérateurs de trouver un public à qui délivrer leurs prestations et qui leur assurent une place sur le territoire. Essayons de comprendre comment ces relations régulières se sont établies.

Comme nous venons de le voir, l'encadrant – de par sa position de relais entre médiateurs et professionnels – garantit les bases d'une coopération minimale. Les assistants de service social font état d'une amélioration des rapports réciproques, et ce compte tenu d'un meilleur encadrement qui clarifie les tâches et le rôle des médiateurs. *« Au démarrage, je trouve que les médiateurs étaient livrés à eux-mêmes, mais c'était un nouveau métier, des jeunes professionnels, un encadrement qui n'était pas bien défini, et les médiateurs ne sachant pas ce qu'ils avaient vraiment à faire, ils partaient un peu sur tout, [...] et je trouve qu'aujourd'hui, avec l'arrivée de leur encadrant, je vois bien comment on peut travailler avec eux, puisque chacun est de plus en plus précis »* (assistant de service social). Certaines catégories de professionnels les intègrent progressivement dans une forme de division du travail. Certains assistants de service social en viennent progressivement à contacter régulièrement l'équipe pour lui demander d'assurer *« des choses quotidiennes, concrètes, de la vie de tous les jours »* (assistant de service social) : aide au classement de documents administratifs, accompagnements physiques d'ayants droit. Ils lui délèguent également la tâche de délivrer auprès de leurs usagers des documents de la part du service social (bon alimentaire, carte de transport gratuite). Cette tâche nécessite un déplacement à domicile assuré par un ou deux médiateurs. L'analyse révèle que, sur les douze personnes visitées régulièrement par les médiateurs sur une période de six mois, toutes (à l'exception d'une signalée en conseil de quartier) ont été connues par l'intermédiaire d'un professionnel et principalement par des assistants de service social, souvent du service social de la mairie (la délivrance d'un document faisant l'objet de la première visite ou de visites suivantes). Un autre professionnel, conseiller en économie sociale et familiale – CESF – employé comme délégué aux tutelles familiales dans une association départementale, délègue à l'équipe une partie du contact direct et régulier avec ses ayants droit. Celui-ci devrait en théorie se rendre à leur domicile à une fréquence qu'il n'est pas en mesure d'assurer par manque de temps. L'équipe pallie la rareté de ses visites à domicile en assurant un suivi régulier de ses usagers : *« On aimerait visiter les personnes toutes les cinq-six semaines, mais ça ne se passe pas comme ça. On n'a pas le temps pour pouvoir le faire. Là, avec les médiateurs, ce que je trouve intéressant, c'est qu'il y ait des gens sur place, que moi, si je ne peux pas le faire, quelqu'un puisse aller les voir »* (délégué aux tutelles). Il envoie à l'équipe les bons alimentaires, qu'il transmettait jusqu'alors directement aux personnes sous tutelle, et l'équipe prend en charge les courses hebdomadaires des ayants droit. Elle assure ainsi une dépense raisonnée des bons alimentaires. De plus, de par son contact régulier au terrain, l'équipe a réussi à nouer des relations proches avec les personnes sous tutelle. Les médiateurs offrent au professionnel non seulement une entrée sécurisée à domicile (*« On se déplaçait dans le quartier, ils venaient à chaque fois que je venais aux entretiens, et ça m'a rassuré qu'ils soient là, parce que c'est un quartier que je n'aime pas beaucoup, donc, au départ, c'est avec eux, et après, seuls »*, délégué aux tutelles), mais également un filtrage des requêtes et mécontentements de ses usagers qui lui permet de limiter ses échanges téléphoniques avec eux (*« On a beaucoup de contacts téléphoniques, ils servent d'intermédiaire entre les familles et moi. Quand les familles demandent quelque chose, hop ils m'appellent en disant : "Il y a tel souci." Parce que j'essaye de répondre aux partenaires par téléphone, mais, pour les personnes sous tutelle, il y a une plage horaire, donc en passant par leur intermédiaire, les gens savent qu'ils auront une réponse rapide »*, délégué aux tutelles.) Par ce biais, les médiateurs offrent également aux ayants droit un service personnalisé et une réponse rapide à leurs demandes : soit ils y répondent avec les moyens qui sont à leur disposition, soit ils contactent le professionnel en reformulant et en ciblant la demande. Le professionnel se réjouit de cet intermédiaire hors pair qui assure un suivi social généraliste de ses usagers : *« Ils ont tout organisé et j'ai pu me reposer sur eux : ils ont vidé le logement, acheté de nouveaux meubles, aménagé l'appartement, et ils ont continué à suivre la personne. Il y a eu aussi la mise en place d'une aide ménagère et, pour que la personne s'habitue un peu, ils sont restés les jours où elle venait. Tout ce côté humain, c'est eux »* (délégué aux tutelles).

En revanche, les relations entre professionnels et médiateurs demeurent ambivalentes : les professionnels qui les mobilisent, s'ils leur reconnaissent une zone d'expertise – leur facilité à entrer en contact avec la population –, tiennent en parallèle un discours peu valorisant sur le type de tâches qu'ils leur délèguent. Ce sont de *« petites tâches »*, qu'ils disent ne plus avoir le temps d'assurer compte tenu de l'accroissement des tâches administratives dans leur métier. Le délégué aux tutelles entretient la contradiction en les présentant comme ses principaux partenaires tout en les qualifiant de *« bonnes à tout faire »*. De leur côté, les médiateurs expriment leur incompréhension devant le fait que leur revienne une part du travail des professionnels : *« On va donner un bon alimentaire à une personne suivie par le service social… Je ne sais pas pourquoi ce n'est pas l'assistante sociale qui le fait toute seule »* (un médiateur) ; *« Il* [le délégué aux tutelles] *a dit à son remplaçant : "Ne t'inquiète pas, les médiateurs s'occupent de tout"… Mais on ne travaille pas pour eux quand même ! On travaille pour la mairie ! »* (un médiateur). Quel sens donner à cette ambivalence ? Comment expliquer que les médiateurs acceptent cette forme de division du travail ?

Du côté des professionnels, on peut lire cette ambivalence – processus de délégation de tâches combiné à un discours peu valorisant – comme un moyen de contrôler les pratiques des médiateurs. Les professionnels ont trouvé dans la division du travail un moyen de gérer la menace que l'entrée d'un nouveau joueur incertain et potentiellement déstabilisant faisait peser sur eux.

À la lumière de ce que développe P. SELZNICK à travers la notion de « cooptation[15] », on peut dire que, pour les professionnels établis, il vaut mieux absorber cet élément instable et potentiellement déstabilisant que de le laisser évoluer seul. Plutôt que de nier leur existence, les professionnels ont intérêt à inscrire les médiateurs dans une forme de division du travail. Et ce parce que confier des tâches à ce nouvel opérateur permet d'exercer une forme de contrôle sur ses pratiques. D'autant plus que les professionnels ne délèguent pas n'importe quelles tâches. Si l'on reconstruit l'échelle de prestiges des tâches, on constate que leur est confié ce qui est considéré par les professionnels comme le *« sale boulot »*. Cette forme de division du travail s'apparente au processus de transfert des tâches considérées comme les plus humbles aux fonctions les moins qualifiées mis au jour par E. HUGHES[16]. Le déplacement à domicile est considéré aujourd'hui comme l'une des tâches les plus *« coûteuses »* pour les assistants de service social : en temps d'une part, mais également en termes de prise de risque et de danger

---

15. P. SELZNICK, 1949.
16. E. HUGHES, 1958.

potentiel. Il est frappant de constater que les assistants sociaux développent des stratégies de protection : l'une d'elles consiste à chercher systématiquement un *« allié »* pour ne pas se rendre seul au domicile d'un usager. En tenant un discours peu valorisant sur les tâches accomplies par les médiateurs, les professionnels les maintiennent à distance. Ce que ces professionnels leur concèdent n'est autre qu'une position de *« relais »* (assistant de service social). Placé aux marges de leur champ d'intervention, ce relais ne remet pas en question leur compétence.

Cette stratégie est gagnante pour les professionnels : en déléguant certaines tâches *« coûteuses »* aux médiateurs, ils réduisent leur charge de travail, contrôlent les pratiques d'un potentiel concurrent tout en tirant profit du contact régulier qu'ils offrent aux médiateurs. Au cours de leurs visites à domicile, les médiateurs ont accès à l'espace intime de la personne. En s'assurant de l'accomplissement de la tâche confiée au médiateur, le professionnel jouit d'une remontée d'informations sur l'état et l'évolution de la situation de la personne, et ce sans le coût (en temps et en risques) qu'impliquerait un déplacement. Ces informations recueillies par le médiateur sont d'autant plus précieuses pour la mise en place de mesures sociales subordonnées à la connaissance du niveau de vie et des ressources financières du demandeur (comme le revenu minimum d'insertion).

Si les professionnels trouvent progressivement un intérêt à cette délégation de tâches, l'analyse révèle qu'il en est de même pour les nouveaux opérateurs.

Pour comprendre ce qui se joue dans les interactions entre professionnels et médiateurs, nous proposons de regarder de plus près une situation de travail mettant en scène deux médiateurs – Mathieu et Julie[17] – et une personne visitée – Mme Ruot *(voir page suivante)*.

Dans cette scène, emblématique des visites sollicitées par un professionnel, l'intervention initiale des médiateurs consiste à délivrer un bon alimentaire à la demande d'un assistant de service social du centre communal d'action sociale.

---

17. Les personnes sont désignées sous des noms d'emprunt.

UNE SITUATION OBSERVÉE

Séquence 1
Julie frappe à la porte.
Une voix de l'intérieur : « C'est qui ? »
Mathieu : « Bonjour Mme Ruot, c'est le monsieur de la mairie qui a téléphoné tout à l'heure. Je viens de la part du CCAS pour vous remettre un bon alimentaire, je l'ai là. Mais si vous voulez, on peut discuter un peu. »
Mme Ruot entrouvre la porte : « Ce n'est pas rangé chez moi, donc je ne sais pas trop. »
Mathieu : « C'est comme vous voulez, si vous préférez, je vous donne le bon alimentaire et c'est tout, on s'en va. »
Mme Ruot en ouvrant la porte : « Non, bon, vous pouvez entrer, mais ne faites pas attention à l'appartement. »
Les deux médiateurs répondent « Non, ne vous inquiétez pas... » et entrent.
Mathieu donne à Mme Ruot le bon alimentaire de dix euros.
Mme Ruot : « Il faut que je vous signe quelque chose ? »
Mathieu : « Non, non, pas du tout. Comment ça va pour vous ? »
Mme Ruot : « Ça ne va pas du tout, je suis en arrêt maladie, je n'ai plus de travail ni de rentrée d'argent et les huissiers doivent venir saisir des affaires chez moi pour non-paiement de loyer. Ça fait plusieurs fois qu'ils téléphonent... Comment voulez-vous que je fasse ? Je n'ai pas touché d'indemnités depuis plusieurs mois, je ne peux pas payer de loyer. En plus, moi, je travaille dans la restauration, mais là, avec l'accident que j'ai eu, je ne peux plus travailler. »
Julie : « Qu'est-ce que vous avez eu comme accident ? »
Mme Ruot : « Un accident de voiture, et j'ai eu tout le côté gauche d'amoché, je ne peux plus rien faire. Et je n'étais pas en tort, mais l'assurance m'a proposé un arrangement... »

Séquence 2
Mathieu : « Attention aux assurances, ne signez pas n'importe quoi ! »
Mme Ruot : « Pourquoi ? Ils peuvent me faire signer n'importe quoi ? »
Mathieu : « Vous savez les assurances, il faut faire attention. Mais on peut vous accompagner pour votre entretien avec eux. »
Mme Ruot : « Non, mais je ne suis pas encore frappée ! Je sais me défendre, s'ils me disent quelque chose qui ne me plaît pas, je vais m'énerver ! *(Silence.)* Mais comment je peux savoir s'ils veulent me faire signer n'importe quoi ? »
Mathieu : « Je peux pas vous dire madame, j'ai pas vu les papiers. »
Julie : « Vous pouvez très bien dire que vous allez réfléchir, et prendre les papiers avant de les signer. »
Mme Ruot : « Oui, je les connais les assurances, ils vont me proposer des pelures de pomme de terre parce que je suis dans le besoin, mais ils n'ont pas tort, vous savez, s'ils me proposent des pelures de pomme de terre, je les accepte ! »

Séquence 3
Julie : « C'est bien ça le problème. Vous voyez une assistante sociale ? »
Mme Ruot : « Oui, Mme S. »
Julie : « Oui, donc Nicole[18] va faire avancer les choses. »
Mme Ruot : « Moi, je l'appelle Mme S. ; mais avant, c'était M. F., alors je comprends pas trop. »
Mathieu : « Oui, il y a un problème, là, Christophe[19] n'a pas fait ce qu'il fallait. »
Mme Ruot : « Et il y en a des dames là-haut, il y a une blonde qui me dit : "Vous n'êtes pas la seule, il y en a d'autres." C'est des monstres ces gens-là ! Et elles font traîner ça. »
Julie : « Je sais, c'est bien le problème. Nous, Madame, on peut vous amener à votre rendez-vous si vous n'avez pas de moyens de transport, je peux rester avec vous pendant l'entretien si vous voulez, ou alors je viens vous rechercher. »
Mme Ruot : « Non, mais je ne veux pas abuser des aides. Moi, je ne profite pas du système, je préfère me débrouiller seule. Et puis je crois qu'il y a le voisin d'en face qui m'aide, il pourra m'emmener je pense, il est gentil avec moi. »
Julie : « Mais, si vous avez besoin, je vous donne nos coordonnées, vous nous appelez. C'est le service médiation. Je vous le marque derrière le numéro de Nicole, comme ça, vous aurez tout sur un papier. »
Mme Ruot : « C'est où ? C'est au conseil général ? »
Mathieu : « Non, non, pas du tout, ça dépend de la mairie, comme le CCAS où travaille Mme S. Vous savez, nous, on n'est pas comme les assistantes sociales du conseil général ! C'est la mairie. On est là pour vous aider, vous pouvez nous téléphoner si vous avez besoin. »
Mme Ruot : « Bon, je ne vais pas tarder, parce que je dois repasser au Secours catholique pour avoir de quoi manger. »
Julie : « Vous voulez qu'on vous dépose ? »
Mme Ruot : « Non, j'aime bien marcher, ça me permet d'évacuer tout ce que j'ai en moi. »
Les deux médiateurs saluent Mme Ruot et sortent.

Cette situation de travail montre que cette forme de cooptation sert également les intérêts de l'équipe. Le professionnel, en favorisant l'entrée du médiateur dans la sphère privée du public, lui offre un accès direct au public et la possibilité de se constituer sa propre clientèle. Le professionnel ne maîtrise pas ce qui se passe lors des échanges directs avec les personnes visitées. C'est dans cet espace autonome que le médiateur va négocier avec son interlocuteur de nouvelles tâches à ac-

---

18. Référence à une assistante de service social.
19. *Idem.*

complir en proposant ses propres services. Il lui offre donc une opportunité d'échanges. Dans la situation de travail décrite ci-dessus, le médiateur se décharge rapidement de sa tâche initiale (la délivrance du bon alimentaire) pour élargir la discussion (« *Comment ça va ?* »). Par cette question, il invite la personne à fournir des indications sur son état général afin de saisir d'éventuelles occasions pour proposer ses services. C'est chose faite. Son interlocuteur raconte son histoire. S'engage alors une étape de persuasion. Sans mandat officiel pour légitimer son intervention, l'enjeu pour le médiateur dans ses échanges avec le destinataire du service est d'emporter son adhésion et de le convaincre de l'utilité de son intervention. Or, sa prestation n'existe pas *a priori* : l'intervenant doit la négocier avec la personne. C'est en sondant son interlocuteur sur son état général que celui-ci pourra lui donner accès à des informations qui déboucheront sur d'éventuelles actions à accomplir. C'est en ce sens que le médiateur et son interlocuteur « co-construisent » la prestation. C'est dans un double mouvement que le médiateur tente de le persuader : dans un premier temps en remettant en question la fiabilité de ses autres interlocuteurs (« *Vous savez, les assurances...* ») et en y répondant par une prestation (« *[...] mais on peut vous accompagner* »). L'injonction du médiateur (« *Ne signez pas n'importe quoi !* ») sème le doute chez la personne, doute qui constitue un terreau favorable pour faire valoir la plus-value de son action (ici, un accompagnement). La critique virulente des assistants de service social formulée par Mme Ruot fournit au médiateur un point d'appui pour légitimer son intervention. C'est dans un va-et-vient entre distance et proximité vis-à-vis de la figure du travailleur social classique que le médiateur se positionne : il faut à la fois lui ressembler, mettre en scène à la fois une certaine proximité (« *Nicole va faire avancer les choses* ») et une distance critique à son égard (« *Là, il n'a pas fait ce qu'il fallait* », « *Nous, on n'est pas comme les assistantes sociales du conseil général* »). Il faut s'en distinguer pour mettre l'accent sur la spécificité de son propre mode d'intervention animé par l'intérêt de la personne (« *On est là pour vous aider* »). On peut donc lire cette dynamique de « mimétisme différentiel » vis-à-vis de la figure du travailleur social classique comme une stratégie du médiateur de conviction de la légitimité de son exercice professionnel (il connaît bien l'assistant de service social) et du bien-fondé de son service (il ressemble à l'assistant de service social mais il peut apporter une plus-value). La situation de travail montre également que la personne visitée peut à tout moment rejeter la démarche. Sans mandat officiel, l'intervention du médiateur dépend de sa capacité à emporter l'adhésion de son interlocuteur à sa démarche. Si, lors d'une première visite, le médiateur se heurte à un manque de coopération de la personne visitée, comme dans le cas de la situation décrite ci-dessus, il n'en demeure pas moins qu'il a eu accès à la sphère intime de la personne, ce qui pourra constituer un point d'accroche pour de prochaines visites. Il est d'ailleurs frappant de constater que les médiateurs fidélisent les personnes visitées dans le cadre de cette division du travail en se rendant fréquemment à leur domicile afin de voir « *si la personne ne manque de rien* » (un médiateur), chaque visite étant l'occasion de négocier de nouvelles opportunités d'échanges.

La réalisation du *dirty work*[20] permet ainsi aux médiateurs de stabiliser leur intervention et de valoriser leur position, « par un processus de retournement du stigmate[21] ». L'entrée dans la sphère privée étant quotidienne, les médiateurs acquièrent une connaissance intime des personnes visitées qu'ils feront valoir comme compétence auprès des élus locaux. C'est sur ce savoir profane que l'encadrant fonde la justification de leur utilité sociale. Regardons de plus près les mécanismes de valorisation en analysant les termes de cette justification sociale[22].

La construction d'une justification sociale : la contestation du travail social classique et la compétence de la proximité

L'analyse révèle que le travail de construction d'une légitimité est en particulier une activité d'argumentation auprès de divers auditoires[23]. Ce travail consiste à promouvoir « la prestation comme réponse à un besoin et la compétence [développée par les nouveaux opérateurs] comme nécessaire à la bonne réalisation de la prestation[24] ». L'argumentation

---

20. E. HUGHES, *op. cit.*
21. A.-M. ARBORIO, 1996, p. 87-106.
22. L'analyse de ce travail appelle une lecture approfondie des argumentations développées auprès des différents auditoires qui ont « chacun une fonction propre dans le travail de construction du statut » (C. PARADEISE, *op. cit.*). Nous nous centrerons ici sur l'analyse des logiques d'argumentation professionnelle en direction des décideurs.
23. Différents travaux de recherche se sont intéressés à l'émergence de nouvelles pratiques professionnelles dans des secteurs tels que la médecine palliative (CASTRA M., 2003) ou la prévention en milieu prostitutionnel (L. MATHIEU, *op. cit.*).
24. C. PARADEISE, *op. cit.*, p. 17-31.

développée par l'encadrant pour faire valoir le besoin s'appuie sur une contestation du travail social classique. Le manque de disponibilité des travailleurs sociaux classiques (compte tenu d'un accroissement des tâches administratives dans leur métier), leur manque d'engagement et d'investissement affectif pour la population aidée, la routine que constitue leur travail sont mobilisés comme arguments justifiant de nouvelles manières de faire. Pour y répondre, ce qui est promu, c'est un mode d'intervention spécifique et un modèle particulier de relation à la population – un suivi personnalisé et régulier à domicile de personnes fragilisées. Grâce aux liens directs et permanents tissés avec le public, l'encadrant fait valoir aux élus que l'équipe est seule détentrice de cette compétence, compétence dont elle a ainsi le monopole. Cette compétence tient à la connaissance intime des personnes et à la capacité à la mobiliser dans les relations aux professionnels. L'encadrant développe une rhétorique de l'expertise fondée sur le monopole d'un contact direct et régulier avec des personnes fragilisées : « *On va là où personne ne va* » confie un médiateur. On retrouve un processus proche de celui décrit par A.-M. ARBORIO pour les aides-soignantes à l'hôpital : « C'est surtout en soulignant sa proximité, voire son intimité avec le malade, susceptible de faire naître une relation affective, que l'aide-soignante cherche à distinguer sa position et à la valoriser.[25] » L'encadrant confère également une aura mystérieuse à l'intervention, qui relève d'un véritable savoir-faire : « *Il y a aussi tout le côté "on débarque par accident", mais ce n'est jamais par accident* » (encadrant). La compétence des médiateurs est donc valorisée en tant que capacité à entrer en contact avec les populations et disponibilité pour se rendre à domicile. Par voie de conséquence, l'encadrant permet la création d'une catégorie de public cible : à la fois les professionnels du social en manque de disponibilité pour le contact aux usagers et également, au niveau de la population, les personnes « *passées entre les mailles du filet* » (encadrant). C'est avec ce créneau qu'il peut faire valoir aux élus la nécessité de maintenir le service. Cette compétence trouve un écho auprès des élus qui voient dans l'entrée au domicile de personnes isolées le moyen de « *leur dire que la municipalité est à l'écoute des plus démunis* » (le maire). L'équipe apporte aux élus « un renforcement de leur légitimité démocratique[26] » grâce à une relation directe avec les habitants et à une remontée d'informations difficilement accessibles sans un contact étroit avec la population.

---

25. A-M. ARBORIO, *op. cit.*, p. 87-106.
26. H. HATZFELD, 1996, p. 153-166.

En conclusion, l'encadrant développe des capacités stratégiques d'ajustement aux données et aux pressions de l'environnement professionnel local de l'équipe. En offrant des garanties de professionnalisme et de qualité du service rendu à certains professionnels jusqu'alors réticents, il permet d'obtenir leur adhésion et de développer une forme de coopération. Celle-ci participe d'une logique de division du travail, reléguant aux nouveaux opérateurs le *dirty work* de certains professionnels. Mais elle s'avère être une ressource pour l'équipe en tant que mécanisme de stabilisation sur le territoire. Le contact prolongé et direct au public – favorisé et légitimé par le mandat symbolique délivré par les professionnels – offre à l'encadrant un support de valorisation des pratiques et la possibilité de revendiquer le monopole d'une compétence distinctive propre auprès du seul auditoire dépositaire d'une possible pérennisation du service. Afin de survivre aux incertitudes pesant sur le maintien du service, la stratégie consiste à accepter de soumettre à négociation les frontières de ce nouveau mode d'intervention. L'analyse de ces formes de travail invite à questionner les facteurs explicatifs de cette délégation de tâches : quelles évolutions a connu le champ de l'action sociale et à quelles contraintes est-il soumis pour qu'une partie du contact direct et régulier aux usagers, *a priori* cœur de compétences de ces métiers, soit ainsi « externalisée » ?

BIBLIOGRAPHIE

ARBORIO A.-M. (1996), « Savoir profane et expertise sociale. Les aides-soignantes dans l'institution hospitalière », *Genèses*, n° 22, mars.

CASTRA M. (2003), *Bien mourir. Sociologie des soins palliatifs*, Paris, Puf, coll. « Le lien social ».

CROZIER M., FRIEDBERG E. (1977, rééd. 1992), *L'Acteur et le Système*, Paris, Le Seuil, coll. « Points essais ».

DUBAR C. (1996), « La sociologie du travail face à la qualification et à la compétence », *Sociologie du travail*, n° 2.

HATZFELD H. (1996), « Régies de quartier : un carrefour original de légitimités », *Revue française des affaires sociales*, n° 3.

HUGHES E. (1958), *Men and their Work*, Glencoe, The Free Press.

MATHIEU L. (2000), « Animatrice de prévention en milieu prostitutionnel : une profession inachevée », *Sociologie du travail*, n° 42.

PARADEISE C. (1985), « Rhétorique professionnelle et expertise », *Sociologie du travail*, n° 1.

RAVON B. (2001), « Nouveaux emplois de l'intervention sociale urbaine », *Ville-École-Intégration Enjeux*, n° 124, mars, p. 68-80.

RIDDER (DE) G. (1999), « Les professions sociales : du modèle de la qualification au modèle de la compétence ? », *Revue française des affaires sociales*, n° 2, avril-juin, p. 95-104.

SELZNICK P. (1949), *TVA and the Grass Roots: a Study in the Sociology of Formal Organization*, Berkeley, University of California Press.

MODALITÉS D'ADAPTATION D'ENFANTS EN SITUATION DE PRISE EN CHARGE SOCIO-ÉDUCATIVE

JOCELYN CLAIRE-LOUISOR*, ANNIE WEILL-FASSINA**

Ce texte a pour but de décrire les modalités d'adaptation d'enfants en situation de placement et les stratégies qu'ils peuvent mettre en œuvre pour élaborer leur projet d'orientation avec des éducateurs. Notre étude a été réalisée dans un foyer de l'enfance, établissement public dont la mission est d'accueillir à tout moment des mineurs en difficulté (problèmes familiaux, de maltraitance, d'isolement, etc.) selon essentiellement deux modalités : décision administrative d'accueil provisoire (AP) ou décision judiciaire (ordonnance provisoire de placement, OPP).

L'article L. 311-3 du code de l'action sociale et des familles garantit à « toute personne prise en charge par des établissements et services sociaux et médico-sociaux » – dont font partie les foyers de l'enfance – un accompagnement individualisé, respectant son « consentement éclairé » qui doit être systématiquement recherché lorsqu'elle est apte à exprimer sa volonté et à participer à la décision. Cette loi fournit un cadre juridique à l'action socio-éducative, sans toutefois en expliciter les mécanismes effectifs pour l'enfant et les professionnels.

Or des psychologues, tels P. OLÉRON et al.[1], reconnaissent aux enfants cette possibilité de participation aux décisions les concernant, en

---

* Jocelyn Claire-Louisor est docteur en ergonomie de l'École pratique des hautes études (EPHE) et travaille au Laboratoire d'ergonomie physiologique et cognitive.
** Annie Weill-Fassina est maître de conférences à l'École pratique des hautes études (EPHE) et travaille au Laboratoire d'ergonomie physiologique et cognitive.
1. P. OLÉRON, J. BEAUDICHON, A. CARTRON, J. DANSET-LÉGER, A.-M. MELOT, A. NGUYEN-XUAN, F. WINNYKAMEN, 1981, p. 25-31.

raison de leur « compétence psychologique » c'est-à-dire de leur capacité à agir de manière efficace sur leur environnement, selon leur développement social et cognitif, leurs objectifs propres, etc. Pour un enfant, cependant, cette possibilité dépend du contexte dans lequel il se trouve ; par ailleurs, il n'est pas toujours aisé pour lui d'exprimer clairement ses projets. De plus, il est souvent difficile pour les éducateurs de les identifier, malgré le soin qu'ils apportent à observer les différentes manifestations et expressions de l'enfant.

Dans l'établissement observé, il est demandé en effet aux éducateurs de noter quotidiennement les observations qu'ils réalisent à propos des différentes manifestations de chaque enfant ; ces observations doivent permettre de le « connaître » suffisamment afin d'élaborer et de mettre en œuvre un projet d'orientation. On peut considérer que ces observations quotidiennes constituent des traces de la manière dont les éducateurs se représentent les activités psychosociales de chaque enfant pour s'adapter aux conditions de son placement.

Globalement, l'analyse de ces observations et les commentaires des éducateurs montrent que le problème n'est pas seulement d'obtenir le consentement de l'enfant mais son adhésion au projet. L'enfant peut ne pas y adhérer réellement même s'il semble manifester son « consentement » et « faire des choses » (comme participer aux recherches d'établissements, les visiter, prendre des rendez-vous, participer à des entretiens, etc.). Les éducateurs peuvent ne pas s'en rendre compte à temps, éprouver une certaine « lourdeur » dans la motivation du jeune et constater plusieurs mois plus tard que le (ou les) projet(s) élaboré(s) n'a (ont) pas abouti. La recherche dont il est ici rendu compte vise à mieux comprendre ces difficultés.

L'enfant s'adapte et agit sur son environnement

En arrivant dans le foyer, l'enfant est dans une situation stressante d'un triple point de vue :
- il est pris en charge en raison de perturbations plus ou moins importantes dans sa vie familiale ;
- il arrive dans un milieu généralement inconnu, avec de nouvelles règles, des adultes et des enfants avec lesquels il devra tisser de nouvelles relations ;
- les éducateurs attendent de lui la possibilité de construire un projet pouvant réorienter sa vie familiale, sociale, scolaire et/ou professionnelle.

On peut donc s'attendre à ce que cette situation entraîne chez l'enfant des réactions de stress ou de détresse et la mise en œuvre de processus d'adaptation visant à le mettre à plus ou moins long terme en accord avec les conditions du milieu environnant, ou à résoudre au mieux selon lui les problèmes auxquels il est confronté.

De nombreuses recherches sur les processus adaptatifs tant en sciences de la vie qu'en sciences humaines ont mis en évidence l'existence de phases et de modalités d'adaptation différenciées dans de multiples registres, à la fois biologique, épistémologique, psychologique, didactique, ergonomique. Il semble qu'au moins trois grandes phases caractéristiques soient à retenir de ces recherches, au-delà de la diversité de leurs objets d'observation et des points de vue disciplinaires :
- *une phase d'exploration,* qui peut provoquer des réactions d'alarme[2], des déséquilibres[3], voire des régressions[4] ; les conflits sociocognitifs peuvent y être importants[5] ;
- *une phase de résistance*[6] *ou d'« adaptation »,* pendant laquelle l'individu développe, à plus ou moins long terme, diverses possibilités de régulations par rapport à son environnement[7] ;
- *une phase d'épuisement*[8] *ou d'asthénie*[9]*,* où peuvent apparaître divers symptômes de fatigue ou des « handicaps de situation » tels que le sujet a du mal à faire face aux événements[10].

Par ailleurs, différents types de réactions en milieu fermé ont pu être observés[11] : repli sur soi, intransigeance, installation, conversion, fuite.

En ce qui concerne les enfants, nous avons donc supposé que leur processus d'adaptation en foyer socio-éducatif s'étalait de l'admission à la réalisation effective de l'orientation. Dans leurs observations, les éducateurs chercheraient alors, au-delà de la description des activités des enfants, à rendre compte de leurs évolutions et de leurs modalités d'adaptation aux conditions physiques, psychologiques et sociales de leur placement. Par conséquent, même si *a priori* les éducateurs n'en avaient pas totalement conscience, il a été possible de reconstituer, pour tout enfant, la structure de

---

2. H. SELYE, 1974.
3. P. VERMERSCH, 1976.
4. K. LEWIN, 1951, p. 87-129.
5. JOSHUA S., DUPIN J., 1993.
6. H. SELYE, *op. cit.,* p. 39-48.
7. J. PIAGET, B. INHELDER, 1966.
8. H. SELYE, *op. cit.,* p. 39-48.
9. R. PERSAUD, 2004, p. 53.
10. S. FLAGEUL-CAROLY, 2001.
11. E. GOFFMAN, 1968.

cette démarche adaptative, en réanalysant avec eux l'ensemble de leurs observations au cours de séances d'autoconfrontation[12]. Nous avons considéré en outre que la définition, l'élaboration et la mise en œuvre du projet d'orientation constituaient le vecteur essentiel de l'évolution de l'enfant dans la situation de placement. L'analyse a porté sur onze situations concernant six enfants de 12 à 16 ans, pour lesquels avait été prise une décision judiciaire (OPP), et cinq enfants de 4 à 16 ans ayant fait l'objet d'une décision administrative d'accueil provisoire (AP).

Processus adaptatif et facteurs de variabilité

Le travail d'autoconfrontation réalisé avec les éducateurs a permis de dégager quatre phases dans l'évolution opératoire des enfants :
1. une phase de découverte au cours de laquelle l'enfant explore son nouvel environnement, sa nouvelle condition et les possibilités de s'y inscrire, compte tenu des contraintes qui s'imposent à lui et de ses motivations profondes ;
2. une phase d'installation dans laquelle l'enfant accepte de coopérer avec les travailleurs sociaux au traitement de sa situation et à la définition et à l'élaboration de son projet d'orientation ;
3. une phase de stabilisation dans laquelle, son projet élaboré, l'enfant projette dans l'avenir son orientation future ;
4. une phase d'attente au cours de laquelle le comportement de l'enfant se « dégrade » progressivement ; ce phénomène de dégradation apparaît ici généré par une décision d'orientation qui tarde à se réaliser.

Chacune de ces phases semble avoir une fonction « spécialisée » dans le processus adaptatif, et rendre compte d'un aspect particulier du travail des éducateurs et des « dispositions » de l'enfant par rapport à l'avancement de son projet d'orientation. Elles ont pu être mises en évidence dans chacune des situations étudiées, sauf dans un cas pour lequel il sera intéressant de comprendre pourquoi l'éducateur n'a pu repérer d'indices traduisant un changement de phase. Une vue d'ensemble des résultats *(tableau 1)* permet de constater que tous les enfants ne passent pas par toutes les phases et que la durée de ces dernières est variable d'un enfant à l'autre. Aussi, pour comprendre à la fois les invariants de la situation et les facteurs qui peuvent en faire varier la durée, les modalités, l'apparition ou l'absence d'apparition, il a semblé que procéder phase par phase permettrait de comparer plus aisément les différents modes d'évolution.

---

12. Voir l'encadré « Méthodologie » en fin d'article.

Tableau 1. **Variabilités dans le déroulement et la durée de la phase de découverte**

Enfants	Âge	Cas de figure	Catégorie	Découverte (en jours et %)		Installation (en jours et %)		Stabilisation (en jours et %)		Attente (en jours et %)		Total (en jours de placement)
Christiane	15	n° 1	OPP	1	*(1 %)*	167	*(80 %)*	39	*(19 %)*	—		207
Sven	4		AP	1	*(1 %)*	9	*(11 %)*	?		71	*(88 %)*	81
Dimitri	16		OPP	1	*(1 %)*	32	*(44 %)*	40	*(55 %)*	—		73
Loriane	11		AP	2	*(2 %)*	78	*(98 %)*	—		—		80
Abi	8		AP	2	*(3 %)*	56	*(69 %)*	?		23	*(28 %)*	81
Dorette	12	n° 2	OPP	9	*(21 %)*	33	*(79 %)*	—		—		42
Juanito	13		OPP	7	*(3 %)*	27	*(12 %)*	95	*(43 %)*	91	*(42 %)*	220
Wyslet	17		OPP	7	*(4 %)*	124	*(74 %)*	36	*(22 %)*	—		167
Dalila	16		AP	6	*(12 %)*	44	*(88 %)*	—		—		50
Tily	10		AP	6	*(8 %)*	58	*(78 %)*	10	*(14 %)*	—		74
Abdel	14	n° 3	OPP	?		?		?		?		234

Les bordures latérales **en gras** indiquent que l'enfant est parti.

Une phase de découverte : influence de « l'expérience » et rôle du « dénouement »

Trois cas de figure ont été mis en évidence (*tableau n° 1*[13])

La phase de découverte est brève (cas de figure n° 1)

Pour deux enfants (Dimitri, Christiane), les éducateurs estiment que cette brièveté est due à leur « expérience » des placements ; pour les autres, les éducateurs expliquent une phase de découverte brève en invoquant l'attitude « docile » de Loriane – pour qui *« c'est comme cela »* –, les *« carences affectives »* d'Abi et la dépendance affective de Sven qui, *« à son arrivée dans la structure […] prenait le biberon… »*.

« L'expérience » des placements ou au contraire la fragilité psycho-affective semblent être des circonstances qui peuvent intervenir pour abréger la phase de découverte.

La phase de découverte se prolonge (cas de figure n° 2)

Pour quatre enfants, les éducateurs ont évalué cette phase à une semaine et plus ; il convient d'en examiner brièvement les raisons :
- s'agissant de Dorette (placée suite à des soupçons d'attouchements), l'éducateur évoque une phase de découverte probléma-

---

13. Les temps de placement variant d'un enfant à l'autre, la durée de chaque phase a été calculée en nombre de jours et en pourcentage, sur la base de la durée totale du séjour ; il s'agit donc de valeurs relatives.

tique qui se serait déroulée en deux étapes : avant sa convocation à la brigade des mineurs et après ; se fondant sur des indices présents dans les observations, il remarque que le comportement de l'enfant change après qu'elle a été entendue par la police : « *Elle a pu faire exister son histoire* » ;
- Juanito avait été placé pour des raisons de maltraitance ; selon les éducateurs, il « *a posé ses valises* » quand il a pu vérifier qu'il était en sécurité et « *fait le tour des possibilités* » qui lui étaient offertes ;
- Wyslet n'avait aucune motivation pour demeurer dans le foyer ; son projet était de retourner vivre chez sa mère, il n'investissait rien et ne trouvait pas sa place ; des observations en rendent compte de manière abondante ; l'observation pivot[14] qui indique un changement notable intervient sept jours plus tard pour indiquer que le jeune « *sort de sa coquille* », « *se réveille* », « *adhère au groupe des ados* » ;
- Dalila se sentait investie de la charge de la fratrie, dont elle était l'aînée[15], pendant l'indisponibilité de leur mère hospitalisée ; les observations indiquent qu'elle a commencé à mettre en œuvre des signes d'une phase d'installation quand elle a compris que la charge de ses frères et sœurs incombait aux éducateurs ;
- dans le cas de Tily, l'éducateur pense que la longueur de sa phase de découverte tient à sa position dans la fratrie, à son rôle et à ses responsabilités au sein de la famille à laquelle il souhaite demeurer fidèle ; le changement intervient quand il s'autorise à exprimer ses choix, ses désirs.

La phase de découverte apparaît ici comme un temps de questionnement ou d'exploration où l'enfant et l'éducateur, chacun dans son rôle, s'interrogent sur les enjeux, le contenu et les limites de la relation qui les réunit dans le contexte du placement. Selon les explications que donnent les éducateurs, il semble que l'enfant doive d'abord résoudre le problème qui le préoccupe, « *dénouer ce qui* [l']*attache* », obtenir la réponse à la question qu'il se pose, pour changer de phase, afin de pouvoir commencer à « *penser projet* ». Mais ce dénouement reste spécifique dans l'histoire de chacun. Pour Dorette, c'est la démarche à la brigade des mineurs et l'action consolatrice des éducateurs ; pour Juanito, c'est lorsqu'il s'est senti en sécurité ; pour Wyslet, c'est lorsqu'il a

---

14. Voir l'encadré « Méthodologie » en fin d'article.
15. Dalila est l'aînée de la fratrie, composée de Tily, Loriane, Abi et Sven.

accepté de prendre une place dans le groupe d'enfants ; pour Tily, c'est au moment où il commence à comprendre qu'il a le droit de s'exprimer ; enfin, pour Dalila, c'est l'action des éducateurs à l'égard du reste de la fratrie qui la fait *« lâcher prise »*.

Dans tous les cas observés, ce changement de phase est en outre marqué par un changement de comportement social par rapport à l'entourage (éducateurs, autres enfants, fratrie…).

Une phase d'installation : le rôle déterminant du projet d'orientation

L'étude initiale[16] avait montré qu'au cours de cette phase Juanito avait accepté de coopérer avec les éducateurs et de participer à l'élaboration de son projet d'orientation. C'est ce qui a conduit à faire l'hypothèse que le projet d'orientation est un facteur qui conditionne les modalités de la phase d'installation. Sa durée dépendrait du temps nécessaire à la définition et à l'élaboration du projet. La durée est cependant moins significative que dans la phase précédente, car l'élaboration et la réalisation du projet ne dépendent pas uniquement de l'évolution de l'enfant et de ses rapports avec les éducateurs, mais aussi du contexte dans lequel se déroule la prise en charge.

Le tableau 2 indique quatre cas de figure dans le déroulement de la phase d'installation :

Tableau 2. **Variabilités dans le déroulement et la durée de la phase d'installation**

Enfants	Âge	Cas de figure	Catégorie	Découverte (en jours et %)	Installation (en jours et %)	Stabilisation (en jours et %)	Attente (en jours et %)	Total (en jours de placement)
Juanito	13	n° 1 a	OPP	7 (3 %)	27 (12 %)	95 (43 %)	91 (42 %)	220
Dimitri	16	n° 1 a	OPP	1 (1 %)	32 (44 %)	40 (55 %)	—	73
Tily	10	n° 1 a	AP	6 (8 %)	58 (78 %)	10 (14 %)	—	74
Wyslet	17	n° 1 b	OPP	7 (4 %)	124 (74 %)	36 (22 %)	—	167
Christiane	15	n° 1 b	OPP	1 (1 %)	167 (80 %)	39 (19 %)	—	207
Dalila	16	n° 2 a	AP	6 (12 %)	44 (88 %)	—	—	50
Loriane	11	n° 2 a	AP	2 (2 %)	78 (98 %)	—	—	80
Dorette	12	n° 2 b	OPP	9 (21 %)	33 (79 %)	—	—	42
Abi	8	n° 3	AP	2 (3 %)	56 (69 %)	?	23 (28 %)	81
Sven	4	n° 3	AP	1 (1 %)	9 (11 %)	?	71 (88 %)	81
Abdel	14	n° 4	OPP	?	?	?	?	234

Les bordures latérales **en gras** *indiquent que l'enfant est parti.*

---

16. Voir l'encadré « Méthodologie » en fin d'article.

Des phases d'installation de durées variables

Le cas de figure n° 1 présente deux possibilités :
– la phase d'installation est brève (27 jours, soit 12,27 % du temps de placement pour Juanito, et 32 jours, soit 43,83 % pour Dimitri) : les éducateurs observent que l'enfant coopère avec eux pour élaborer un projet d'orientation auquel il adhère ;
– la phase d'installation se prolonge (124 jours, soit 74,25 % du temps de placement pour Wyslet, et 167 jours, soit 80,67 % pour Christiane) : les éducateurs observent un manque de coopération de la part de l'enfant ; l'élaboration du projet d'orientation ne progresse pas ; dans ces deux cas, les enfants poursuivaient la réalisation d'un projet personnel que les éducateurs ont eu du mal à identifier, ce qui se traduit pour Wyslet par un repli sur soi et pour Christiane par un conflit de projets avec celui des travailleurs sociaux.

L'orientation survient en cours de phase d'installation

Le cas de figure n° 2 présente également deux possibilités, qui font intervenir le statut administratif ou judiciaire du placement :
– dans le cas des accueils provisoires (AP), il n'y a pas de projet à élaborer, puisque l'orientation est « contenue » dans les conditions « administratives » de l'admission ; pour Dalila et Loriane, le retour à la maison s'est effectué comme prévu ;
– la phase d'installation que Dorette était en train de « vivre » s'interrompt parce que le juge a mis un terme au placement ; de toute manière, les travailleurs sociaux, réservés sur la raison du placement, n'avaient jamais envisagé de définir un autre projet qu'un retour en famille.

Des signes de phase d'attente en cours de phase d'installation

Dans le cas de figure n° 3, les éducateurs ont noté qu'Abi et Sven manifestaient vouloir retrouver leur maman, provisoirement « indisponible ». Sven (4 ans) a eu une phase d'installation très brève : neuf jours. Dix jours après son admission, il montre des signes de souffrance, indiquant que son placement devient problématique et qu'il faut de toute urgence trouver des solutions palliatives ; Abi présente les mêmes signes mais les a manifestés plus tardivement (au bout de deux mois environ), sans doute parce que plus âgée, donc plus « résistante ».

*Pas d'indices révélant une phase d'installation :
qu'en est-il du projet ?*

Dans ce cas de figure n° 4, nous n'avons pas trouvé d'indice qui atteste qu'Abdel ait « vécu » une phase d'installation. Une analyse plus précise a montré qu'il s'agissait d'un cas typique de conflit entre visée de l'enfant et projet des travailleurs sociaux. En arrivant dans le foyer, Abdel avait son propre projet, auquel il ne dérogera jamais : retourner chez sa mère. Les observations des éducateurs rendaient compte du manque d'adhésion du jeune et de leur impuissance dans la gestion de cette situation. Cela explique pourquoi, nous semble-t-il, dans un cas de figure comme celui-ci où l'enfant ne « *coopère* » pas, n'« *adhère* » à rien, la définition et l'élaboration d'un projet d'orientation dans les « règles de l'art socio-éducatif » posent des difficultés aux travailleurs sociaux. Les observations journalières d'Abdel n'offrent pas d'indices autres que ceux qui, précisément, traduisent le manque d'esprit de coopération et d'adhésion dont il a fait preuve tout au long de son placement. Il s'agit là, en somme, d'une attitude de « résistance à l'installation ».

Pour autant, ce cas de figure n'invalide pas l'analyse, puisque c'est en « pistant » le projet d'orientation que l'on comprend comment le jeune a pu le mettre en échec, au profit du sien qu'il a, en définitive, réussi à mettre en œuvre.

Dans le cas où le changement de phase a pu être observé, celui-ci s'est manifesté chez l'enfant par un changement d'attitude personnelle.

Ces différents cas de figure ne rendent pas compte de la même organisation de travail et du même contenu de tâches pour l'équipe socio-éducative : les éducateurs doivent, en permanence, s'adapter à chaque situation pour répondre et intervenir de manière pertinente aux besoins spécifiques de chaque enfant.

*Une phase de stabilisation :
« lieu » de réalisation du projet d'orientation*

L'étude initiale avait montré que, lorsque le projet d'orientation avait été décidé, l'enfant, une fois de plus, changeait de « dispositions » par rapport à son placement ; il se projetait dans l'avenir et était prêt à partir pour son nouveau lieu de vie. À ce titre, la phase de stabilisation semble être le moment du processus adaptatif de l'enfant où la mise en œuvre du projet d'orientation doit intervenir. On peut distinguer trois cas de figure (cf. *tableau n° 3* page suivante).

Tableau 3. **Variabilités dans le déroulement et l'apparition de la phase de stabilisation**

Enfants	Âge	Cas de figure	Catégorie	Découverte (en jours et %)		Installation (en jours et %)		Stabilisation (en jours et %)		Attente (en jours et %)		Total (en jours de placement)
Wyslet	17		OPP	7	*(4 %)*	124	*(74 %)*	**36**	*(22 %)*	—		167
Dimitri	16	n° 1	OPP	1	*(1 %)*	32	*(44 %)*	**40**	*(55 %)*	—		73
Christiane	15		OPP	1	*(1%)*	167	*(80 %)*	**39**	*(19 %)*	—		207
Tily	10		AP	6	*(8 %)*	58	*(78 %)*	**10**	*(14 %)*	—		74
Juanito	13	n° 2	OPP	7	*(3 %)*	27	*(12 %)*	**95**	*(43 %)*	91	*(42 %)*	220
Abi	8		AP	2	*(3 %)*	56	*(69 %)*	?		23	*(28 %)*	81
Sven	4	n° 3	AP	1	*(1 %)*	9	*(11 %)*	?		71	*(88 %)*	81
Abdel	14		OPP	?		?		?		?		234
Dalila	16		AP	6	*(12 %)*	44	*(88 %)*	—		—		50
Loriane	11	·	AP	2	*(2 %)*	78	*(98 %)*	—		—		80
Dorette	12		OPP	9	*(21 %)*	33	*(79 %)*	—		—		42

Les bordures latérales **en gras** indiquent que l'enfant est parti.

Le départ de l'enfant s'effectue au cours de la phase de stabilisation

Le départ de trois enfants s'est effectué au cours de leur phase de stabilisation, une quarantaine de jours après la définition de leur projet d'orientation.

Le « cas » de Tily est particulier, dans le sens où sa phase d'installation est suivie d'une phase de stabilisation, ce qui signe un projet en cours de réalisation. Pourtant, placé en accueil provisoire, il ne devrait pas avoir de projet à élaborer. L'analyse des observations a montré que, de manière secrète, il avait élaboré son propre projet personnel : « renégocier » sa place dans la fratrie, par rapport à sa grande sœur (Dalila).

La phase de stabilisation se prolonge : l'orientation tarde à intervenir

Ce cas concerne un enfant (Juanito) dont le projet d'orientation était arrêté et qui, « dans sa tête », était prêt à partir. Mais il a attendu pendant 95 jours (soit 43 % de son temps de placement) que cette décision s'applique ; dans le même temps, le projet continuait à évoluer.

La phase de stabilisation n'est pas repérée

Cela peut signifier que l'enfant est passé directement de la phase d'installation à la phase d'attente (cf. Abi et Sven).

Lorsque le départ de l'enfant intervient au cours de la phase de stabilisation, cela semble être une organisation temporelle « idéale » de l'orientation. En effet, c'est au cours de cette phase qu'il se projette dans son nouveau lieu de vie et qu'il manifeste qu'il est prêt à partir. Si le départ ne se réalise pas, à terme, l'enfant «entre» dans une phase d'attente.

La phase d'attente: échec du projet d'orientation ou réussite du projet personnel de l'enfant?

Dans la phase d'attente, deux cas de figure apparaissent *(cf. tableau 4).*

Tableau 4. **Variabilités dans l'apparition de la phase d'attente**

Enfants	Âge	Cas de figure	Catégorie	Découverte (en jours et %)	Installation (en jours et %)	Stabilisation (en jours et %)	Attente (en jours et %)	Total (en jours de placement)
Wyslet	17		OPP	7 *(4 %)*	124 *(74 %)*	36 *(22 %)*	—	167
Dimitri	16		OPP	1 *(1 %)*	32 *(44 %)*	40 *(55 %)*	—	73
Christiane	15		OPP	1 *(1 %)*	167 *(80 %)*	39 *(19 %)*	—	207
Tily	10	·	AP	6 *(8 %)*	58 *(78 %)*	10 *(14 %)*	—	74
Dalila	16		AP	6 *(12 %)*	44 *(88 %)*	—	—	50
Loriane	11		AP	2 *(2 %)*	78 *(98 %)*	—	—	80
Dorette	12		OPP	9 *(21 %)*	33 *(79 %)*	—	—	42
Juanito	13	n° 1	OPP	7 *(3 %)*	27 *(12 %)*	95 *(43 %)*	91 *(42 %)*	220
Abi	8	n° 2	AP	2 *(3 %)*	56 *(69 %)*	?	23 *(28 %)*	81
Sven	4		AP	1 *(1 %)*	9 *(11 %)*	?	71 *(88 %)*	81
Abdel	14	·	OPP	?	?	?	?	234

Les bordures latérales **en gras** *indiquent que l'enfant est parti.*

La phase d'attente succède à une phase de stabilisation: projet d'orientation «en panne»?

Le cas de figure n° 1 indique que le projet n'a pas pu se réaliser au cours de la phase de stabilisation qui s'est prolongée. Lorsque les enfants «entrent» dans cette phase, les éducateurs notent des comportements qui se «dégradent» progressivement (Juanito).

Il n'y a pas de phase de stabilisation

L'enfant supporte mal son placement et manifeste rapidement des états de détresse psychoaffective (cas n° 2: Abi et Sven).

Manifestement, ce n'est pas sans dommages que des enfants «vivent» la phase d'attente. Elle peut être marquée par différents signes de souffrance (qui peuvent, le cas échéant, se manifester par de la violence) ou de régression dans son comportement par rapport à ses progrès antérieurs. La phase d'attente ne suppose pas les mêmes difficultés à prendre en compte pour un enfant en placement judiciaire que pour un enfant en accueil provisoire. Pour le premier, elles seraient causées par une difficulté à réaliser le projet d'orientation, tandis que, pour le deuxième, elles proviendraient d'une « indisponibilité » de la famille qui se prolongerait. Ces situations de jeunes enfants qui « vivent » une phase d'attente montrent autrement ce que l'on sait déjà : ce type de structure d'accueil peut, dans certains cas, se révéler inadapté aux enfants jeunes et fragiles.

Un modèle général pour mieux appréhender le singulier

L'objectif de l'ergonomie est d'analyser le travail pour mieux comprendre les différents aspects de l'activité des opérateurs et, le cas échéant, de favoriser sa transformation ou la mise en œuvre d'un programme spécifique de formation. L'approche ergonomique des activités de prise en charge socio-éducatives que nous tentons se veut pragmatique. Elle vise à comprendre les activités d'éducateurs en situation de prise en charge socio-éducative, afin de leur apporter une aide dans l'accomplissement de leurs tâches. La démarche vise à systématiser une méthode d'analyse dynamique fondée sur l'observation des enfants et de leur évolution en situation de placement. C'est un exemple des apports possibles de l'ergonomie au travail des éducateurs.

Cette recherche montre que, contrairement à une idée trop répandue, l'éducateur n'est pas toujours en train de « réinventer son travail. » Dans le traitement toujours singulier des situations, il est possible de repérer des traits invariants ou des cas de figure, à condition toutefois de veiller à considérer ceux-ci avec circonspection, car leurs manifestations, elles, demeurent toujours spécifiques.

Le modèle proposé permet de guider une analyse de l'évolution de l'enfant dans le contexte de son placement. Il est cependant nécessaire de disposer d'éléments sociohistoriques et d'observations régulières qui permettent de le faire. Ce modèle ne peut pas servir à pronostiquer le devenir d'un enfant, mais seulement à faire des hypothèses en temps réel afin, le cas échéant, de pouvoir anticiper les choix d'action possibles. Par exemple, si l'on détecte qu'un enfant a son projet personnel en arrivant, l'écouter et prendre en compte ses intentions permettent de prévoir ou d'éviter un « conflit de projets ».

Cependant, parce qu'il est réellement difficile, voire impossible (et peu souhaitable), de prévoir totalement l'évolution d'une situation d'enfant où tant de paramètres interagissent, il convient de cheminer avec lui... avec juste une petite longueur d'avance.

Méthodologie

La démarche d'autoconfrontation
L'autoconfrontation des éducateurs avec leurs observations écrites a un triple objectif :
– provoquer chez les éducateurs une activité réflexive sur le « cas » examiné,
– leur permettre de mettre au jour le modèle implicite qui a guidé l'observation et la notation concernant un enfant,
– rendre plus explicites leurs modalités de compréhension de la situation examinée.
Elle intervient donc après le départ de l'enfant, afin de ne pas créer d'interférence avec l'action des éducateurs.

Les séances d'autoconfrontation
Ici, ces séances se déroulaient en quatre temps :
– vérification que le découpage des observations avait été fait correctement par le chercheur ;
– rappel de l'histoire et de la trajectoire de l'enfant jusqu'à son admission au foyer ;
– relecture des observations par l'éducateur avec, pour consigne, de repérer les moments où, selon lui, il « sentait » que l'enfant avait changé de comportement. Dans les cas où les éducateurs repéraient un comportement significatif rapporté lors d'une observation qui connotait le changement de phase, une relecture était réalisée afin de vérifier si les observations qui suivaient immédiatement cette observation étaient conformes à la tendance repérée. Cette observation prenait alors le statut d'« observation pivot » ;
– classement des observations dans différentes phases adaptatives dont la durée est évaluée par le nombre de jours entre le début et la fin de la notation de ces phases. Dans les cas où ces observations pivots n'étaient pas repérées, des explications complémentaires étaient demandées, ce qui impliquait une nouvelle réflexion sur l'évolution de l'enfant en question.

L'analyse des situations
Elle a été effectuée en deux temps :

• *Analyse initiale d'un cas d'enfant à titre d'essai*
Il s'agissait de mettre au point la méthode sur une situation choisie en fonction de critères qui la facilitaient : durée du séjour, profil, âge. Le travail a consisté à vérifier que les observations comportaient effectivement des traces exploitables pour le diagnostic de l'évolution de l'enfant. Les quatre phases adaptatives (phase de découverte, phase d'installation, phase de stabilisation et phase d'attente) ont ensuite été définies en recherchant systématiquement les « observations pivots ».
Une observation pivot indique la fin d'une phase et le début d'une autre. Sa date d'apparition permet de situer le changement de phase. Cependant, même si le changement de comportement de l'enfant peut se produire de manière spectaculaire, faire coïncider la date de l'observation pivot avec celle du changement de phase comportera toujours l'inconvénient de faire apparaître chaque phase de manière beaucoup plus tranchée que ne l'est en fait l'évolution de l'enfant.
Lors de cette première analyse, il est également apparu que les phases semblaient avoir une fonction « spécialisée » dans le processus adaptatif ; chacune rend compte d'un aspect particulier du travail des éducateurs et des « dispositions » de l'enfant par rapport à l'état d'avancement de son projet d'orientation.

• *Généralisation de la méthode*
Sur la base de ces premiers résultats, cette méthode d'analyse des observations a été généralisée à un ensemble varié de situations d'enfants, pour vérifier que leur évolution pouvait être décrite dans les mêmes termes que précédemment et faire apparaître les sources de variabilité du processus adaptatif d'enfants en situation de prise en charge socio-éducative (PCSE).

BIBLIOGRAPHIE

FLAGEUL-CAROLY S. (2001), *Régulations individuelles et collectives de situations critiques dans un secteur de service: le guichet de La Poste*, thèse de doctorat en ergonomie, Paris, École pratique des hautes études.

GOFFMAN E. (1968), *Asiles. Études sur la condition sociale des malades mentaux*, Paris, Minuit, coll. «Le sens commun».

JOSHUA S., DUPIN J. (1993), «Conflits sociocognitifs», in *Introduction à la didactique des sciences et des mathématiques*, Paris, Puf.

LEWIN K. (1951, éd. originale 1941), "Regression, Retrogression and Development", *in* R. Barker, T. Dembo, K. Lewin, *Frustration and Regression*, vol. 18, n° 1, 1-43, University of Iowa, Studies in Child Welfare; republié *in* D. Cartwright (ed.), *Field Theory in Social Science*, New York, Harper Torchbooks.

OLÉRON P., BEAUDICHON J., CARTRON A., DANSET-LÉGER J., MELOT A.-M., NGUYEN-XUAN A., WINNYKAMEN F. (1981), *Savoirs et savoir-faire psychologique chez l'enfant*, Bruxelles, Mardaga.

PERSAUD R. (2004), «La conquête de Mars réservée aux femmes?», *Courrier international*, n° 694, février, p. 53.

PIAGET J., INHELDER B. (1966), *La Psychologie de l'intelligence*, Paris, Puf.

SELYE H. (1974). *Stress sans détresse*, Montréal, La Presse.

VERMERSCH P. (1976), *Une approche de la régulation de l'action chez l'adulte. Registres de fonctionnement, déséquilibre transitoire et microgenèse*, thèse de doctorat de troisième cycle, Paris, Laboratoire de psychologie du travail, École pratique des hautes études.

LES STRATÉGIES FÉMININES D'ENTRÉE DANS LA VIE ADULTE APRÈS UN PLACEMENT À L'ADOLESCENCE

Isabelle Frechon*

Les sociologues et démographes de la jeunesse se sont attelés à analyser le thème du passage à l'âge adulte, mettant ainsi en avant l'évolution de ce phénomène au cours des générations. Aujourd'hui, cette période est décrite comme un processus long composé de phases plus ou moins précaires. Phases où la solidarité familiale est souvent sollicitée, où le choix du conjoint[1] peut tenir un rôle déterminant quant aux destins futurs et où l'accès à l'autonomie n'a plus la physionomie linéaire qu'on lui attribuait pour les générations cinquante-soixante. À cette époque, la fin des études et l'emploi, le mariage, la vie conjugale, les enfants se suivaient de près. Au contraire, aujourd'hui, ces étapes sont « désynchronisées[2] » avec l'existence de statuts intermédiaires (emplois temporaires, stages professionnels, vie solitaire, vie en couple hors des liens du mariage…) qui ont comme conséquence de maintenir plus tardivement les jeunes au domicile des parents[3]. Ainsi, lorsque le jeune quitte ses parents, les premières décohabitations peuvent être de courtes durées, avec des « fausses sorties, retours au bercail familial après une période d'essais-erreurs professionnelle ou matrimoniale[4] ». Cette notion

---

* *Isabelle Frechon est socio-démographe, chargée de recherche à l'Institut national des études démographiques (INED).*
1. T. BLÖSS, A. FRICKEY, M. NOVI, 1994, p. 637-655.
2. O. GALLAND, 2001, p. 151.
3. T. BLÖSS, 1989, p. 277-298; T. BLÖSS, F. GODARD, 1990, p. 205-222; C. VILLENEUVE-GOKALP, 1994, p. 495-504, et 1997, p. 149-162.
4. T. BLÖSS, F. GODARD, *op. cit.*, p. 220.

d'allers et retours entre certaines formes d'«autonomie» résidentielles et le giron familial est d'ailleurs plus que jamais d'actualité. Ainsi, C. VILLENEUVE-GOKALP a montré que, depuis le début des années quatre-vingt-dix, l'âge au départ du domicile familial ne correspondait plus à celui de l'installation dans un logement indépendant. «Un premier départ sur cinq s'avère provisoire.[5]» Le retour chez les parents est, en effet, le plus souvent motivé par des difficultés professionnelles.

En d'autres termes, cette analyse générale ne prend pas en compte les situations des jeunes dont le réseau de solidarité familiale ne peut être sollicité ou être considéré comme une ressource[6] (soit par mésentente[7], soit par véritable manque de moyens…). Pourtant, c'est le cas d'un grand nombre de situations de jeunes en fin de prise en charge par la protection de l'enfance mais aussi d'autres jeunes n'ayant pas été protégés. Cet angle d'approche a un intérêt d'autant plus fort que la période de «précarité», définie par O. GALLAND, coïncide à une période «creuse» dans les aides sociales, puisque, entre 21 et 25 ans, l'individu est trop âgé pour être aidé par la protection de l'enfance mais encore trop jeune pour recourir à certaines formes d'aides sociales (telles que le RMI).

Dans le cadre d'une thèse sur «l'insertion sociale et familiale de jeunes femmes anciennement placées en foyer socio-éducatif[8]», la notion de passage à l'âge adulte a été réinterrogée afin de cerner les stratégies d'autonomisation de ces individus dont la situation familiale est souvent précaire à cette période de leur vie.

Présentation générale de l'étude

À l'origine, cette étude a été demandée par un foyer socio-éducatif de la région parisienne que nous appellerons *Le Caligo* (nous ne pouvons donner son vrai nom, pour des raisons déontologiques). Il s'agit d'un foyer associatif habilité par les deux grands organismes de la protection de l'enfance en France, à savoir l'Aide sociale à l'enfance (ASE) qui dépend du département et la Protection judiciaire de la jeunesse (PJJ). Ce foyer a ouvert ses portes en 1982 et accueille des jeunes filles âgées de 15 à 21 ans. La quasi-totalité d'entre elles sont protégées au titre des articles 375 et suivants du code civil ainsi que du décret du

---

5. C. VILLENEUVE-GOKALP, 2000, p. 61-80.
6. À ce propos, cf. l'accès à l'autonomie des jeunes sans domicile, J.-M. FIRDION, 2000, p. 79-97; M. MARPSAT, J.-M. FIRDION, M. MERON, 2000.
7. Cf. par exemple J. SMITH, S. GILFORD, A. O'SULLIVAN, 1998.
8. I. FRECHON, 2003.

18 février 1975 relatif aux jeunes majeurs, il s'agit donc surtout d'adolescentes en danger.

L'objectif plus général du travail de thèse était à la fois d'analyser un type de prise en charge au travers des paroles des «ex-placées» et de connaître leur insertion sociale et familiale depuis la sortie du foyer (le passage à l'âge adulte de ces «ex-placées» ne compose donc qu'une petite partie de cette recherche). Pour répondre à ce double objectif, trois sources de données ont été mises en place.

L'étude des dossiers archivés

L'analyse des 136 dossiers archivés correspond à l'étude exhaustive de toutes les jeunes femmes entrées et sorties du *Caligo* entre octobre 1982 (date d'ouverture du foyer) et mai 1996 (date du début de l'enquête), avec une durée de séjour supérieure ou égale à six mois. Outre la nécessité de définir la population initiale afin de connaître la représentativité de l'échantillon des personnes retrouvées à l'âge adulte, cette première analyse a permis de prendre en compte, dans les observations sur le devenir des «ex-placées», leur trajectoire institutionnelle et familiale, de leur naissance à leur période de placement au *Caligo*. Ce qui a permis d'élaborer six trajectoires types[9], différenciant ainsi: les placements précoces (avant 13 ans), et ceux de l'adolescence; les jeunes filles qui ont connu une grande instabilité dans le placement, et celles qui au contraire sont restées relativement stables; de la même manière, celles qui auparavant ont connu une grande instabilité familiale, et celles qui ont toujours été éduquées par le même modèle familial (que cette famille soit nucléaire, monoparentale, recomposée, ou même «grand-parentale»); enfin «les habituées» du placement, et celles qui n'ont connu qu'un seul placement, au foyer *Le Caligo*.

---

9. La limite d'âge entre les placements au cours de l'enfance et ceux situés à l'adolescence a été mise à 12 ans révolus. La stabilité ou au contraire la mobilité familiale est définie par le nombre de modes familiaux vécus avant le premier placement: la stabilité n'excédant pas deux modes familiaux (par exemple, a vécu avec ses parents puis avec sa mère seule), nous parlons à partir de trois de «mobilité familiale».
Les Primo-stables: jamais placées avant le foyer *Le Caligo* + stabilité familiale auparavant.
Les Primo-mobiles: jamais placées avant le foyer *Le Caligo* + mobilité familiale auparavant.
Les Secundo-stables: placées adolescentes + stabilité familiale auparavant.
Les Secundo-mobiles: placées adolescentes + mobilité familiale auparavant.
Les Institutionnelles: placées enfants sans retour(s) en famille.
Les Navetteuses: placées enfants avec retour(s) en famille.

Le questionnaire et les entretiens

Pour étudier plus précisément le devenir de ces jeunes femmes, un questionnaire fut passé auprès de soixante-huit « ex-placées[10] ». Il s'agit de toutes celles retrouvées et qui ont accepté de répondre au questionnaire[11]. Elles avaient au moment de l'enquête entre 19 et 32 ans et étaient sorties du foyer depuis six mois, pour les sorties les plus récentes, jusqu'à quatorze ans, pour les plus anciennes. Le questionnaire devait permettre une première appréciation du devenir social et familial des « ex-placées », avec un grand nombre de caractéristiques observées de manière transversale, mais complétées par quelques questions rétrospectives permettant d'observer les trajectoires résidentielle, domestique et professionnelle des « ex-placées » depuis leur départ du *Caligo*. C'est ce que nous allons plus spécifiquement développer ici.

Enfin, parmi les 68 enquêtées, 30 ont également passé un entretien de type récit de vie permettant ici d'approfondir les connaissances sur leurs perceptions du passage au foyer *Le Caligo*, mais aussi de mieux comprendre leur insertion adulte. L'étude de faisabilité[12] avait déjà mis en lumière une instabilité importante des jeunes femmes pendant trois années en moyenne après leur sortie du *Caligo*. C'est pourquoi nous avons choisi d'interroger uniquement des jeunes femmes sorties depuis au moins quatre années, afin qu'elles puissent rétrospectivement témoigner de ces périodes difficiles sans qu'elles soient nécessairement dans cette situation au moment de l'interview. Cette restriction ne nous a néanmoins pas évité d'interroger des jeunes femmes présentant des difficultés sociales et/ou familiales importantes au moment de l'entretien.

C'est donc de cette étude de terrain que les résultats présentés ici ont été tirés.

L'insertion sociale se construit avec le temps

Dans bien des domaines, les « ex-placées » ont un comportement relativement similaire au reste de la population féminine française du même âge. Les trois quarts sont dans un logement stable, la moitié travaillent (elles sont presque toutes employées), le niveau financier est convenable lorsque l'on tient compte de la composition du ménage,

---

10. Soit la moitié de la population étudiée par dossier.
11. Seulement 6 jeunes femmes ont refusé de répondre au questionnaire, 62 autres n'ont pu être contactées.
12. I. FRECHON, 1997.

leur niveau de sociabilité est lui aussi comparable au reste de la population française du même âge. Les relations familiales sont importantes, particulièrement avec les frères et sœurs, malgré le fait qu'elles n'ont pas toujours cohabité avec eux au cours de leur enfance. Au moment de l'enquête, les trois quarts des jeunes femmes avaient des liens avec au moins l'un des deux parents. Toutefois, la reconstruction du lien peut être le fruit d'un long cheminement familial et celle-ci a parfois lieu plusieurs années après la sortie du foyer *Le Caligo*[13]. Concernant la famille de procréation, la majorité vivent en couple et la moitié ont débuté leur descendance[14]. Après la fin de prise en charge au foyer *Le Caligo*, nombreuses sont celles qui se sont mises en union et, parmi elles, beaucoup ont choisi un premier conjoint ayant le même type de passé qu'elles[15]. Dans de nombreux cas, plusieurs enfants sont issus de cette première union qui a abouti à une séparation. Toutefois, ces jeunes femmes ont la capacité d'éviter de réitérer ces mauvaises expériences. Ainsi, la plupart se séparent d'un conjoint « en miroir négatif » pour s'unir avec un conjoint « aidant » ou en « miroir positif ».

Enfin, au moment de l'enquête, un peu moins de une femme sur cinq n'avait pas encore accès à l'autonomie. Il s'agissait en majorité de personnes encore jeunes et sorties depuis peu de temps du foyer *Le Caligo*. Ainsi, une phase de précarité qui suit la sortie apparaît déjà au niveau de l'analyse transversale et a été confirmée par les récits de vie. Ces résultats vont d'ailleurs dans le même sens que la majorité des études sur le même sujet[16].

Néanmoins, le second niveau d'analyse met en évidence un certain nombre de spécificités liées à l'insertion de cette population. En effet, celles-ci apparaissent en observant les trajectoires résidentielles, professionnelles et domestiques des « ex-placées » depuis leur fin de prise

---

13. Cf. I. FRECHON, *op. cit.* 2003, partie II, chapitre II.
14. Cf. I. FRECHON, *ibid*, partie II, chapitre III.
15. À partir des tendances observées par A.-C. DUMARET et M. COPPEL, dans l'étude sur l'*Œuvre Grancher*, nous avons distingué les conjoints « aidants » (homme ayant connu une enfance plutôt heureuse avec des parents présents et accueillants ; en s'unissant, la jeune femme entre dans sa belle-famille et se l'approprie) ; les conjoints en « miroir positif » (homme qui a souffert dans son enfance, qui a été mal aimé et éventuellement placé ; l'union va renforcer la motivation pour s'en sortir) ; les conjoints en « miroir négatif » (même type d'homme que précédemment, mais l'union va au contraire être un frein à leur insertion). Cf. A.-C. DUMARET, M. COPPEL, 1995.
16. M. CORBILLON, J.-P. ASSAILLY, M. DUYME, 1990 ; D. BAUER, P. DUBÉCHOT, M. LEGROS, 1993 ; A.-C. DUMARET, M. COPPEL, *op. cit.* ; M. CORBILLON, A. DULERY, M.-P. MACKIEWICZ, 1997.

en charge. Elles ont été reconstruites à l'aide des questions rétrospectives du questionnaire. Elles se présentent de deux manières : à la fois selon l'âge des jeunes femmes, mais aussi selon le nombre d'années écoulées depuis la fin de prise en charge au *Caligo*[17]. La présentation sectorisée de ces trajectoires permettra une meilleure compréhension de l'analyse des stratégies de passage à l'âge adulte de ces jeunes femmes.

La trajectoire résidentielle

La répartition selon le statut d'occupation du logement évolue très nettement avec le temps *(graphique 1)*. La part de celles qui sont locataires ou propriétaires ne cesse de croître avec l'âge ou le nombre d'années écoulées depuis la sortie du *Caligo*. C'est à partir de 22 ans que plus de la moitié des « ex-placées » sont locataires ou propriétaires. On retrouve cette même proportion à partir de deux ans et demi suivant la sortie du *Caligo*. L'hébergement (dans la famille ou chez un tiers), qui était le statut d'occupation le plus fréquent dans les premières années suivant la sortie, baisse régulièrement, tout comme les prises en charge et les conditions plus précaires de logement. Notons cependant une petite baisse du statut de locataire au profit des hébergées et des prises en charge entre trois et quatre ans et demi après la sortie. Il s'agit pour certaines de ruptures affectives qui les ont amenées à retourner au domicile des parents ou dans un foyer maternel, pour d'autres d'une période de précarité professionnelle. Toutefois, cette baisse n'est que provisoire et l'on observe un rattrapage par la suite. Cela est caractéristique du passage à l'âge adulte ; ainsi « le retour de ceux qui partent après la fin de la scolarité répond souvent à une situation de crise : 6 % reviennent en raison du chômage, de l'insuffisance de leurs ressources ou/et parce qu'ils ne peuvent plus garder leur logement, et autant reviennent à la suite d'une rupture conjugale ou sentimentale ou/et parce qu'ils n'aiment pas vivre seuls[18] ».

---

17. En effet, certaines jeunes femmes sont sorties du foyer vers 17-18 ans alors que d'autres au contraire ont bénéficié d'un contrat jeune majeur et sont sorties à 21 ans. Pour les trois types de trajectoires, nous ne présenterons à chaque fois qu'un seul des deux graphiques : celui dont la variable est la plus influençable, lorsque cela est le cas.
18. C. VILLENEUVE-GOKALP, *op. cit.* 1997, p. 155.

Graphique 1 – **Répartition des statuts d'occupation selon le nombre d'années depuis la sortie du *Caligo***

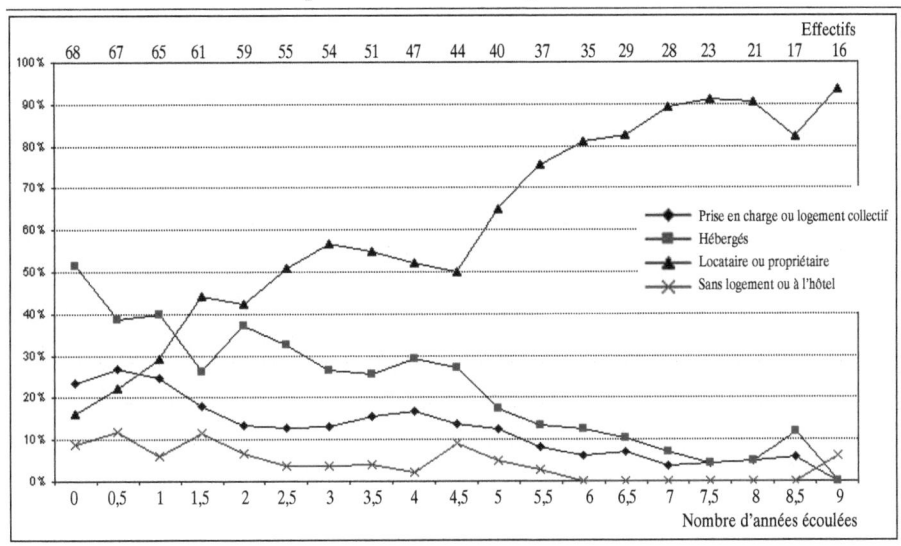

Lecture : cinq ans après la sortie, parmi les quarante « ex-placées » qui étaient sorties depuis au moins cette période au moment de l'enquête, 65 % étaient locataires ou propriétaires.

La trajectoire domestique[19]

Aux âges jeunes, qui coïncident souvent avec la fin de prise en charge au *Caligo*, toutes les formes de ménages sont représentées, pour petit à petit laisser la place à une forme dominante : la vie conjugale. La vie solitaire est davantage liée à la suite de la fin de prise en charge au *Caligo* plutôt qu'à l'âge à la sortie. Ainsi, plus de une jeune fille sur deux sort pour vivre seule, mais cette proportion diminue rapidement dans les deux premières années après la sortie. Par ailleurs, notons la relative importance de la présence parentale dans les solidarités liées à cette période. Environ une jeune fille sur six sollicite l'aide résidentielle de ses parents dans les cinq premières années suivant la fin de prise en charge au *Caligo*. Pour certaines, c'est l'aide de la famille du conjoint qui est davantage sollicitée. Sur la même période, une jeune femme sur dix vivra chez ses beaux-parents. Enfin, si les premiers mé-

---

19. Nous mettons sous le terme de trajectoire domestique les différentes formes de ménages par lesquelles les « ex-placées » sont passées depuis leur sortie du foyer *Le Caligo*. Notons, que les jeunes femmes vivant en foyer de jeunes travailleurs (FJT) ont été considérées comme « vivant seules » et en foyer maternel comme « ménage monoparental » à partir de la naissance de l'enfant.

nages monoparentaux apparaissent précocement (dès l'âge de 18 ans), ils sont très marginaux jusqu'à 22 ans, pour représenter environ une jeune femme sur dix à partir de 23 ans.

Graphique 2 – **Répartition des formes de ménage selon le nombre d'années depuis la sortie du *Caligo***

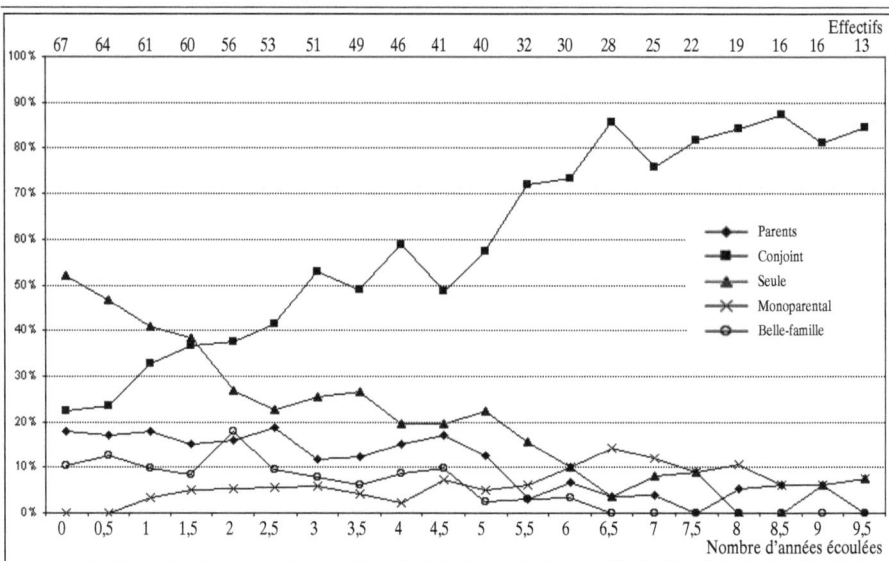

Lecture : quatre ans après la sortie, parmi les quarante-six « ex-placées » qui étaient sorties depuis au moins cette période au moment de l'enquête, 20 % vivaient seules.

La trajectoire domestique est comparable à celles des autres jeunes de leur âge, dans la mesure où l'une des transitions du passage à l'âge adulte se caractérise par le fait de vivre soit avec un conjoint, soit seule. Toutefois, cette transition apparaît très tôt dans la vie de ces jeunes en comparaison de la population française féminine du même âge. Les « ex-placées » enquêtées ont eu en moyenne 18 ans en 1990. C'est pourquoi nous avons choisi cette année de référence pour comparer la répartition des « ex-placées » selon leur mode de vie lorsqu'elles avaient 18 ans à celles des jeunes Françaises du même âge *(tableau 1).*

Si l'on cherche à quel âge le même type de répartition que celui des « ex-placées » à 18 ans apparaît dans l'ensemble de la population féminine française, on s'aperçoit qu'à aucun moment les jeunes Françaises ne seront en proportion si importante « vivant à l'extérieur mais pas en couple ». C'est entre 24 et 25 ans qu'elles ne seront plus que 20 % chez leurs parents, et à 22 ans qu'elles vivront pour un tiers en couple[20].

---

20. INSEE, 1992, p. 206-207.

Tableau 1. **Répartition selon le mode de vie à 18 ans**

	Ensemble des femmes françaises de 18 ans	« Ex-placées » à 18 ans
Vivant chez leurs parents	90,3 %	21,0 %
Vivant à l'extérieur mais pas en couple	8,8 %	39,0 %*
Vivant en couple (mariés ou non)	0,8 %	33,0 %**

Source: INSEE, 1992, p. 206.
* Regroupe les «ex-placées» vivant seules ou en ménage monoparental.
** Regroupe les «ex-placées» vivant avec un conjoint et celles vivant chez la belle-famille.

Les trajectoires professionnelles

La trajectoire professionnelle reprend seulement trois critères : soit la jeune femme travaillait, soit elle était en formation, soit elle ne travaillait pas. Contrairement aux trajectoires résidentielle et domestique où l'accession à l'autonomie était très fortement influencée par le temps, la trajectoire professionnelle semble répondre à d'autres critères. Quel que soit l'âge à la sortie, le taux d'activité est tout de suite relativement élevé (60 %), mais n'augmentera que faiblement, laissant sur toute cette période une part relativement constante de jeunes femmes sans emploi et sans formation.

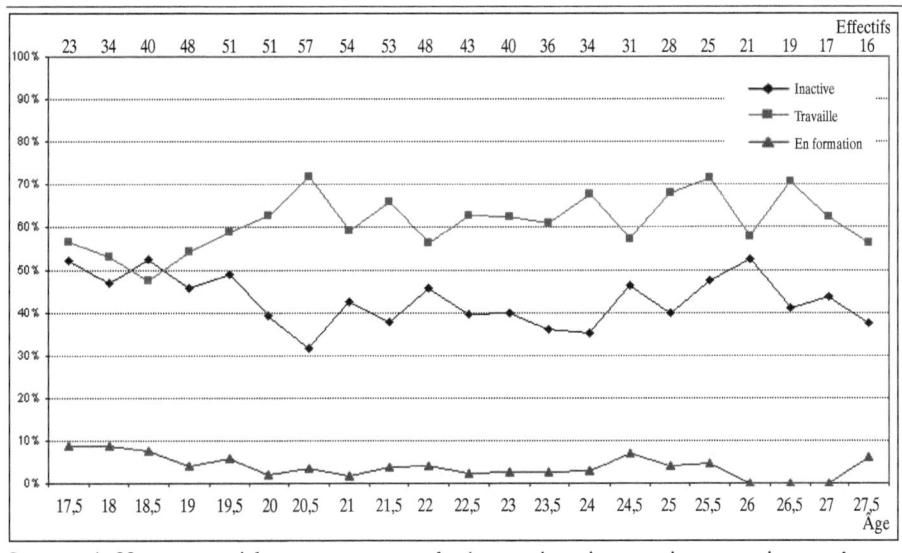

Graphique 3 – **Trajectoire professionnelle selon l'âge des «ex-placées»**

Lecture : à 23 ans, parmi les quarante «ex-placées» qui avaient atteint au moins cet âge au moment de l'enquête, 40 % ne travaillaient pas.

Seulement 4 sur 68 (6 %) « ex-placées » n'ont jamais travaillé, il ne s'agit donc pas d'un groupe « d'ex-placées » sans travail, mais de ruptures d'emploi dans la trajectoire professionnelle. Cela est spécifique des parcours féminins dont les périodes d'arrêt d'activité en vue d'éduquer les enfants ne sont pas rares. Toutefois, l'entrée dans la vie professionnelle débute bien plus précocement que pour l'ensemble des jeunes femmes françaises du même âge. Alors que 52 % des « ex-placées » travaillaient lorsqu'elles avaient 18 ans, le taux d'actives occupées du même âge dans l'ensemble de la population était seulement de 6,3 % en 1990[21]. À cet âge, la plupart des jeunes sont encore scolarisées (88,3 %), alors que les « ex-placées » ne sont que 8 % à l'être, celles qui ne travaillent pas étant le plus souvent sans occupation. Bien entendu, une comparaison avec des jeunes issus des mêmes milieux sociaux aurait probablement estompé ces différences, dans la mesure où ces jeunes femmes, pour la plupart en échec scolaire, arrivent sur le marché du travail très tôt. Toutefois, la limite d'âge de la protection de l'enfance à 21 ans maximum entraîne inévitablement une entrée contraignante sur le marché du travail pour certaines.

L'étude sectorisée des trois trajectoires met déjà en évidence que l'accès à l'autonomie des « ex-placées » se fait avec le temps et s'apparente en ce point aux observations faites en sociologie de la jeunesse à partir de populations représentatives de la population française de cette tranche d'âge. Finalement, une fois sorties du foyer, les « ex-placées » vont connaître une période d'instabilité résidentielle, avec des allers-retours entre autonomie et dépendance, comme toutes les personnes de leur âge. Ce qui varie sûrement, c'est l'usage des systèmes d'aides sociales résidentielles (FJT, foyer maternel...) qui pallient en partie la faiblesse du réseau familial souvent sollicité par les jeunes au cours de cette phase transitoire du passage à l'âge adulte. En effet, comparativement à l'ensemble de la population, la phase de transition apparaît très tôt dans le cycle de vie de ces jeunes filles, ce qui les amène à devoir accéder précocement soit à une autonomie financière par le biais du travail, soit à la vie conjugale.

Une analyse d'ensemble des trajectoires permet alors de mieux comprendre les stratégies de ces jeunes femmes pour accéder à leur propre autonomie.

---

21. L'année 1990 correspond à l'année moyenne observée lorsque les « ex-placées » avaient 18 ans. Cf. INSEE, *op. cit.*, p. 47.

Les stratégies d'autonomisation des « ex-placées »

Les stratégies féminines d'entrée dans la vie adulte ont été étudiées par T. BLÖSS, A. FRICKEY et M. NOVI en 1994. Les auteurs distinguaient alors deux modes d'entrée dans la vie adulte pour des femmes mariées nées en 1947 : le mode matrimonial, où les jeunes femmes quittent leurs parents pour se mettre en ménage ; le mode individuel, où les jeunes femmes partent célibataires, indépendantes, pour travailler ou suivre une formation[22]. Si les femmes entrées dans la vie adulte sur le mode matrimonial sont plus souvent issues d'un milieu populaire et (donc) moins diplômées, l'analyse « toute chose égale par ailleurs » a permis de démontrer que ce mode d'entrée peut être considéré, en soi, comme un frein à une carrière professionnelle valorisée. Les événements matrimoniaux et la carrière du conjoint ont en effet priorité sur la carrière professionnelle de la femme.

À l'aide des trois trajectoires des « ex-placées », il est possible de distinguer ces deux modes d'entrée. Bien entendu, le départ de chez les parents n'a pas été retenu comme critère systématique de l'entrée dans la vie adulte, puisque, pour certaines, *Le Caligo,* ou parfois un autre placement qui faisait suite au *Caligo,* était considéré comme une phase de suppléance familiale. Sur les 68 enquêtées, il n'a été possible d'étudier que 66 trajectoires, car, dans un cas, la trajectoire domestique est inexploitable, et dans l'autre, c'est la trajectoire professionnelle. Par ailleurs, des 66 jeunes femmes, 12 n'avaient pas, au moment de l'enquête, accédé à une forme d'autonomie. Parmi elles, 8 avaient moins de 22 ans et étaient sorties du foyer *Le Caligo* depuis moins de trois ans. Pour les 4 autres, il s'agit de difficultés d'insertion plus importantes et surtout s'installant dans la durée (elles ont entre 24 et 27 ans et sont sorties depuis plus de cinq ans du foyer *Le Caligo*). Parmi elles, 2 sont dans un circuit familial, une dans un circuit sociomédical et une dans une instabilité proche de la marginalité. Reste une grande majorité (54 « ex-placées ») qui a accédé à une certaine forme d'indépendance. Parmi elles, 26 « ex-placées » ont pris leur autonomie par le mode matrimonial et 28 par le mode individuel. Si les 12 jeunes femmes qui n'ont pas encore acquis leur indépendance sont plus jeunes, il n'existe pas de grandes différences quant à l'âge à la sortie ou à l'âge au moment de l'enquête entre les deux autres groupes.

---

22. T. BLÖSS, A. FRICKEY, M. NOVI, *op. cit.*, p. 639.

Tableau 2. **Âge à la sortie du *Caligo* et au moment de l'enquête, selon le mode d'entrée dans la vie adulte**

	Mode individuel	Mode matrimonial	Non insérées
Âge moyen à la sortie du *Caligo*	19,1	18,6	19,1
Âge médian à la sortie du *Caligo*	19,1	18,6	19,3
Âge moyen au moment de l'enquête	26,3	25,8	22,4
Âge médian au moment de l'enquête	26,7	25,2	21,8
Effectif	28	26	12

La part des « ex-placées » accédant à l'autonomie par le mode individuel est plus importante que celles y accédant par le mode matrimonial[23].

Le tableau 3 qui suit met en évidence que les « ex-placées » prenant leur autonomie par le mode individuel ont eu davantage recours à la famille d'affiliation ou aux aides sociales résidentielles que celles du mode matrimonial. Et c'est en toute logique que ces dernières ont davantage recours à la belle-famille, qui par ailleurs paraissent un peu plus protégées du risque de connaître une période de « galère » résidentielle que les « ex-placées » du mode individuel, mais cette différence est très relative.

Compte tenu des faibles effectifs, il ne s'agit là que de tendances, mais celles-ci sont riches d'enseignements. Premièrement, parmi les 12 jeunes filles « non insérées », seulement 4 semblaient avoir de réelles difficultés d'insertion (3 sont Primo-stables et 1 Navetteuse), les Institutionnelles, très représentées, dans cette colonne, le sont surtout à cause de leur âge relativement jeune. Deuxièmement, ce sont les « ex-placées » aux trajectoires familiales les plus mobiles (Navetteuses, Primo-mobiles, Secundo-mobiles) ainsi que les Institutionnelles qui entrent plus souvent dans la vie adulte par le mode matrimonial. À l'inverse, celles qui sont restées sur le même mode familial durant l'enfance (Primo-stables et Secundo-stables) entrent dans la vie adulte par le biais de l'emploi. En effet, l'entrée dans la vie adulte par le mode individuel nécessite l'appui soit de l'entourage (le plus souvent les pa-

---

23. T. BLÖSS *et al.* avaient observé l'inverse dans leur échantillon (366 par le mode matrimonial, 142 par le mode individuel). Toutefois, la génération concernée (née en 1947) ne permet pas ce type de comparaison. Notre objectif ici est davantage de comprendre les stratégies d'accès à l'autonomie d'un groupe de jeunes femmes spécifique et éventuellement d'ouvrir la voie à d'autres études comparatives plutôt que de tenter de comparer ces résultats dès à présent (T. BLÖSS, A. FRICKEY, M. NOVI, *op. cit.*).

rents), soit des systèmes d'aides sociales résidentielles. Même si les formes d'aides peuvent parfois être conjointement utilisées au cours de cette période d'accès à l'autonomie, on peut remarquer que les Secundo-stables ont fait plus souvent appel au réseau social et que les Primo-stables ont plutôt été aidées par la famille après leur sortie de foyer. L'étude qualitative avait d'ailleurs mis en évidence que les « ex-placées », qui avaient toujours maintenu un lien avec leurs parents, étaient davantage représentées parmi les Primo-stables[24]. En effet,

Tableau 3. **Répartition de certaines formes résidentielles selon le mode d'entrée dans la vie adulte**

	Mode individuel	Mode matrimonial	Non insérées	Total	Total en %
Hébergée chez les parent(s)	12	7	6	25	38 %
Hébergée chez un autre membre de la famille	4	2	1	7	11 %
Hébergée dans la belle-famille	8	14	1	23	35 %
A connu au moins un système d'aide sociale résidentielle	19	9	7	35	53 %
Dont FJT	12	2	2	16	24 %
Dont foyer maternel	4	2	1	7	11 %*
A connu un moment de « galère », « squat », vie à l'hôtel…	7	5	4	16	24 %
Total	**28**	**26**	**12**	**66**	**100 %**

* Si l'on rapporte le nombre de jeunes femmes ayant vécu en foyer maternel au nombre de mères (sept sur trente-trois), la proportion est alors de 21 %. *Cela nous permet de mieux comprendre la répartition de ces modes d'entrée dans la vie adulte selon le parcours vécu durant l'enfance.*

Tableau 4. **Mode d'entrée dans la vie adulte selon la trajectoire du passé**

	Mode individuel	Mode matrimonial	Non insérées	Total
Navetteuses	2	5	2	9
Primo-mobiles	5	6	–	11
Secundo-mobiles	2	3	1	6
Institutionnelles	3	5	4	12
Primo-stables	9	5	5	19
Secundo-stables	7	2	–	9
Total	**28**	**26**	**12**	**66**

Lecture: parmi les douze enquêtées ayant été placées durant l'enfance sans retour en famille (Institutionnelles), cinq sont entrées dans la vie adulte par le mode matrimonial.

24. Cf. FRECHON I., *op. cit.* 2003, partie II, chapitre II, 2-4-1: « Le maintien d'un lien ininterrompu ».

même si, au moment de l'enquête, les trois quarts des «ex-placées» avaient des liens avec au moins l'un des deux parents, ces relations se sont, pour beaucoup, reconstruites au fil du temps depuis la sortie du foyer *Le Caligo*. En d'autres termes, ces relations parentales n'ont pas nécessairement été «utilisées» comme soutien parental au moment du passage à l'autonomie. Ainsi, malgré le fait que 9 des 10 Navetteuses avaient, au moment de l'enquête, des liens avec au moins l'un des deux parents, seulement 2 sur 9[25] sont entrées dans la vie adulte par le mode individuel.

Par ailleurs, comme le soulignent ces prédécesseurs, «l'existence de ces deux modes d'entrée dans la vie adulte n'empêche cependant pas, à terme, mariage et activité professionnelle de s'entrecroiser très largement[26]». Ainsi, parmi les 24 «ex-placées» ayant pris leur autonomie par le mode matrimonial, 2 seulement n'ont jamais travaillé. En revanche, seulement 1 sur 5 a suivi une formation et celle-ci n'a jamais excédé un an, alors que, parmi les 32 «ex-placées» ayant pris leur autonomie par le mode de l'indépendance, 2 sur 5 ont suivi, après leur sortie du *Caligo,* une formation dont la durée a pu aller jusqu'à deux ans et demi.

Pour illustrer les trajectoires professionnelles en fonction de leur mode d'entrée (ou pas) dans la vie adulte, nous avons calculé une répartition moyenne du temps passé soit à travailler, soit à se former, soit à être inactive (c'est-à-dire ne pas occuper d'emploi ni de formation) depuis leur sortie du foyer *Le Caligo (tableau 5).*

Tableau 5. **Répartition du temps passé depuis la sortie du *Caligo* selon l'occupation professionnelle**

	Mode individuel	**Mode matrimonial**	**Non insérées**
Répartition moyenne du :			
temps passé à travailler	63 %	51 %	9 %
temps passé à se former	7 %	1 %	4 %
temps passé ni à travailler, ni à se former	30 %	48 %	87 %
Total	**100 %**	**100 %**	**100 %**

Lecture : les «ex-placées» entrées dans la vie adulte par un mode individuel ont passé, en moyenne, 63 % de leur temps depuis la sortie du *Caligo* à travailler, 7 % à se former et 30 % ni à travailler, ni à se former.
L'effectif étant inférieur à 100, ces fréquences sont présentées à titre indicatif.

---

25. Il n'a pas été possible de reconstituer le mode d'entrée dans la vie adulte d'une des Navetteuses.
26. T. BLÖSS, A. FRICKEY, M. NOVI, *op. cit.*, p. 640.

Tableau 6. **Caractéristiques actuelles des « ex-placées » selon leur mode d'entrée dans la vie adulte**

	Mode individuel	Mode matrimonial	Non insérées
Être mariée ou en couple	43 %	77 %	17 %
Avoir au moins un enfant	50 %	65 %	17 %
Avoir des liens avec au moins un parent	71 %	73 %	92 %
Avoir au moins un diplôme	75 %	36 %	17 %

Lecture: parmi les « ex-placées » entrées dans la vie adulte par le mode individuel, 75 % avaient au moins un diplôme au moment de l'enquête.
L'effectif étant inférieur à 100, ces fréquences sont présentées à titre indicatif.

L'accès à l'autonomie par le mode individuel amène tout de même les « ex-placées » à travailler ou se former davantage que celles dont l'autonomie a été acquise par le mode matrimonial. La part relativement importante du temps passé sans activité parmi les jeunes femmes du mode matrimonial s'explique en partie seulement par le temps passé à l'éducation des enfants. En effet, l'analyse transversale montrait bien l'effet protecteur du diplôme – quel que soit son niveau – sur le marché du travail. Or il apparaît clairement que les jeunes femmes du mode matrimonial sont moins fréquemment diplômées que les autres *(tableau 6)*. Cette faiblesse du diplôme peut alors traduire un handicap sur le marché de l'emploi qui les a amenées à choisir une entrée dans la vie adulte par le mode conjugal.

Conclusion

Nous pouvons dès lors nous demander quelle forme d'indépendance vis-à-vis du conjoint certaines « ex-placées » ont acquise ? Quelle part de liberté ont-elles sur leur devenir ? Pour faire écho à l'analyse des trajectoires conjugales – où il a été observé qu'une partie des « ex-placées » choisissait dans un premier temps un conjoint en « miroir négatif » avant de rompre pour reformer un couple avec soit un conjoint en « miroir positif », soit un conjoint « aidant » –, il serait intéressant de mesurer ces capacités à rebondir selon le mode d'entrée dans la vie adulte emprunté par ces « ex-placées ». D'ailleurs, comme le soulignaient F. BATTAGLIOLA, E. BROWN ET M. JASPARD : « Les risques engendrés par les difficultés professionnelles sont [...] loin d'être identiques pour les femmes et pour les hommes. Les premières sont plus protégées de l'extrême pauvreté et de l'isolement social par le fait qu'elles vivent plus souvent en couple avec leurs enfants. L'hypergamie fréquente de leur choix conjugal leur assure un meilleur niveau de vie. Mais le risque encouru par les femmes ayant misé sur la vie familiale apparaît en cas de rupture de couple, puisqu'elles se retrouvent alors seules avec leurs enfants, dans des situations souvent particulièrement difficiles.[27] »

En d'autres termes, pour certaines, l'arrivée d'un conjoint dans leur vie a été synonyme de tournant heureux, pour d'autres il a pu être choisi comme une échappatoire à une enfance et/ou une adolescence malheureuse(s). De la même manière, l'accès à l'autonomie par la voie individuelle a pu être plus ou moins bien vécu. Certes, elles ont davantage été aidées par l'entourage familial et ont plus souvent poursuivi des études ou repris une formation par la suite ; mais les passages de « galère », de vie à « l'hôtel », dans un « squat », ne sont pas toujours absents de leur trajectoire résidentielle. Soit parce que le soutien parental n'a pu être utilisé que pour une courte période, soit parce que certaines n'en avaient tout simplement pas. L'utilisation importante des systèmes sociaux d'aides résidentielles traduit d'ailleurs cette nécessité de pallier la faiblesse du réseau familial. Car, si la grande majorité des « ex-placées » avaient des liens avec au moins l'un des deux parents au moment de l'enquête, ceux-ci ont été pour beaucoup reconstruits très récemment, alors que leur vie adulte avait déjà débuté.

BIBLIOGRAPHIE

BATTAGLIOLA F., BROWN E., JASPARD M. (1995), « Précarité d'emploi et itinéraire de transition à l'âge adulte », *Recherches et Prévisions*, n° 40, p. 45-56.

BAUER D., DUBÉCHOT P., LEGROS M. (1993), *Le Temps de l'établissement : des difficultés de l'adolescence aux insertions du jeune adulte,* Paris, Crédoc, coll. « Collection des rapports ».

BLÖSS T. (1989)*,* « Décohabitation familiale, rapports entre générations et mobilité résidentielle », *in* N. Haumont, M. Segaud (dir.), *Familles, Modes de vie et Habitat. Actes du colloque international d'Arc-et-Senans (17-19 septembre 1987),* Paris, L'Harmattan.

---

27. F. BATTAGLIOLA, E. BROWN, M. JASPARD, 1995, p. 55.

BLÖSS T., FRICKEY A., NOVI M. (1994), « Modes d'entrée dans la vie adulte et trajectoires sociales des femmes mariées », *Population*, n° 3, mai-juin.
BLÖSS T., GODARD F. (1990), « Décohabitation juvénile. Stratégies juvéniles et conjoncture de l'existence », in C. Bonvalet, A.-M. Fribourg (org.), *Stratégies résidentielles. Actes du séminaire, Paris, 1988*, INED, n° 2.
CORBILLON M., ASSAILLY J.-P., DUYME M. (1990), *L'Enfant placé : de l'Assistance publique à l'Aide sociale à l'enfance*, Paris, documents Affaires sociales, ministère de la Solidarité, de la Santé et de la Protection sociale.
CORBILLON M., DULERY A., MACKIEWICZ M.-P. (1997), *Après les Cèdres bleus... Quel devenir à l'issue d'un placement dans une maison d'enfants ?*, GERIS, rapport final, juin.
DUMARET A.-C., COPPEL M. (1995), *Que sont-ils devenus ? Les enfants placés à l'Œuvre Grancher. Analyse d'un placement spécialisé*, Ramonville-Saint-Agne, Érès.
FIRDION J.-M. (2000), « Une revue de la littérature sur les jeunes sans domicile », *Recherches et Prévisions*, n° 60, juin.
FRECHON I. (1997), *L'Insertion sociale de jeunes femmes ayant été placées en foyer socio-éducatif. L'exemple de l'établissement « Le Caligo »*, mémoire de DEA de sociologie et démographie des sociétés contemporaines, université de Paris X-Nanterre.
FRECHON I. (2001), « Être placées à l'adolescence... et après ? Témoignages et devenirs de jeunes filles ayant vécu au foyer Le Caligo », *Études et Recherche,* n° 4, mai, Vaucresson, CNFE-PJJ.
FRECHON I. (2003), *L'Insertion sociale et familiale de jeunes femmes anciennement placées en foyer socio-éducatif,* thèse doctorale de démographie et de sociologie sous la direction de C. Bonvalet, Paris, université de Paris X-Nanterre.
GALLAND O. (2001, 1re édition 1997), *Sociologie de la jeunesse*, Paris, Armand Colin.
INSEE (1992), « Enquêtes sur l'emploi de 1990 et 1991 : résultats détaillés », *INSEE Résultats*, n° 222-223.
MARPSAT M., FIRDION J.-M., MERON M. (2000), « Le passé difficile des jeunes sans domicile », *Population et Sociétés*, n° 363, décembre.
SMITH J., GILFORD S., O'SULLIVAN A. (1998), *The Family Background of Homeless Young People*, London, Family Policy Studies Centre.

VILLENEUVE-GOKALP C. (1994), « Faux départs et soutien familial », in *Ménages, familles, parentèles et solidarités dans les populations méditerranéennes. Séminaire international d'Aranjuez (27-30 septembre 1994)*.

VILLENEUVE-GOKALP C. (1997), « Le départ de chez les parents : définitions d'un processus complexe », *Économie et Statistique*, n° 304-305.

VILLENEUVE-GOKALP C. (2000), « Les jeunes partent toujours au même âge de chez leurs parents », *Économie et Statistique*, n° 337-338.

CINQUIÈME PARTIE

S'EMPARER DES ESPACES COLLECTIFS

DE LA PRATIQUE DU DÉFI À LA CRÉATION CHORÉGRAPHIQUE EN DANSES HIP-HOP
Présentation des valeurs et des usages sociaux d'une culture juvénile urbaine

Dieynébou Fofana*

Né au milieu des années soixante-dix, sur la côte est des États-Unis, le mouvement hip-hop est apparu en France au début des années quatre-vingt. Or ce qui apparaît dans un premier temps comme un mouvement de mode voué à disparaître s'affirme rapidement en tant que culture. Une culture dont les codes et les pratiques vont trouver auprès des jeunes, et tout particulièrement des jeunes issus des périphéries urbaines françaises, un écho retentissant.

Cette culture est composée des trois principaux modes d'expression que sont la musique (avec le rap et le *DJing*), le graffiti et la danse. Nous avons choisi de nous attacher à la culture hip-hop et plus particulièrement aux danses hip-hop en tant que culture urbaine et culture juvénile.

Nous faisons ainsi le choix de nous attacher à cette « période moratoire[1] » qu'est la jeunesse en tenant compte de son indétermination, de sa qualité de moment où les essais, les échecs, les réussites construisent l'individu. En somme, nous considérons que la jeunesse est cette période de la vie de l'individu marquée par l'expérimentation. Et, dans le cadre de notre recherche, nous posons l'hypothèse qu'une culture juvénile telle que la culture hip-hop est un espace propice à cette expé-

---

* Dieynébou Fofana est doctorante en sciences de l'éducation à l'université de Paris X-Nanterre, secteur Crise: école, terrains sensibles du Centre de recherche éducation formation (Cref).
1. O. GALLAND, 1997.

rimentation et au développement de ce que nous considérons comme de nouvelles sociabilités juvéniles.

Afin de mettre en évidence ces sociabilités, c'est-à-dire des manières particulières d'être ensemble, notre choix méthodologique s'est porté sur le travail de terrain (*fieldwork*) et plus précisément sur l'observation *in situ*. Cette méthode, qui relève par tradition de l'ethnographie et de l'anthropologie sociale, est utilisée minoritairement par les sciences de l'éducation. Toutefois, dans le cadre de notre étude, elle nous est apparue comme la plus adéquate pour :
- nous attacher à un processus social tel que la socialisation ;
- étudier des comportements qui s'inscrivent dans l'environnement urbain considéré comme sensible que sont les périphéries urbaines ;
- nous intéresser à une population particulière : les jeunes qui participent à la culture hip-hop,
- chercher à décoder les relations interindividuelles qui se jouent dans le cadre d'une pratique liée à cette culture juvénile urbaine : dans notre cas, la danse.

Les données qui suivent sont donc le résultat d'une démarche inductive qui met en avant la notion d'interaction comme analyseur des comportements observés chez des acteurs hip-hop dans le cadre de leur pratique. On s'inscrit ainsi dans l'esprit des travaux des héritiers de l'École de Chicago à l'origine du paradigme interactionniste et d'un courant : l'interactionnisme symbolique. En effet, E. C. HUGHES, E. GOFFMAN ou encore H. S. BECKER ont participé, par une utilisation quasi systématique de l'observation *in situ*, à une reconnaissance de cette approche particulière du terrain comme une méthode de recueil de données rigoureuse.

Durant trois ans, nous avons observé les comportements développés et entretenus par des danseurs hip-hop, dans le cadre de leurs déplacements, de manifestations, de séances d'entraînement, de répétitions, etc.

Les différentes données recueillies nous ont amenée à distinguer ce que nous avons choisi d'appeler des valeurs et des usages propres à l'univers des danses hip-hop mais également à d'autres pratiques de cette culture. Il est important toutefois, avant de présenter ce que nous entendons par ces deux notions, de donner quelques éléments de compréhension de la pratique de la danse dans le cadre de la culture hip-hop.

De la rue à la scène

S'attacher aux danses hip-hop signifie tenir compte de deux facettes que revêt cette pratique. En effet, il faut dans un premier temps comprendre la notion du défi qui est une pratique originelle propre à la culture hip-hop en général et qui renvoie à ses racines urbaines. Ensuite, on doit tenir compte de la création chorégraphique qui, à partir de la fin des années quatre-vingt, va permettre l'émergence de compagnies de danse structurées. L'apparition de celles-ci, dont le travail et la démarche artistiques auront parfois une portée internationale, va mettre en évidence un certain nombre de compétences de la part des acteurs investis dans cet art de la rue qui frappe ainsi aux portes des espaces culturels traditionnels de la ville.

Le défi, né dès les premières heures du mouvement hip-hop, est une pratique qui correspond à une symbolisation de l'affrontement violent à travers une performance artistique. Que ce soit sur le versant musical, du graphisme ou de la danse, le défi est une pratique originelle du mouvement hip-hop.

En effet, la Zulu Nation[2], qui est l'organisation à la base de la culture hip-hop, va chercher à juguler la violence qui régit les relations entre bandes rivales. Et pour ce faire, le credo «*Peace, Unity and Havin'Fun*[3]» va être proposé afin que les membres du mouvement hip-hop utilisent leur énergie d'une manière positive. C'est ainsi que les défis artistiques[4], qui consistent en une surenchère constante entre deux adversaires, vont chercher à se substituer aux affrontements violents. C'est dans le cadre des *battles*[5] que les défis prennent place, et il existe aujourd'hui un certain nombre de *battles* internationaux qui permettent aux danseurs de tous horizons de se confronter et de désigner les meilleurs d'entre eux.

À l'art du défi s'ajoute une autre dimension des danses hip-hop. En effet, le travail chorégraphique de quelques compagnies hip-hop trouve une place dans la programmation de certains espaces culturels

---

2. La Zulu Nation, créée en 1975 par Afrika Bambaataa, est au fondement de ce qui va devenir la culture hip-hop. Elle prône des codes moraux qui visent la non-violence et la non-discrimination en fonction de quelque critère que ce soit.
3. « Paix, unité et s'amuser. »
4. Ces défis sont appelés des *freestyle* en rap et consistent en des improvisations durant lesquelles chaque rappeur doit tour à tour surenchérir sur la rime de l'adversaire jusqu'à ce que l'un d'eux manque d'inspiration.
5. Terme employé par les acteurs du mouvement hip-hop pour désigner des rencontres de danse hip-hop, le *battle* peut être traduit littéralement par bataille.

depuis la fin des années quatre-vingt. On assiste donc à une accession à la scène de cet art de la rue, ce qui pose des questions et soulève parfois des problèmes d'un type nouveau. De fait, cette accession à la scène reste difficile aux yeux des acteurs concernés et encore trop souvent soumise à conditions. Toutefois, les manifestations ponctuelles qui se multiplient montrent que les danses hip-hop ont un public, et l'on se rend compte que l'intérêt porté à cette pratique juvénile diffère selon que l'on en fait une approche sociale, politique ou culturelle.

Or nous considèrons ici que la pratique de la danse dans le cadre de la culture hip-hop, et surtout sous sa forme chorégraphiée, permet de donner une visibilité à des acteurs habituellement désignés à travers un discours négatif. «Les jeunes des quartiers», pour reprendre une expression aujourd'hui consacrée, participent dans ce cadre culturel particulier à la création artistique mais également à la vie de la Cité, en mettant en œuvre des actions en direction de leurs pairs. En effet, l'organisation, entre autres, de compétitions, de résidences de création, de *masterclasses*[6] ou encore de cours dans les différentes pratiques hip-hop est l'illustration concrète d'une véritable volonté de transmission à la fois intra- et intergénérationnelle et d'investissement volontaire de certains acteurs dans cet espace original investi par des jeunes, pour des jeunes.

C'est donc sans antagonisme que le travail chorégraphique et l'esprit des défis se complètent dans l'univers des danses hip-hop. Les *battles* sont les laboratoires de la performance où la barre des prouesses semble sans limite tant les mouvements prennent des dimensions de plus en plus complexes et créatives. Le travail chorégraphique quant à lui se nourrit de cette recherche et rend visible en dehors du cercle des initiés le savoir-faire de ces artistes. Cette complémentarité nous intéresse. Elle est d'autant plus notable que l'on retrouve tour à tour les danseurs hip-hop dans le cercle des défis ou sur la scène des théâtres.

Les valeurs et les usages d'une pratique

Il est nécessaire de rappeler que, dans cette recherche, nous posons l'hypothèse que la culture hip-hop est un espace intermédiaire[7] investi par des jeunes qui ont en commun un environnement urbain dégradé, sujet à une certaine stigmatisation. En outre, leur investissement dans

---

6. Terme employé pour désigner les stages de danse dispensés par un danseur considéré comme une figure du mouvement : un maître en la matière, d'où le terme de *master* en anglais.
7. Nous reprenons l'idée développée par L. ROULLEAU-BERGER, 1991.

la pratique de cette culture urbaine participe à leur socialisation et met en avant des modes d'interaction parfois difficiles à appréhender pour des personnes non initiées et, par conséquent, considérés comme émergents.

La présentation qui suit correspond à un décryptage, dans un premier temps, de ce que l'on va considérer comme les valeurs mises en avant par les acteurs de cette pratique, c'est-à-dire les fondements moraux qui légitiment les comportements que l'on a pu observer. Ensuite, les usages correspondent aux descriptions, c'est-à-dire au sens que prennent les différents types d'interactions observés. De plus, on parlera d'usage dès lors que l'on observe la répétition systématique d'un comportement dans une situation donnée.

Les valeurs

Nous avons établi une sous-distinction entre valeurs morales et valeurs esthétiques, ces dernières étant directement liées à la dimension de performance artistique du mode d'expression.

Parmi *les valeurs morales,* on a distingué le « respect », qui pousse à ne pas remettre en question :
- un code commun qui consiste, dans le cadre de la danse, à exécuter des pas selon des règles préétablies connues par tous les acteurs de cette pratique ;
- une hiérarchie qui se construit en tenant compte de la reconnaissance dont bénéficie chaque individu au sein de sa pratique, mais également au sein de la culture hip-hop en général ;
- l'adversaire dans le cadre du défi, ce qui correspond en fait là encore à une reconnaissance de l'autre en tant que pair.

Les valeurs esthétiques sont fondées sur :
- la distinction, à savoir que, si le répertoire employé est le même pour tous, le fait de se distinguer les uns des autres devient alors une véritable nécessité. On assiste donc au déploiement de ce que l'on considère comme la seconde valeur esthétique de cette pratique : l'originalité ;
- l'originalité, qui est donc un versant de la distinction, apparaît comme un véritable enjeu pour sortir de la masse des pratiquants et bénéficier du respect qui fera de vous un individu reconnu au sein de la hiérarchie ;
- la maîtrise est, enfin, la dernière valeur d'ordre esthétique. En effet, pour se distinguer et accéder à un certain statut, il faut faire la preuve que l'on a intégré le langage commun : tous les codes et

les acteurs du hip-hop parlent de maîtrise de son art quand ils estiment que l'un d'entre eux sort du lot.

Les usages

L'oralité apparaît comme le premier des usages et, selon nous, est le plus important. En effet, l'ensemble des codes de toutes les pratiques de cette culture se transmet de manière orale et de façon efficace, car ce que nous allons considérer comme les normes de cette culture est connu de ses acteurs et fait même l'objet de ce que nous appellerons des « réformes régulières », diffusées au sein du réseau des danseurs par « le bouche à oreille ».

On assiste ainsi à l'existence d'une véritable jurisprudence[8] qui est acceptée par tous et permet notamment de gérer les situations qui mettent en présence deux adversaires, dans le cadre notamment de ce que l'on considère comme le second usage : le défi.

Le défi consiste, nous l'avons dit, en une symbolisation de l'affrontement violent à travers une performance artistique. Que ce soit dans le pôle musical, le graphisme ou la danse, le défi est une pratique originelle du mouvement hip-hop.

En effet, dès ses origines, l'un des enjeux de la culture hip-hop va être de chercher à juguler la violence qui régit les relations entre bandes rivales. Les défis artistiques vont ainsi devenir des espaces où la violence sera dans un premier temps, canalisée puis réinvestie de manière positive dans un exercice de style. C'est donc dans la rue que les premiers défis de danse auront lieu.

Ces rencontres très normées sont devenues le lieu privilégié de nos observations, ce qui nous a permis d'observer et d'analyser les usages qui suivent et qui sont transposables pour bon nombre d'entre eux aux autres pratiques.

Le cercle est la figure redondante de la pratique du défi. Il n'est pas difficile d'y voir le symbole d'une unité qui est revendiquée par les participants. Se retrouvent ainsi liés, dans le cadre des défis de danse, les différents protagonistes que sont les danseurs qui s'affrontent (toujours de manière symbolique), le *DJ* (qui est chargé de l'ambiance sonore) et le public.

---

8. On utilise ici le terme de « jurisprudence » pour mettre en avant l'existence d'un ensemble de décisions, prises notamment dans le cadre des jurys de *battle,* qui servent de règles pour trancher les cas analogues qui se présentent sans qu'il soit nécessaire d'en débattre à chaque fois.

Entre ces différents acteurs, on observe d'autres usages comme *la réciprocité,* qui signifie que l'on assiste à un échange permanent entre eux, notamment sous la forme de manifestations sonores ou encore de gestes. En ce qui concerne les danseurs, cette idée de réciprocité est d'autant plus visible qu'elle se traduit par un passage successif de chacun d'entre eux au centre du cercle pour y exécuter des pas de danse dans le but d'être déclaré vainqueur. Ces rencontres peuvent opposer deux individus ou deux groupes dont le nombre de membres varie. Ces affrontements s'appuient également sur l'usage de la surenchère.

La surenchère signifie que, pour se distinguer et surtout obtenir les faveurs du public, qui décidera de l'issue de ce combat, les participants au défi doivent constamment surenchérir sur ce qui vient d'être fait par l'adversaire. La notion de limites prend dès lors un sens particulier pour les jeunes qui participent aux défis. Toutefois, il demeure un usage qui est en fait une limite : l'interdiction de se toucher.

L'absence de contact est en effet une véritable règle qui, à notre avis, constitue une autorégulation de la violence de chaque participant. Elle donne ainsi lieu à la recherche de substituts qui remplacent les gestes du répertoire des actes violents. À la place d'un combat de corps-à-corps, on assiste donc à des simulacres de combats qui sont l'expression dès lors d'une violence symbolique.

C'est donc au vu de ces différents éléments que nous envisageons au sein de cette culture juvénile urbaine l'existence d'un type particulier de rapports dans le cadre de la transmission de savoirs et une expérimentation que nous avons nommée « expérimentation collective partagée ».

Transmettre autre chose... autrement

Écrire et interpréter un rap, scratcher[9] sur des platines, exécuter des figures de *street-dance*[10]... tous ces exercices de style constituent un ensemble de savoirs et de savoir-faire. C'est donc en tant que telles que ces pratiques sont au cœur des relations qu'entretiennent les jeunes qui évoluent dans les milieux hip-hop. On assiste ainsi à un véritable travail d'apprentissage qui met en scène de nouvelles modalités pour ap-

---

9. *Scratch,* en anglais, signifie grattement, grincement. Terme employé pour désigner les gestes d'aller-retour que le *DJ* effectue sur les platines avec les disques vinyles et qui s'apparentent parfois à des frottements.
10. Terme anglais qui signifie danse de rue et désigne l'ensemble des styles de danses hip-hop.

prendre et enseigner : un langage, des attitudes, des valeurs et des usages particuliers.

En effet, d'une part, il s'agit de situations de transmission qui se jouent uniquement entre jeunes et qui s'appuient sur une reconnaissance tacite, par leurs pairs, de ceux qui ont les compétences pour transmettre. D'autre part, les dispositifs mis en place par les acteurs du mouvement hip-hop se démarquent des modes opératoires d'apprentissage traditionnels, parce qu'ils oscillent constamment entre deux dimensions : une première, qui permet l'échange de savoirs de manière récréative dans le cadre d'animations où chacun vient s'exprimer, une seconde, dont les perspectives sont la création artistique et la professionnalisation.

Or, dans les faits, il n'y a pas de frontière entre ces deux dimensions : d'une part parce que l'accès à la création artistique est ouvert à tous ceux qui le souhaitent, qu'ils évoluent dans les ateliers d'une MJC ou au sein d'un groupe structuré ; d'autre part parce que ce sont les opportunités qui donnent lieu à une professionnalisation, et non un diplôme qui sanctionne la fin d'une formation et l'entrée sur le marché des artistes hip-hop. La question de la pertinence d'une distinction entre les pratiques amateures et professionnelles, la création artistique et l'animation, les élèves et les professeurs, se pose donc très clairement. On s'aperçoit alors que ces distinctions traditionnelles ne sont plus valables en ce qui concerne des pratiques qui prennent place dans cet entre-soi juvénile où la réciprocité et l'échange de compétences entre pairs donnent lieu à de nouvelles formes de sociabilité.

Nous accordons ainsi au langage, au style vestimentaire, aux attitudes, aux valeurs de référence de la culture hip-hop une valeur d'outils de socialisation qui, parce qu'ils sont ancrés dans la réalité urbaine, ne sont pas uniquement dans l'invention mais tendent aussi à réinventer les cadres de référence classiques et à se réapproprier ce qui existe déjà (la parole, l'espace public, les théâtres...).

L'expérimentation collective partagée

À partir de cette idée, la culture hip-hop peut être appréhendée comme un espace d'expérimentation[11], mais une expérimentation que l'on qualifiera de collective et partagée parce qu'elle est vécue par un groupe d'individus au sein duquel chacun échange idées, expériences

---

11. On emprunte le terme employé par O. GALLAND, notamment *in op. cit.* 1997.

et savoir-faire. Partagée aussi dans le sens où ces échanges se fondent sur un rapport de réciprocité valable pour tous les membres. Il se forme ainsi une sorte de ressource commune qui est accessible à tous les membres et qui se nourrit de l'histoire de chacun.

Cette proposition d'un nouveau concept pour désigner les conduites des jeunes dans le cadre de leurs pratiques culturelles participe ainsi à l'émergence du champ de la socialisation de la jeunesse. En effet, parce qu'il est important de tenir compte des conditions sociales actuelles, l'expérimentation collective partagée va qualifier les comportements qui sont développés par les jeunes; comportements que les politiques, entre autres par manque de repères, finissent souvent par considérer comme déviants.

La culture hip-hop a une spécificité: elle met en scène dans une large mesure des jeunes issus des périphéries urbaines, qui ont donc en commun un cadre de vie. L'expérimentation collective partagée qui y prend place concerne donc d'une part la manière dont les savoirs liés à la pratique du rap, du graffiti ou de la danse sont transmis, d'autre part le parcours des groupes de pairs qui sont liés par ces pratiques et par un cadre de vie, celui des grands ensembles stigmatisés. Ce concept est ainsi le moyen abstrait qui permet de désigner et d'interpréter le mode de construction de l'histoire d'une culture par ses membres.

Or, considérer la culture hip-hop comme émergente revient à estimer qu'elle est toujours en genèse et, par conséquent, à refuser à ses outils de socialisation une place qui permettrait à ceux qui évoluent en son sein de ne plus être perçus comme des déviants. D'autant plus que, depuis quelques années, le hip-hop fait son entrée dans l'institution scolaire par le biais d'ateliers d'écriture de rap ou encore avec la mise en place de cours de danses hip-hop. Certes, il s'agit là d'expérimentations sociales menées localement, mais qui indiquent clairement que les modes d'expression hip-hop et les codes qu'ils véhiculent ne se positionnent pas uniquement contre « le Système ».

BIBLIOGRAPHIE

BAZIN H. (1995), *La Culture hip-hop*, Paris, Desclée de Brouwer.
BECKER H. S. (1985), *Outsiders. Études de la sociologie de la déviance*, Paris, Métailié, coll. « Observations ».

BERGER P., LUCKMANN T. (1996), *La Construction sociale de la réalité*, Paris, Armand Colin.

BOUCHER M. (1998), *Rap, expression des lascars. Significations et enjeux du rap dans la société française*, Paris, L'Harmattan.

CHAPOULIE J.-M. (2001), *La Tradition sociologique de Chicago. 1892-1961*, Paris, Le Seuil.

GALLAND O. (1997), *Sociologie de la jeunesse*, Paris, Armand Colin, coll. « U. Sociologie ».

ROULLEAU-BERGER L. (1991), *La Ville intervalle. Jeunes entre centre et banlieue*, Paris, Méridiens Klincksieck, coll. « Réponses sociologiques ».

VULBEAU A. (2001) (dir.), *La Jeunesse comme ressource. Expérimentations et expérience dans l'espace public*, Saint-Denis, Obvies; Ramonville-Saint-Agne, Érès, coll. « Questions vives sur la banlieue ».

L'AMBIVALENCE DES CULTURES MUSICALES, ENTRE RUPTURE ET PARTICIPATION À LA VIE DE LA CITÉ
L'exemple de la techno

Hugues Delforge*

Parler de la jeunesse et de son quotidien, lorsque l'on fait l'examen de la littérature existante en sociologie, n'est pas une activité qui va de soi. En effet « le jeune » est plus traditionnellement traité par la sociologie de la famille et la sociologie de l'éducation. Cependant, dans ces deux champs, les éléments de socialisation extrascolaires et extrafamiliaux ne furent inclus que très récemment et de manière assez marginale. Ceux-ci sont pourtant aujourd'hui au cœur de la construction identitaire des adolescents et des post-adolescents. Un troisième champ a investi la recherche sur la jeunesse, celui de la sociologie de la déviance. Celle-ci nous invite à poser un regard sur les activités hors normes des adolescents et des jeunes, mais souvent de manière spécifique sur des groupes et des pratiques problématiques. Pourtant, une sociologie de la jeunesse coexiste avec ces paradigmes, une sociologie qui prend la jeunesse comme objet. Cela n'est pas anodin, car c'est de cette manière seulement que la jeunesse peut être considérée comme un fait social total, étudiée dans ses dimensions à la fois micro- et macrosociales.

C'est cette sociologie que je défends en tant que jeune sociologue, en m'intéressant aux « cultures des jeunes », et plus particulièrement au

---

* *Hugues Delforge est sociologue, collaborateur scientifique au Fonds national de la recherche scientifique du Centre de sociologie de l'éducation de l'université libre de Bruxelles (Belgique).*

mouvement musical techno. Une des premières questions formulées dans le cadre de mes recherches fut d'ailleurs la suivante : « Au regard de ce qui est important dans cette culture, quelles sont les significations socioculturelles de son existence dans la société contemporaine ? » À mon sens, au-delà de la dimension festive et du plaisir dans l'écoute et la fréquentation des lieux de diffusion, et des dimensions de créativité et d'authenticité qui sont centrales dans les processus de production musicale, il est aussi possible de déceler une dimension initiatique à la participation à une culture musicale. Cette dimension initiatique est mise en scène par une ritualité profane[1] construite au sein des événements musicaux, qui deviennent signifiants pour l'adolescent, le jeune, puis le jeune adulte, en inscrivant le sujet dans la société par l'intermédiaire d'une quête d'identité, d'autonomie et de participation, même si celle-ci passe paradoxalement par une sociabilité marquée par la « rupture » avec le monde des adultes.

La question de la dimension initiatique des cultures musicales introduit par ailleurs un questionnement plus général : peut-on déceler la présence d'autres rites de passage pour les adolescents et les jeunes des sociétés occidentales contemporaines ? Dans l'affirmative, quels sont-ils ? Que peut-on déduire de leur nature pour comprendre le monde qui constitue le quotidien des jeunes ?

Au-delà des questions posées, les thématiques « adolescence » et « jeunesse » nécessitent une réflexion sur les termes employés. Les notions d'adolescence et de jeunesse, d'initiation et de passage, de culture et de ritualité adolescentes sont en effet parties prenantes des définitions et des représentations de cet ensemble d'individus rassemblés dans une classe d'âge aux contours flous et complexes. Cet article présentera une réflexion d'ordre général sur la jeunesse et les pratiques qui la caractérisent. Il s'agira également de démontrer l'importance significative qu'ont prise « les cultures des jeunes » dans la constitution de leur environnement quotidien, ce qui sera illustré à l'aide d'un exemple de pratiques culturelles spécifiques : l'écoute, la danse et la composition de musique techno.

Avant d'approfondir cette réflexion en proposant une mise au point conceptuelle, je consacrerai les dernières lignes de cette introduction à la présentation de ma recherche. Je travaille sur la musique électronique depuis 1996. À cette expérience de recherche correspond un travail de terrain en profondeur, qui a essentiellement consisté en

---

1. C. RIVIÈRE, 1995.

la pratique de « participation observante » et d'observation participante au cours des événements musicaux, en qualité de public, mais également comme *DJ*[2]. Cette expérience, basée sur la méthode ethnographique, s'est vue prolongée par la réalisation d'entretiens sur le mode du récit de vie, matériel recueilli auprès d'acteurs impliqués dans les réseaux de ce genre musical. C'est cette expérience de terrain sur un aspect spécifique des cultures des jeunes qui m'a amené à une réflexion sur la place des jeunes et des adolescents dans nos Cités.

Adolescence et jeunesse

La notion d'adolescence n'est pas sans poser problème en sociologie[3], et ce pour diverses raisons. Tout d'abord, l'adolescence est souvent confondue avec la jeunesse et la puberté, qui sont proches sans pour autant se recouvrir entièrement. Pourtant, la notion renvoie à un contenu spécifique, car, même si la période n'est pas bien définie, l'adolescence fait écho au moratoire « eriksonnien[4] », une période en marge correspondant à un processus de maturation qui devrait conduire à de l'autonomisation et à une définition identitaire. Par rapport aux autres âges, l'adolescence est une période vouée à l'essai de statuts et de rôles, qui favoriserait la créativité autant que des conduites qualifiées de « déviantes ». Cependant, les processus de construction identitaire et de socialisation ne s'achèvent pas à la fin de l'adolescence. S'ils se prolongent probablement toute la vie, l'intensité en semble plus grande dans cette temporalité floue que l'on nomme jeunesse et qui contient l'adolescence sans nettement s'en distinguer.

En second lieu, les adolescents ne constituent pas une catégorie sociale homogène, bénéficiant d'institutions de représentation qui véhiculeraient, par exemple, des revendications. Il n'est d'ailleurs pas reconnu à ce groupe un réel statut : l'adolescent étant un être en « projet », on parlera souvent d'un des âges de la vie qui voit l'individu mis « hors jeu socialement[5] ». Quant aux sociologues, ils évoqueront volontiers une création culturelle, une invention du monde mo-

---

2. *Disc-jockey*, mais une version revisitée du simple « passeur » de disques : les *DJ* des musiques électroniques doivent faire preuve de virtuosité dans l'utilisation des platines tourne-disques et sont valorisés comme acteurs centraux pour leur capacité à créer une « ambiance ».
3. Cf. à ce sujet M. FIZE, 1993, p. 253-268.
4. E. ERIKSON, 1972, p. 164.
5. P. BOURDIEU, 1984, p. 146.

derne, du XXᵉ siècle, qui ne correspond pas exactement à la transformation du corps qu'est la puberté, mais s'étale sur une période floue, de 10 à 18 ans environ, et qui connaît des extensions sous des vocables divers : préadolescence, post-adolescence et même « adulescence ». Néanmoins, l'adolescence est un âge de la vie qui reste proche de l'enfance parce qu'elle reste sous le contrôle de la famille et de l'école. Elle est rythmée en termes de seuils par la puberté, l'enseignement obligatoire et la majorité[6], ainsi que par une autonomisation partielle[7] vis-à-vis de l'environnement familial et scolaire au travers de pratiques ludiques et entre pairs.

La jeunesse introduit quant à elle une dimension plus ambiguë, référant à un état biologique qui n'est pas incompatible avec celui d'adulte (alors que l'adolescence contient la puberté). L'on peut donc être un jeune adulte, mais pas (physiquement du moins) un adolescent adulte. Outre cette référence à un état biologique, la jeunesse relèverait également de « l'état d'esprit ». Elle serait une « conscience de l'âge » formée par ces spécificités biologique et « comportementale » qui renvoient essentiellement à un ensemble de goûts et de pratiques liés à la sociabilité dans le groupe de pairs. En termes de temporalité, la jeunesse s'articulerait autour de trois axes de transition : un axe scolaire-professionnel, caractérisé par la fin de la scolarité et l'entrée dans la vie professionnelle, un axe familial-matrimonial, caractérisé par le départ du domicile parental et la formation d'un couple stable, enfin un axe loisirs-pratiques culturelles, qui offre la possibilité d'une accession progressive à des activités spécifiques.

Cependant, ce type de définition ne permet pas l'économie du constat de la diversité des parcours biographiques des jeunes. Il faut plutôt insister sur le fait que la jeunesse ne constitue pas un ensemble homogène, que ce soit par rapport aux moments où ces différents seuils sont franchis, aux vécus subjectif et objectif de l'appartenance au monde des adultes et, plus généralement, aux pratiques qui enrobent la sociabilité entre pairs. Néanmoins, l'on doit constater une homogénéité de « surface » au « continent jeune[8] », qui renvoie au vécu commun d'une mise à l'écart, à la transformation récente et continue de l'institution familiale (transformation de la figure du père, institutionnalisa-

---

6. Cf. O. GALLAND, 1985, p. 49-77.
7. Autonomie partielle à comprendre en termes de processus : un accès progressif à l'autonomie à l'intérieur d'une temporalité contrôlée par les institutions scolaire et familiale.
8. Cf. O. GALLAND, 2002, p. 52-55.

tion de la « démocratie familiale[9] », familles recomposées, etc.), à l'obligation scolaire et à sa prolongation en études supérieures et autres « formations continues », au partage de pratiques et de sociabilités spécifiques autour des sports de glisse (*skate, roller, surf,* vtt, etc.)[10], des musiques amplifiées (hip-hop, rock, musiques électroniques, etc.), des jeux de rôles et des jeux vidéo[11]. Enfin, « être jeune » constitue une identité sociale qui fait référence à un potentiel de mobilisation qui n'est utilisé que sporadiquement pour des causes communes et des événements vécus en communs[12].

Pour conclure sur ce point : par cette définition fragile de l'adolescence et de la jeunesse en termes de seuils ou de marqueurs temporels, j'attire l'attention sur le fait que l'adolescence et la jeunesse sont des périodes de passage, et contiennent en tant que telles la dimension initiatique de l'accession au statut d'adulte au sein des sociétés occidentales.

Initiation et seuils

Il est légitime de poser la question de l'existence dans nos sociétés de rituels d'initiation comparables à ceux rencontrés dans les sociétés traditionnelles afin d'accompagner le passage du statut d'enfant à celui d'adulte.

A. VAN GENNEP[13] a démontré l'existence d'une forme d'invariant dans l'initiation et l'ensemble des rites de passage « traditionnels ». Les initiations se déroulent en trois temps autour du franchissement d'un seuil ou *limen*. Le passage entre le statut d'enfant et celui d'adulte inclut un entre-deux, une marge.

À ces trois temps correspondent trois types de rites :
– les rites de séparation d'avec le monde de l'enfance, le quotidien et le profane, qui contiennent souvent la représentation d'une mort symbolique de l'initié ;
– les rites de marge, avec réclusion en dehors du temps et de l'espace du quotidien, avec initiation aux mystères ;

---

9. Cf. M. FIZE, 1990.
10. Cf. par exemple : M. FIZE, M. TOUCHÉ, 1992.
11. À propos des jeux vidéo, cf. L. TREMEL, 2001.
12. Par exemple : la mobilisation contre le racisme avec « Touche pas à mon pote » dans les années quatre-vingt, ou encore les grèves dans le cadre des réformes et des moyens prodigués à l'enseignement et les manifestations altermondialistes.
13. A. VAN GENNEP, 1909, rééd. 2000.

– les rites d'agrégation, avec marquage corporel et inscription définitive dans le monde des adultes, qui constituent une éviction de toute ambiguïté ou référence à l'enfance.

Les rites d'initiation des sociétés traditionnelles ont en commun l'inscription d'un vécu objectif et subjectif, individuel et collectif, d'un avant et d'un après (le seuil) qui inscrit l'individu dans une position nouvelle. Cette position nouvelle renvoie à l'ensemble des dimensions de la vie humaine : l'entrée dans le matrimonial, le religieux, l'économique et le politique. L'effroi, l'épreuve, la fatigue, la prise de psychotropes, le marquage corporel et la mort symbolique, contenus dans l'initiation, définissent un seuil à sens unique et répondent au besoin d'efficacité et de cohésion sociale des sociétés traditionnelles, tournées vers la stabilité et la filiation.

Il est évident que des rituels d'une telle force ne sont pas décelables dans notre société. Au contraire, les jeunes Occidentaux vivent une dilution de la séquence temporelle du seuil dans un long terme, dans cette période de l'adolescence et de la jeunesse. La définition de l'identité de l'individu adulte se fait en mosaïque, par passages successifs, avec possibilité d'allers et de retours liés aux différentes sphères d'existence : le familial et le matrimonial, le scolaire et le professionnel, le loisir et le relationnel. À l'absence de rite initiatique institué correspond une multitude de seuils, passages qui ne sont pas nécessairement encadrés par des adultes.

Cependant, face à l'absence de rites d'initiation collectifs porteurs, les jeunes semblent connaître une ritualisation du quotidien faisant office de transition. L'on peut ainsi déceler une série d'événements qui ont le rôle de rites de séparation, de marge et d'agrégation.

Parmi les rites de séparation, ce qui est couramment nommé « un voyage initiatique[14] » en est un bon exemple. Ces voyages en solitaire peuvent être vus comme une période de séparation et de réclusion, par rapport à l'univers de l'enfance et de l'adolescence, où la confrontation à « l'ailleurs » fait office d'épreuve et de preuve d'autonomisation partielle.

---

14. Depuis la fin des années soixante, de nombreux jeunes réalisent au cours de périodes de transition, à la fin des études secondaires ou avant leur entrée sur le marché de l'emploi, un voyage à l'étranger qui possède une dimension initiatique. Voyage dont les caractéristiques principales sont l'éloignement, le dépaysement et la nature solitaire de l'expérience. Le « voyage initiatique » n'est bien sûr pas une invention récente, ainsi qu'en témoigne, par exemple, *Candide* de Voltaire.

Les ordalies juvéniles comme pratiques de la limite et pratiques à risque (accidents de voiture, sports extrêmes, conduites addictives) sont également à considérer comme des rituels de séparation. Les jeunes se mettent en situation de risque, ou frôlent même la mort, pour se donner par eux-mêmes l'occasion et le droit de renaître.

L'exemple le plus intéressant de rite de marge est à trouver du côté des cultures musicales. C'est ce que C. RIVIÈRE a nommé les rites d'exhibition d'une adolescence marginale[15]. Il est en effet intéressant de considérer les cultures jeunes comme des « radeaux générationnels » qui accompagnent une génération de l'entrée dans l'adolescence jusqu'à l'âge adulte et au-delà, en lui conférant une identité propre, une culture choisie qui la différencie des générations précédentes. Mais cette référence identitaire distingue également l'individu des groupes issus d'autres milieux qui peuvent adhérer à différents genres musicaux en dehors des effets de mode.

À titre d'exemple de rite d'agrégation, l'examen du permis de conduire peut également être investi comme un rite de passage : il y a bel et bien épreuve, sanction et accession à un « après » qui consacre « l'automobilité ». Cette sanction, qui renvoie à des droits et devoirs d'adulte, coïncide par ailleurs en âge avec la majorité et le droit de vote. On parlera ici d'un ensemble de rites d'agrégation qui introduisent de façon partielle l'individu dans le monde des adultes. Bien sûr, l'obtention du baccalauréat, la fin des études supérieures, le premier emploi, la stabilité professionnelle et l'inscription dans une carrière, le mariage sont autant de marqueurs temporels. Plus particulièrement, le fait de devenir parent semble le dernier seuil à franchir pour accéder au statut d'adulte, renvoyant l'individu à sa responsabilité « à vie » à l'égard de sa descendance.

Culture et ritualité

Faire le constat de l'absence de rituel initiatique orchestré par des adultes et menant les jeunes ensemble et solidairement au nouveau statut ne signifie donc pas une absence de ritualisation, mais renvoie plutôt à une constitution du sujet complexe et difficile : séparations jamais acquises, mises à l'épreuve de soi rejouées, construction identitaire complexe. Cette difficulté est doublée par un changement rapide et permanent de l'environnement, qui définit le sujet comme un projet en perpétuelle construction.

---

15. C. RIVIÈRE, *op. cit.*

À cet égard, la ritualisation dans les cultures musicales joue un rôle primordial si elle est comprise comme une façon d'avoir prise sur la définition identitaire et la culture de sa génération. La ritualisation est ici liée au domaine des loisirs et peut être dès lors vécue comme indépendante des institutions familiales, scolaires et professionnelles. En effet, par la définition d'une culture «à eux» qui inclut une dimension ludique et festive essentielle, ces jeunes rencontrent la nécessité ontologique d'effacer ensemble l'angoisse du temps qui passe, de mettre des «menottes au temps», comme l'explique C. JAVEAU[16]. Autrement dit, il s'agit de maîtriser «son temps» et plus spécifiquement le temps non contraint, celui qui échappe au contrôle des adultes, à la main invisible de «la société», mais également à la contrainte fondamentale de l'existence.

Depuis près de cinquante ans et les prémices du rock'n roll, chaque génération construit autour de la définition d'un nouveau genre musical ce que l'on pourrait nommer un «rituel profane», lequel détient l'empreinte de ses valeurs esthétiques et philosophiques, de ses revendications. En se rassemblant autour de l'écoute d'une musique pour la danser, par la constitution progressive autour de la répétition d'un rituel qui ordonne l'événement musical grâce à une séquence instituée d'actions, les jeunes définissent ce que P. BOUVIER[17] appelle un «construit pratico-heuristique cohérent en marge des institutions».

La culture musicale techno[18] me servira ici d'exemple. Il s'agit bien d'une culture, qui inclut un savoir-faire (utilisation des technologies électroniques et informatiques dans la composition musicale et, plus généralement, pratique de l'échantillonnage[19]), un savoir-être (attitudes et comportements valorisés: hédonisme, performance, plaisirs corporels et vertige, empathie), un savoir-vivre (jouissance du présent, introduction de la technologie dans la création, communautés locales et références globales par la musique qui renvoient à des processus d'identification au groupe de pairs). Pour les acteurs les plus impliqués,

---

16. C. JAVEAU, 2001, p. 99-125.
17. P. BOUVIER, 2000, p. 119.
18. Le terme générique *House Music* ou *Techno* définit un ensemble de sous-genres musicaux des musiques électroniques de danse mais également d'écoute. La *House Music* est apparue au milieu des années quatre-vingt et constitue la référence musicale d'une partie de la jeunesse des années quatre-vingt-dix à aujourd'hui.
19. L'échantillonnage, ou *sampling*, est un outil de création musicale qui permet par l'intermédiaire du *sampler* d'effectuer un «couper-coller» sur une séquence musicale (un son, un accord, une mélodie, un rythme ou une mesure complète) pour ensuite la modifier ou la répéter.

elle est un mode de vie et un mode de subsistance par la professionnalisation, une valorisation de compétences marginales telles que la création musicale ou graphique sur ordinateur, ou encore les techniques du *DJing*[20].

Au départ des événements musicaux, qui ont pour spécificité de se dérouler à l'abri du regard des adultes, est produite une ambiance de société secrète à travers la construction d'un rapport particulier à l'espace (définition de lieux spécifiques de festivité tels que les *raves* et les clubs[21]) et au temps (suspension du temps par la durée des événements et appropriation du temps nocturne). Ce caractère ésotérique est doublé par la recherche du vertige, procuré par la communion née de la danse dans la foule, l'attirail son et lumière et la consommation de psychotropes (dans ce cas, essentiellement l'*ecstasy*[22]) ou d'alcool.

Au fil du temps, le rituel établi par «le retour du même» agrège un contenu grâce à la définition de dimensions esthétiques (postures, look, attitudes, modes d'expression et d'identification), philosophiques (valorisation d'une forme d'hédonisme) et politiques (mobilisation provisoire autour de causes communes telles que le droit à l'organisation des *raves* et *free parties*[23]). Celles-ci renvoient à la négociation de valeurs au sein du groupe, sans pour autant exclure des références aux valeurs dominantes. Toutefois, ces valeurs ne sont pas spécifiquement énoncées dans des paroles de chansons, par exemple. L'important ici est plutôt un vécu en commun, une expérience partagée entre initiés, qui n'est cependant pas anecdotique, ni anodine, mais plutôt profondément inscrite dans le quotidien des individus, et où le sens est constitué au cours des multiples interactions au sein des événements.

---

20. Les techniques musicales du *DJ*, qui renvoient à la maîtrise de leur instrument, composé de deux platines tourne-disques à vitesse variable et d'une table de mixage.
21. Le club est une version redéfinie de la discothèque, lieu et temps d'une soirée techno. Les *raves* sont des soirées techno ponctuelles en dehors d'un lieu habituel, en pleine nature, dans un espace en friche.
22. L'*ecstasy* ou MDMA est une drogue de synthèse, une métamphétamine, consommée sur les lieux de danse et qui a atteint un niveau significatif de consommation avec le succès des musiques électroniques.
23. La question de la légitimité des *raves*, ces soirées techno organisées en dehors d'un lieu habituel (par exemple des lieux industriels en friche ou en pleine nature), et sans qu'une autorisation soit nécessairement requise, s'est surtout posée en France et en Angleterre, où le phénomène a pris de l'ampleur et subit la répression des autorités.

Rupture et participation

Néanmoins, ces cultures jeunes, traduites par des rites de marge qui placent leurs initiés en dehors de la vie quotidienne ordinaire, mènent finalement à une «réagrégation au *socius*[24]», à la société dans son ensemble. La jeunesse n'est d'ailleurs précisément qu'un passage, un âge de la vie, les jeunes étant les adultes de demain. Le retour à la société dans son ensemble souligne le paradoxe de cette marge: les cultures jeunes sont à la fois rupture et participation.

Si la rupture passe par la résistance aux autorités et les pratiques qualifiées de «déviantes» comme la consommation de psychotropes, elle permet également la création de biens matériels et symboliques authentiques et originaux. Du point de vue des acteurs qui sont impliqués par leurs activités dans les fêtes techno (les organisateurs d'événements, les musiciens et *DJs*, etc.), celles-ci constituent un espace d'accueil de leur créativité. Les cultures musicales sont le cadre d'une recherche de gratification par la reconnaissance de leurs créations, dans un premier temps par les pairs, ensuite par l'industrie culturelle.

Il faut garder à l'esprit que les artistes de la techno, dont certains connaissent aujourd'hui une réussite sociale significative par la reconnaissance de leur musique, sont au départ des *outsiders*[25], c'est-à-dire des déviants par rapport à la norme mais également des «jeunes précarisés» (au niveau familial, financier, scolaire ou professionnel). Ces jeunes trouvent dans une telle activité une voie de revalorisation de leur statut et de reconnaissance d'aptitudes marginales[26]. Les acteurs de la techno possèdent des compétences qui ont acquis de la valeur par l'intermédiaire de la diffusion que rencontre cette musique auprès du public jeune, mais également au sein de l'industrie culturelle, et cela s'est fait progressivement.

Le parcours des mouvements musicaux est une évolution de la marge à l'intégration culturelle, avant tout pour ces preneurs de risques que sont les artistes, qui accompagnent les convulsions de leur «mouvement musical» de la marge à la reconnaissance sociale, de la répression à la valorisation commerciale. Ce parcours est essentiel, car

---

24. C. RIVIÈRE, *op. cit.*, p. 137.
25. La notion d'*outsider*, définie par BECKER, renvoie au «double sens» de la déviance: d'une part l'*outsider* est déviant parce qu'étranger au groupe (la société dans son ensemble), mais également parce que le «déviant» estime ses juges «étrangers» à son univers. Cf. H. S. BECKER, 1985, p. 25-42.
26. Essentiellement l'utilisation de l'instrumentation électronique, les techniques du *DJ*.

il permet à une génération de marquer le temps de sa jeunesse de son empreinte culturelle. C'est en ce sens qu'il est adéquat de parler des cultures musicales comme de « radeaux générationnels ». En outre, la rupture en termes de créativité culturelle autorise la définition de nouvelles compétences et l'émergence d'*outsiders* qui peuvent agir en dehors des canons définis par l'industrie culturelle, finalement dépendante du « monde des adultes ».

On voit bien ici toute la complexité de l'univers culturel des jeunes, qui est partagé entre un désir de rester authentique, à l'écart des processus de massification, et l'ambition de diffuser sa culture – ce qui explique que chaque génération doit également rompre avec celle qui la précède. Il est également remarquable que ce désir de différenciation s'applique aussi au sein d'une même génération entre des groupes de jeunes issus d'origines (sociales, géographiques et culturelles) distinctes. Par exemple, en Belgique, le hip-hop recrute plus largement son auditoire, au sein de la population adolescente, dans les classes populaires et les descendants d'immigrés maghrébins et africains. La techno, quant à elle, fut pendant les années quatre-vingt-dix la musique privilégiée des classes moyennes et reste, au regard du rap, marquée par la mobilisation d'un public mixte en termes de genre et d'âge. Néanmoins, ces tendances trouvent leurs limites avec la massification de ces genres musicaux, la tendance au syncrétisme, et l'évolution dans le temps vers le statut de musiques institutionnalisées.

Il est possible d'interpréter cette rupture entre les différents mouvements musicaux comme une nécessité pour chaque génération de jeunes de marquer le temps de son empreinte. Cela inclut les adolescents et « post-adolescents », l'ensemble des individus qui ne sont pas encore intégrés dans le système de production tout en participant à la sphère de consommation : « Vus dans leur ensemble, les mouvements musicaux ritualisés de l'adolescence se refabriquent sans cesse comme les modes subissant l'usure du temps, victimes de la pression des innovations et de l'actualité médiatique, d'autant que les générations se poussent avec hâte d'imprimer chacune leur marque sociale qui s'identifiera dans la mémoire à telle identité de naguère ou de jadis : quand nous avions 15 ou 20 ans... [27] »

Mais fondamentalement, les cultures musicales sont une inscription de la jeunesse dans la compétition culturelle entre les groupes sociaux qui divisent nos sociétés modernes, autant que des modes qui

---

27. P. YONNET, 1985, p. 137.

sont le résultat de l'instrumentalisation des genres musicaux par des entrepreneurs sur le marché de la culture. Une compétition entre groupes d'âges, les jeunes et les adultes dans ce cas, qui illustre les processus de catégorisation et d'exclusion qui ont cours dans notre société. Pour l'individu, l'adhésion à une culture musicale n'est pas anodine, et constitue une manière de différencier, nommer et identifier sa génération et l'histoire de sa jeunesse qui contient un caractère nécessairement éphémère.

Conclusion

Pour l'ensemble de la jeunesse, ce que j'ai nommé une « rupture » fait référence à la négociation d'un espace et d'un temps en marge de la société, et plus spécifiquement en dehors des sphères familiales, scolaires ou professionnelles. Un espace de « liberté » qui passe par l'opposition et la provocation, la pratique de la limite et du risque, mais également du ludique et de la créativité. Néanmoins, cette rupture n'est que temporaire et ne prend son sens que dans son ambivalence : la participation à un sous-système culturel qui tend à s'intégrer à la société.

Les acteurs trouvent différentes motivations à leur participation à une culture musicale. Il faut essentiellement distinguer entre ceux qui participent de manière « active » – la techno étant alors un terrain d'expression de compétences « originales » qui ne sont pas forcément exploitables ailleurs – et ceux qui participent en tant que public. Pour ces derniers, la participation peut être vue comme la construction d'un réseau de relations et de sociabilité. Pour une bonne part d'entre eux, les musiques électroniques sont un plaisir occasionnel, un délassement, mêlés à un sentiment d'évasion et de communion avec ses semblables. Pour une partie également, la techno propose un environnement propice à la consommation de drogues.

Cependant, pour tous, la participation à une culture musicale peut-être interprétée comme initiatique, par l'inscription au cœur d'un rite de marge qui place temporairement l'individu en dehors de la société, mais ne constitue pas à lui seul une initiation comparable aux rites traditionnels, et ce pour de multiples raisons[28]. Comme nous l'avons vu, l'adolescence et la jeunesse contiennent un ensemble de seuils (scolaire, familial, matrimonial, professionnel, loisirs), dilués sur un long terme, et dont les « passages » ne se font ni simultanément, ni à sens

---

28. Voir D. LE BRETON, 1995, p. 107-110.

unique. C'est donc l'ensemble de la période de l'adolescence et de la jeunesse qui constitue l'initiation dans nos sociétés modernes. Cela signifie que, contrairement aux sociétés traditionnelles, les passages sont individuels et multiples, et non plus gérés de manière communautaire et unique par l'ensemble de la société pour l'ensemble d'une génération. Ces rites de marge ne sont pas spécifiquement encadrés par des « passeurs institués » par la société car, si une bonne partie des cultures musicales est inévitablement « structurée » par « l'industrie culturelle », leur authenticité n'est reconnue que lorsque les acteurs émanent du groupe des « jeunes ». On perçoit ici que l'identification à des figures issues du groupe de pairs demeure primordiale et que l'agrégation de l'individu (sa reconnaissance au sein d'une « communauté » techno) ne fait pas directement référence au monde des adultes ni au statut d'adulte, mais bien à une identité générationnelle porteuse de sens, dont celui d'appartenir à la société de demain.

Le passage du statut d'enfant à celui d'adulte constitue donc un fait social complexe dont la nature participe au caractère spécifique de notre socialisation, et qui nous invite à considérer nos rites dans leur particularité. La compréhension de la situation des jeunes demeure difficile et leurs pratiques culturelles continuent d'inquiéter. C'est essentiellement le caractère ésotérique et la « nouveauté » des pratiques qui interpellent. Pourtant, il ne s'agit vraisemblablement pas du plus grand risque couru par la jeunesse, au regard de la complexité du processus de construction identitaire et du risque d'aller grandir le rang des « exclus » en tous genres. Dans ce contexte, il est important de constater que les cultures des jeunes participent au processus de socialisation et de construction identitaire, et satisfont à la mise à l'écart socialement « autorisée » qu'est cette période de moratoire propre à l'adolescence et à la jeunesse.

BIBLIOGRAPHIE

BAJOIT G., FRANSSEN A. (1995), *Les Jeunes dans la compétition culturelle*, Paris, Puf.
BECKER H. S. (1985), *Outsiders. Études de la sociologie de la déviance*, Paris, Métailié, coll. « Observations ».
BERGER P., LUCKMANN T. (1996), *La Construction sociale de la réalité*, Paris, Armand Colin.

BOURDIEU P. (1984), *Questions de sociologie*, Paris, Minuit.
BOUVIER P. (2000), *La Socio-anthropologie*, Paris, Armand Colin, coll. «U».
CAILLOIS R. (1950), *L'Homme et le Sacré*, Paris, La Pléiade, Gallimard, coll. «Essais».
DELFORGE H. (2000), «Les musiques techno, *house,* et la musique de l'an 2000», *in* «Avoir vingt ans en l'an 2000, pour quoi faire?», *La Pensée et les Hommes*, n° 44, éditions de l'Université de Bruxelles, p. 41-50.
ERIKSON E. (1972), *Adolescence et Crise: la quête de l'identité*, Paris, Flammarion.
FIZE M. (1990), *La Démocratie familiale: évolution des relations parents-adolescents*, Paris, Presses de la Renaissance.
FIZE M. (1993), «Contribution à une sociologie de l'adolescence», *Revue de l'Institut de sociologie*, 1-4.
FIZE M., TOUCHÉ M. (1992), *Le Skate, la fureur de faire*, Caen, Arcane-Beaunieux.
FONTAINE A., FONTANA C. (1996), *Raver*, Paris, Économica, coll. «Poche ethno-sociologie».
GALLAND O. (1985), *Les Jeunes*, Paris, La Découverte.
GALLAND O. (2002), *Sociologie de la jeunesse*, Paris, Armand Colin.
GOFFMAN E. (1975), *Stigmate. Les usages sociaux des handicaps*, Paris, Minuit.
GREEN A.-M. (éd.) (1999), *Des Jeunes et des Musiques. Rock, rap, techno…*, Paris, L'Harmattan, coll. «Logiques sociales».
HANNERZ U. (1983), *Explorer la ville*, Paris, Minuit, coll. «Le sens commun».
JAVEAU C. (2001), *Le Bricolage du social. Un traité de sociologie*, Paris, Puf, coll. «Sociologie d'aujourd'hui».
LE BRETON D. (1995), *La Sociologie du risque*, Paris, Puf, coll. «Que sais-je?».
LEPOUTRE D. (2001), *Cœur de banlieue. Codes, rites et langages*, Paris, Odile Jacob.
PÉQUIGNOT B. (1993), *Pour une sociologie esthétique*, Paris, L'Harmattan.
RIVIÈRE C. (1995), *Les Rites profanes*, Paris, Puf, coll. «Sociologie d'aujourd'hui».
TREMEL L. (2001), *Jeux de rôles, jeux vidéo, multimédia. Les faiseurs de mondes*, Paris, Puf, coll. «Sociologie d'aujourd'hui».

VAN GENNEP A. (1909, rééd. 2000), *Les Rites de passage. Étude systématique des rites de la porte et du seuil*, Paris, Picard.
WILLENER A. (1970), *L'Image-action de la société, ou la politisation culturelle*, Paris, Le Seuil, coll. «Esprit».
YONNET P. (1985), *Jeux, modes et masses. 1945-1985*, Paris, Gallimard, coll. «NRF. Bibliothèque des sciences humaines».

LE TRAITEMENT D'UNE « DÉFECTION » SOCIALE
Quand les institutions publiques se préoccupent de la citoyenneté des jeunes

Valérie Becquet*

La question de la citoyenneté des jeunes est depuis longtemps posée par les politiques publiques, en particulier dans les secteurs de l'éducation, de la jeunesse et, plus récemment, de la ville[1]. Ces politiques poursuivent un objectif commun, permettre aux jeunes de devenir des citoyens ou d'exercer leur citoyenneté, et privilégient différents outils. Ainsi, dans les champs de l'éducation et de la jeunesse, selon les périodes, voire de manière cumulée, les pouvoirs publics optent pour des outils aussi variés que la transmission de connaissances, le soutien aux initiatives individuelles et collectives, l'exercice de fonction de représentation ou encore la participation à des instances consultatives. L'ensemble de ces instruments d'action publique, s'ils nourrissent un objectif commun, appuient aussi leur légitimité sur des constats proches : celui d'un faible intérêt des jeunes pour la chose publique, de leur inégal usage des procédures démocratiques, voire, confondant civilité et citoyenneté, de l'inadaptation de leurs comportements sociaux[2], d'un côté ; et, de l'autre, celui d'une demande de dialogue, de

---

* *Valérie Becquet est sociologue, membre du Groupe d'études et de recherche sur les mouvements étudiants (Germe).*
1. B. BIER (synthèse réalisée par), 1998 ; F. TÉTARD, 1997 ; Y. DELOYE 1994 ; A. VULBEAU, 2001 ; A. VULBEAU, 2002.
2. V. BORDES, A. VULBEAU, 2004 ; A. VULBEAU, *op. cit.* 2002 ; P. LONCLE, 1999, p. 121-135.

participation aux décisions publiques et d'un désir d'engagement. Les jeunes sont ainsi perçus comme n'endossant que faiblement leurs habits de citoyen, de manière désordonnée ou peu conventionnelle, nécessitant la création de cadres visant l'appropriation de normes d'action et l'acquisition d'une discipline citoyenne ou l'invention d'espaces d'expérimentations favorisant une traduction en actes de dispositions citoyennes. Dessinant ainsi les contours d'une jeunesse « en difficulté de citoyenneté », ces politiques publiques se proposent d'agir en direction d'une catégorie politiquement à construire, englobant une population unifiée[3] en marge d'une citoyenneté non définie. C'est de ce traitement dont il sera question ici à partir d'une analyse de deux instruments qui ont pour objectif d'associer les jeunes à des décisions et de favoriser le débat démocratique. Après une brève présentation des modalités de leur mise en place et de leurs caractéristiques, il s'agira d'interroger leur résonance avec les pratiques citoyennes actuelles des jeunes, puis de s'intéresser à leurs effets propres en termes d'accès à la citoyenneté[4].

Le dialogue comme instrument d'action publique en faveur de la citoyenneté des jeunes

Depuis plus de dix ans, une tendance générale à valoriser l'intérêt du débat public ou de la délibération pour comprendre des phénomènes sociaux, prévenir ou résoudre des conflits ou, plus globalement, pour appréhender autrement l'exercice démocratique et la place du citoyen dans l'espace public se dessine[5]. Les secteurs de la jeunesse et de l'éducation n'échappent pas à cette tentative de modification des rapports entre les gouvernés et les gouvernants, comme en témoignent deux initiatives lancées à la fin des années quatre-vingt-dix. Partageant l'objectif de favoriser la citoyenneté des jeunes en opérationnalisant de manière originale son accès, ces conseils, bien qu'ils émanent de ministères distincts et existent à des niveaux différents, ont été créés selon des modalités quasiment identiques.

D'initiative politique, ils sont nés d'une procédure de consultation des publics concernés, les jeunes d'un côté et les lycéens de l'autre, qui s'est déroulée dans des contextes non conflictuels. Ainsi, M.-G. Buffet

---

3. A. VULBEAU, *op. cit.* 2001.
4. Ce texte s'appuie sur les résultats d'une analyse de ces deux dispositifs : V. BECQUET, 2002c et 2002d.
5. Par exemple : M. CALLON, P. LASCOUMES, Y. BARTHE, 2001 ; B. FRANÇOIS, É. NEVEU, 1999 ; C. NEVEU, 1999.

a lancé à la rentrée 1997 une vaste consultation des jeunes au travers de plus de mille rencontres locales organisées par les services déconcentrés de la Jeunesse et des Sports. L'objectif était de recueillir l'avis des jeunes mais aussi de les inviter à formuler des propositions pour améliorer leur vie quotidienne. Il en est de même du côté de l'Éducation nationale, avec l'organisation d'une consultation des lycéens au printemps 1998 par C. Allègre par le biais d'un questionnaire rempli par près de deux millions de lycéens et par l'interpellation d'instances lycéennes comme les conseils académiques de la vie lycéenne, créés en 1994. Des deux côtés, ces opérations débouchent sur une réunion nationale, à la fin du mois d'octobre 1997 pour la Jeunesse, et en avril 1998, avec les colloques de Lyon et de Saint-Fons pour l'Éducation nationale, qui se déroulent en présence des ministres concernés et du Premier ministre, Lionel Jospin. Ces rencontres donnent lieu à la rédaction de documents de synthèse qui en présentent les résultats et formulent des propositions.

Ces deux opérations se distinguent nettement de la «consultation Balladur» organisée au printemps 1994 au lendemain des manifestations contre le projet du contrat d'insertion professionnelle (CIP) et de son retrait. Elles ne peuvent ainsi être considérées comme relevant d'une technologie institutionnelle de maîtrise des crises[6], mais semblent plutôt ressortir d'un travail préventif, d'un préalable à une série de décisions publiques. Elles se distinguent également des contextes dans lesquels ont été octroyés des droits aux lycéens, à savoir les mouvements de la fin de l'année 1990[7] où ont été relancés les programmes d'éducation à la citoyenneté, dans un contexte de hausse des violences urbaines et scolaires[8]. Si ces deux consultations s'inscrivent en dehors d'une période ouvertement conflictuelle, celle pilotée par l'Éducation nationale n'y échappera pas pour autant. En effet, alors que le projet de créer les conseils de la vie lycéenne est déjà acté, la rentrée 1998 est marquée par une mobilisation des lycéens qui réclament, entre autres, une amélioration de leurs conditions de vie à l'intérieur des établissements et un respect des droits octroyés en 1991. Cet événement donnera lieu à l'annonce d'un Plan d'action pour l'avenir des lycées, présenté par C. Allègre devant l'Assemblée nationale à la fin du mois

---

6. G. MAUGER, 1996, p. 91-113.
7. R. BALLION, 1998; A. BORREDON, 1995; C. DURAND-PINBORGNE, 1991, p. 511-526.
8. B. BIER, *op. cit.* 2001.

d'octobre 1998. Ce plan réaffirme, dans un chapitre consacré à la démocratie lycéenne – « Faire avancer la démocratie lycéenne » –, la nécessité d'appliquer les textes de 1991 et fait référence à la création à titre expérimental, c'est-à-dire dans les établissements volontaires, du conseil de la vie lycéenne.

Les rapports émanant de ces consultations comportent des propositions qui se réfèrent à la citoyenneté des jeunes. D'un côté, le document, intitulé *Les Mesures et Propositions pour améliorer la vie des jeunes*, comprend un chapitre entièrement consacré à cette question : « Pour une citoyenneté des jeunes. » Il se décline en quatre parties : « Améliorer la concertation et la participation des jeunes à la vie publique », « La citoyenneté à l'école. La vie associative, creuset de la citoyenneté » et « Un meilleur accès à l'information », qui recouvrent le champ d'action du ministère et déborde sur celui du ministère de l'Éducation nationale. Pour remplir le premier objectif, trois propositions, qui dessinent le futur cadre d'action du ministère, sont énumérées : « Création d'une Commission nationale de la jeunesse, chargée du suivi et de la mise en place des mesures jeunes, et de l'élaboration de nouvelles mesures » ; « Mise en place d'instances consultatives de la jeunesse auprès des directions départementales Jeunesse et Sports, prolongeant la dynamique et l'esprit des rencontres locales de la jeunesse » ; « Incitation à la création au plan local de comités consultatifs de la jeunesse associant les jeunes à l'élaboration de la politique municipale ». Du côté de l'Éducation nationale, le principe n° 42 du rapport du comité d'organisation piloté par P. Meirieu suggère la création dans chaque établissement d'un conseil de la vie lycéenne et en définit les contours (composition et prérogatives).

De ces propositions naîtront, en janvier 1998[9], le conseil permanent de la jeunesse et des conseils départementaux de la jeunesse et, en octobre 1998, à titre expérimental[10], le conseil de la vie lycéenne. Leur exis-

---

9. Instruction n° 98002 JS relative à la création des conseils départementaux de la jeunesse, DJVA, ministère de la Jeunesse et des Sports, 5 janvier 1998 ; et arrêté du 7 janvier 1998 portant création d'un conseil permanent de la jeunesse, *Journal officiel* du 29 janvier 1998.
10. Note de service datée du 5 octobre 1998 précisant sous le titre « Réforme des lycées : une participation accrue des élèves à la vie lycéenne », les mesures adoptées dans ce domaine. Un premier chapitre rappelle l'existence d'instances de participation au sein des établissements, ainsi qu'aux niveaux académiques et national, et incite leurs responsables à les « faire vivre pleinement ». Il est suivi d'un second chapitre, intitulé « Innover, expérimenter, adapter les dispositifs existants », qui présente plusieurs pistes de travail, dont la mise en place « à titre expérimental » d'un conseil de la vie lycéenne.

tence sera pérennisée trois ans plus tard pour le premier, dans le cadre du vote de la loi portant diverses dispositions d'ordre social, éducatif et culturel votée en juillet 2001[11] et, après moins de deux ans d'existence pour le second, avec l'adoption d'un décret en juillet 2000[12] généralisant la présence du conseil de la vie lycéenne à l'ensemble des lycées. Ces deux dispositifs ne seront d'ailleurs pas remis en cause par les récents changements gouvernementaux. L'institutionnalisation de ces opérations de consultation est présentée comme une manière de poursuivre la dynamique enclenchée en offrant les conditions de l'établissement d'un réel débat tant entre les jeunes et l'administration de la Jeunesse et des Sports qu'entre les lycéens et l'ensemble des membres de la communauté scolaire. Sortant du cadre précaire des consultations ponctuelles, qui a déjà eu pour effet de remettre en cause leur légitimité, ces deux instances rejoignent le vaste ensemble des procédures démocratiques participatives que sont, par exemple, les conseils de quartier.

Ces deux conseils partagent également un objectif commun : permettre un échange entre les parties en présence dans le but d'améliorer diverses situations[13]. Les membres des conseils nationaux et départementaux peuvent à cette fin donner leur avis sur toute question dont ils sont saisis ou se saisissent. Ils peuvent également solliciter la réalisation d'études et rencontrer les personnes susceptibles de les aider dans leur analyse. Leurs missions les font ressembler sur bien des aspects aux commissions de « sages » des jeunes occupant cette position[14]. Quant au conseil de la vie lycéenne, il est clairement chargé d'« impulser une dynamique de dialogue nouvelle dans les établissements et de favoriser une meilleure prise en compte des questions touchant à la vie et au travail scolaires dans les lycées[15] ». Du fait de leur vocation consultative, ne leur conférant pas de pouvoir de décision mais, éven-

---

11. Article 12, loi n° 2001-624 du 17 juillet 2001 portant diverses dispositions d'ordre social, éducatif et culturel, *Journal officiel* n° 164 du 18 juillet 2001.
12. Décret n° 2000-620 du 5 juillet 2000 modifiant le décret n° 85-924 du 30 août 1985 relatif aux établissements publics locaux d'enseignement.
13. Les champs de compétence de ces deux conseils sont différents : toutes les questions de jeunesse pour les conseils du même nom – ce qui concerne plusieurs ministères ; et tout ce qui touche à la vie lycéenne, en dehors des questions pédagogiques, pour le conseil de la vie lycéenne.
14. La composition est inverse de celle du comité pour la consultation des jeunes. Aucun jeune n'a participé à ce comité. G. MAUGER, *op. cit.*
15. Décret n° 2000-620 du 5 juillet 2000. La note de service de 1998 précise que le but de cette instance est d'« instaurer un dialogue efficace entre les lycéens et les autres membres de la communauté éducative, sur toutes les questions relatives à la vie et au travail scolaires ».

tuellement, un pouvoir d'action[16], ces conseils sont avant tout des lieux de débat public, où les participants sont censés pouvoir faire part de leurs opinions. L'un comme l'autre se proposent d'offrir aux jeunes la possibilité d'accéder à un espace d'expression directe au sein duquel ils peuvent s'engager et exercer une citoyenneté immédiate, sans conditions[17].

Les instruments d'action publique face aux réalités sociales

L'affirmation d'un objectif plus pérenne que la connaissance ponctuelle des opinions et des attentes témoigne d'une tentative d'appréhender autrement la relation entre les jeunes d'un côté et les interlocuteurs institutionnels de l'autre, mais aussi d'inscrire ce lien dans un champ d'action familier aux secteurs de la jeunesse et de l'éducation, celui de la citoyenneté des jeunes. Il n'est donc pas étonnant que les discours qui accompagnent la création de ces conseils reposent sur une double rhétorique : celle de la nouveauté, qui concerne la préférence accordée au débat, et celle de la demande, qui renvoie aux attentes sociales et aux pratiques citoyennes des jeunes.

La dimension novatrice est tout autant proclamée que référée aux défaillances des dispositifs existants. Côté jeunesse, ces aspects apparaissent principalement dans l'instruction ministérielle de lancement des rencontres locales : « à la différence des "consultations des jeunes" que vous avez déjà pu connaître et organiser dans le passé, qui avaient pour objet premier d'établir un état des difficultés de la jeunesse [...] [18] », et dans le dossier de présentation de la rencontre de 1997 : « la participation des jeunes aux décisions qui les concernent ne doit pas être organisée sous la forme d'une consultation "gadget" où les conseils ou comités mis en place ne sont que des lieux fictifs ou vaguement occupationnels.[19] » Côté éducation, le conseil de la vie lycéenne est présenté dans le rapport du comité d'organisation comme n'ayant pas actuellement d'équivalent. Cette dimension novatrice apparaît également dans la note de service d'octobre 1998, qui enclenche la phase expérimen-

---

16. Ces deux conseils ont également la possibilité d'impulser des actions, voire de les réaliser.
17. A. VULBEAU, *op. cit.* 2002.
18. Instruction n° 97-111 JS du 31 juillet 1997, DJVA, ministère de la Jeunesse et des Sports.
19. *Maintenant, décidons ensemble !*, dossier de présentation des Rencontres nationales de la jeunesse, 29 au 29 novembre 1997.

tale et distingue les modalités existantes de propositions permettant d'« innover » et d'« expérimenter[20] », ainsi que dans le communiqué de presse paru au moment de son institutionnalisation[21]. L'insistance sur le caractère novateur prend appui sur un existant jugé insatisfaisant. Ainsi, la volonté de M.-G. Buffet est de distinguer son initiative de l'« illusion sociale[22] » qu'a été la « consultation Balladur », mais aussi, de manière moins ouverte, des conseils municipaux d'enfants et de jeunes. Il en est de même avec le conseil de la vie lycéenne, la note de service de 1998 mettant en évidence les faiblesses du système actuel de représentation des lycéens et le manque de respect des droits octroyés en 1991. Pourtant, ces innovations ne viennent pas remplacer l'existant mais se cumulent à d'autres instruments d'action dont l'objectif est aussi de favoriser la citoyenneté des jeunes et des lycéens[23].

L'accentuation du caractère novateur de ces deux dispositifs s'accompagne d'une insistance sur le fait qu'ils répondent à une demande des jeunes, ceux rencontrés localement et ceux ayant répondu au questionnaire. Cette demande est plus affichée qu'analysée. Le dossier de présentation des Rencontres nationales de 1997 précise ainsi que « les jeunes réclament fortement un vrai dialogue avec les responsables politiques, économiques et associatifs locaux afin d'être entendus et que leurs propositions soient réellement prises en compte ». Comme le souligne le Premier ministre, Lionel Jospin, il devient nécessaire de « mieux écouter les jeunes », de « mieux les entendre » afin de répondre à leurs demandes. Quant aux lycéens, ils souhaiteraient qu'il y ait davantage de « concertation » et de débat au sein des établissements[24]. « Faire du lycée un lieu d'apprentissage des règles de la vie collective et du débat démocratique », tel serait leur souhait. À la demande des jeunes et des lycéens répond la création de nouveaux instruments dont l'objectif est de permettre ce dialogue ou de l'améliorer lorsqu'il était déjà censé exister. Ces dispositifs sont présentés comme d'autant plus adaptés qu'ils prétendent aussi répondre à un « désir » d'engagement dont les contours ne sont que rarement précisés. Ils renvoient plutôt à

---

20. « Réforme des lycées : une participation accrue des élèves à la vie lycéenne », note de service du 5 octobre 1998.
21. « Les 17 et 19 octobre, les lycéens votent », communiqué de presse du 13 octobre 2000, ministère de l'Éducation nationale.
22. G. MAUGER, *op. cit.*
23. Le constat d'un instrument « de plus » traverse autant les propos des fonctionnaires de la Jeunesse et des Sports que ceux de l'Éducation nationale. V. BECQUET, 2002a, p. 46-58 ; V. BECQUET, *op. cit.* 2002d.
24. Rapport final du comité d'organisation, 1998.

une opinion répandue, qui prend place à côté d'autres, et participe de la construction des multiples figures de la jeunesse qui traversent les politiques publiques. Cette figure de la « jeunesse citoyenne », désireuse de s'engager, est tout autant le résultat d'une réalité, des conclusions de sondages qui soulignent le taux élevé des dispositions à s'engager, des régulières manifestations de jeunes comprises comme l'expression de ce désir, que d'un regard bienveillant des aînés qui veulent croire en la jeunesse.

Telle que l'attente des jeunes et des lycéens est retransmise dans les documents, elle renvoie à la revendication d'une démocratie plus directe, d'un face à face, à la remise en cause de procédures et d'attitudes délégatrices, sources de « malentendus[25] », et à l'affirmation d'une volonté d'action qui sortirait de cadres classiques (le vote), mais reproduirait certaines caractéristiques de cadres protestataires (la manifestation). Cette revendication peut être mise en perspective avec les pratiques citoyennes actuelles des jeunes. Ces derniers privilégient ou sont conduits à privilégier une inscription civique[26] aux contours et aux étapes plus flous. Sortant du giron exclusif de la socialisation familiale et scolaire, cette inscription civique prend les allures d'une série d'expérimentations où le vote, support le plus conventionnel des comportements politiques, devient une pratique retardée, voire abandonnée, au profit de répertoires d'action non conventionnels comme la manifestation, la signature d'une pétition[27], etc., ou d'investissements dans des expériences associatives. Cette préférence pour des répertoires étrangers à la démocratie représentative renvoie au sentiment de leur plus grande efficacité du fait du gain immédiat qu'amène par exemple la participation à une manifestation ou l'aboutissement d'un projet collectif. Un tel sentiment est d'ailleurs renforcé, non par la remise en cause du vote comme procédure démocratique, mais par la perception d'un processus de délégation en panne, d'une « crise de la représentation[28] », et par une image relativement négative des pratiques des hommes politiques. L'addition de ces deux comportements politiques, qui laissent entrevoir une recomposition des cultures politiques des jeunes comme du reste de la population[29], éclaire la tendance actuelle

---

25. A. MUXEL, 2001 ; F. DUBET, 1991 ; P. RAYOU, 1998.
26. A. VULBEAU, *op. cit.* 2002.
27. A. MUXEL, *op. cit.* 2001.
28. P. PERRINEAU, 2003 ; G. GRUNBERG, N. MAYER, P. M. SNIDERMAN, 2002.
29. P. BRÉCHON, A. LAURENT, P. PERRINEAU, 2000.

à prêter de plus en plus attention aux demandes des citoyens, qu'ils soient usagers ou habitants, d'être davantage insérés dans le débat public et selon d'autres modalités que celles de la démocratie représentative. En cela, la demande des jeunes telle qu'elle est mise en évidence par les deux ministères s'inscrit dans une évolution des pratiques citoyennes qui s'opère au profit d'un échange direct censé œuvrer en faveur de l'échange, de la compréhension mutuelle, et nécessairement contribuer au bonheur des citoyens et à la cohérence de l'action publique. C'est cette intégration qui sous-tend la rhétorique de la «réponse à la demande», celle de la nouveauté intervenant comme un appel d'air vis-à-vis des défaillances des dispositifs existants. Sans changer d'objectif, l'instauration d'un débat est désormais considérée comme la modalité appropriée pour devenir ou être un citoyen.

La difficulté d'être citoyen : pertinence et effets des instruments de l'action publique

La légitimité de ces conseils repose ainsi sur une double justification qui s'inscrit dans une certaine réalité sociale et permet aux administrations de la Jeunesse et de l'Éducation de renouveler l'approche de leur intervention dans le domaine de la citoyenneté. Tenant compte à la fois des faiblesses des instruments existants, sans pour autant les réformer ou les supprimer, des pratiques citoyennes des jeunes, sans en analyser les causes, la création de ces conseils est pourtant présentée comme une réponse aux difficultés qu'ont les jeunes à trouver une place dans l'espace public. Il reste que, si l'argumentation retenue tient, elle suscite des interrogations tant dans les justifications que dans les formes privilégiées.

Il est dans les deux cas fait référence à une demande, celle d'un dialogue entre les lycéens et les membres de la communauté scolaire et entre les jeunes et les responsables politiques, économiques et associatifs. En mettant en place des instances dont l'objectif est de produire de l'échange et en y invitant les interlocuteurs réclamés, les ministères offrent un cadre qui correspond à cette demande. Mais la difficulté d'une telle réponse ne tient pas tant dans la forme choisie que dans l'analyse de la demande sur laquelle elle repose. Tant du côté des jeunes que des lycéens, la demande de dialogue semble davantage renvoyer à des situations qui donnent le sentiment de ne pas être entendus, de ne pas être pris en compte, de connaître un déficit d'intégration socio-économique. Elle s'exprime différemment chez les jeunes et les lycéens. Pour les premiers, comme en témoignent les thématiques de travail qui seront privilégiées par les membres des conseils de la jeunesse, cette demande renvoie à des difficultés quotidiennes en matière d'insertion professionnelle, de logement, de formation, etc., et au sentiment que les dispositifs publics dans ces différents secteurs sont inefficaces, inadaptés, voire inexistants. Ainsi, les jeunes cherchent à interpeller les pouvoirs publics sur ces points, faisant des rencontres locales, des espaces revendicatifs. Pour les seconds, cette demande fait écho aux sentiments d'injustice et de mépris que ressentent les lycéens[30] et aux difficultés à faire peser leur point de vue sur des aspects aussi importants que l'évaluation, l'organisation du travail scolaire, les sanctions ou l'orientation. La dévalorisation permanente de la fonction de délégué de classe par une partie des adultes et des lycéens en témoigne aussi[31]. L'existence de rapports sociaux insatisfaisants éclaire la volonté d'en voir modifier les contours. La demande de dialogue ne renvoie pas ici tant à la sphère de la citoyenneté qu'à celle du lien social.

Si la nature de la demande des jeunes se situe à un autre niveau que la demande médiatisée, même si elle n'en est pas pour autant déconnectée, l'objectif qui y est associé, à savoir l'accès à la citoyenneté, paraît quant à lui plus problématique à appréhender. En effet, il n'est nullement évident que cet accès puisse être entièrement réalisé, du fait même de la forme démocratique adoptée et de son éventuelle proximité avec les comportements politiques privilégiés par les jeunes. La résonance entre une réalité sociale appréhendée au travers des résultats des consultations électorales, des usages des pratiques protestataires, des opinions des jeunes sur le système politique et de leurs réponses aux questions mesurant leur disposition à s'engager et une forme démocratique qui porte en elle sa propre utopie laisse de côté au moins deux questions. La première concerne la conception de la citoyenneté que supporte l'objectif permanent des ministères de l'Éducation nationale et de la Jeunesse, au sujet de laquelle il n'est rien dit. Or, tout comme l'analyse des comportements politiques est référée à une définition de la citoyenneté[32], les dispositifs publics dans ce domaine le sont aussi. Par exemple, la relance de l'éducation à la citoyenneté est clairement analysée comme la recherche d'une procédure de pacification des comportements des jeunes reposant sur une

---

30. F. DUBET, *op. cit.* ; P. MERLE, 1996.
31. F. DUBET, *op. cit.* ; P. RAYOU, *op. cit.*
32. S. DUCHESNE, 1997.

intériorisation de normes de civilité, mettant ainsi de côté tout ce qui relève de l'esprit critique, qualité associée à la figure idéal du citoyen[33]. À l'inverse, le soutien aux initiatives individuelles et collectives est davantage associé à une vision du citoyen autonome, capable de prendre des responsabilités et d'agir dans, voire sur, son environnement. Quelle serait alors la conception associée à ces conseils? Serait-elle un mélange entre les deux, donnant ainsi naissance à une forme hybride, celle d'une citoyenneté «qui s'apprend en se faisant», avec toutes les ambiguïtés qui peuvent surgir de cet équilibre entre deux pôles, l'éducation et l'exercice, qui ont jusqu'alors plutôt été appréhendés comme des étapes du devenir citoyen?

La seconde question porte plutôt sur la réalité de l'objectif poursuivi. Si l'institutionnalisation du débat se justifie par une réponse à une demande et renvoie aux défaillances des procédures de délégation, elle peut tout autant être analysée sous l'angle du management public[34]. En effet, ces conseils portent en eux les indices d'une crise entre les parties en présence qui, si elle n'est pas ouverte, réclame une intervention. Or, un des usages actuels du débat public – c'est d'ailleurs l'usage qu'en a fait Édouard Balladur en 1994 – est de permettre de réparer un lien de confiance rompu par une situation de crise[35]. Il semble bien que cette réparation soit aussi à l'ordre du jour de ces instances et qu'à l'objectif citoyen s'articule un objectif fonctionnel qui n'est pas directement avoué. S'il s'agit donc de répondre à la revendication d'un échange accru et de l'exercice d'une citoyenneté participative, il s'agit aussi pour les pouvoirs publics de trouver des modalités de gestion de leur intervention auprès des jeunes et des lycéens afin de limiter la contestation des décisions à venir ou de les légitimer.

À ces interrogations sur la nature de la demande et des objectifs s'ajoutent les effets propres à l'instrument choisi[36]. En effet, si l'usage du débat est associé à une démocratisation de l'espace public et à une transparence des règles de jeu, sa mise en œuvre fait ressortir une série de limites qui remettent en cause la réalité de son caractère démocratique.

---

33. B. BIER, *op. cit.* 2001.
34. Une question identique est posée à d'autres procédures de démocratie participative comme les conseils de quartier. Voir par exemple L. BLONDIAUX, 1999, p. 367-404.
35. P. CHAMBAT, J.-M. FOURNIAU, 2001, p. 9-37.
36. P. LASCOUMES, «Gouverner par les instruments. Ou comment s'instrumente l'action publique?», *in* M. CALLON, P. LASCOUMES, Y. BARTHE, *op. cit.* 2001.

Au sujet des conseils, ces effets se repèrent principalement au niveau de l'organisation de l'échange et des participants. Dans les deux cas, les règles de fonctionnement n'ont pas été définies au départ, laissant aux membres le soin de le faire.

Une telle absence a des conséquences sur les prises de parole, qui sont soit le fait des plus habitués, comme les proviseurs et les enseignants pour les conseils de la vie lycéenne, ou les jeunes les plus engagés pour les conseils de la jeunesse, soit le fait des plus concernés, des participants qui y voient un intérêt. En sus de l'émergence de monopoles de la parole, elle peut donner lieu à des désaccords sur les règles à adopter et générer de la défection[37].

Quant aux participants qui ont jusqu'à maintenant été désignés sous les termes génériques de «jeunes» et de «lycéens», leur nombre est réduit et leur sélection réduit la diversité de leurs origines. Si les consultations de départ ont pour objectif de toucher le plus possible de jeunes et de lycéens, les instruments de pérennisation de l'échange qui en émanent opèrent une réelle fermeture.

Cette opération se repère nettement au niveau des conseils de la jeunesse, où la problématique du ministère de la Jeunesse et des Sports est depuis longtemps de toucher les «jeunes inorganisés[38]».

Ainsi, au départ, le Conseil national était composé de trois collèges, un réservé aux représentants des organisations nationales de jeunes (partis politiques, syndicats, mouvements lycéens et étudiants, association de jeunesse), un aux représentants des conseils départementaux de la jeunesse et un aux «personnalités qualifiées[39]», l'objectif de ce dernier étant d'ouvrir le recrutement du conseil aux «jeunes inorganisés», c'est-à-dire aux jeunes non membres d'une organisation.

Deux ans plus tard, ce troisième collège est supprimé du fait de la présence, semble-t-il problématique, d'«électrons libres qui ne représentent qu'eux-mêmes», le Conseil national de la jeunesse étant désormais composé de jeunes «organisés». La composition du Conseil national change une dernière fois au moment de son entrée dans la loi,

---

37. V. BECQUET, *op. cit.* 2002d ; V. BECQUET, *op. cit.* 2002b ; V. BECQUET, *op. cit.* 2003a ; V. BECQUET, *op. cit.* 2002a ; V. BECQUET, *op. cit.*, 2003b.
38. F. TÉTARD, *op. cit.*
39. Au niveau du département, seul le second collège change. Il est composé d'associations locales de jeunes.

une liste plus précise des organisations présentes apparaissant dans le texte[40].

Quant au conseil de la vie lycéenne, sa composition traduit également une volonté d'ouverture du recrutement. L'élection au suffrage universel de sept lycéens sur dix présents au conseil de la vie lycéenne a pour objectif d'ouvrir l'accès à ce conseil à des personnes qui n'auraient pas choisi d'être déléguées de classe. Les trois autres lycéens qui y siègent sont élus parmi les délégués de classe. Cette disposition n'a pas changé depuis 2000, mais sa mise en œuvre, au moins au cours de premières élections, n'a pas toujours été évidente. L'inégale conviction des proviseurs, la faible connaissance par les lycéens de ce conseil, le manque de temps disponible pour préparer les élections, mais aussi le doute exprimé par les lycéens visés par cette ouverture au sujet de la fonction de délégué ont engendré une surreprésentation des délégués de classe[41]. Ainsi, alors que la forme adoptée paraît accessible à tous les jeunes, les modalités pratiques entraînent une fermeture de l'accès au débat. La sélection à l'entrée mais aussi à l'intérieur, par le jeu des compétences sociales, est en décalage avec la demande décrite et l'objectif affiché. La résonance avec les pratiques citoyennes des jeunes apparaît elle aussi amoindrie.

Ainsi, le lancement de procédures de consultation des jeunes par deux ministères intervenant dans les secteurs de l'éducation et de la jeunesse débouche sur la création d'instruments d'action publique utilisant le débat comme une modalité parmi d'autres d'accès à la citoyenneté. Faisant reposer leur légitimité sur la valorisation de leur nouveauté et de leur adéquation avec les demandes des jeunes, ils laissent augurer une approche renouvelée des pratiques citoyennes à même de pallier les difficultés qu'ont les jeunes à endosser le rôle de citoyen que leur offrent les procédures de la démocratie représentative. Pourtant, ce traitement proposé par des administrations qui interviennent dans le champ de la citoyenneté semble reposer sur des as-

---

40. Alors que les organisations nationales étaient choisies sur proposition du ministre, les représentants sont désormais issus d'autres organes de représentation comme par exemple le Conseil national de l'enseignement supérieur et de la recherche (CNESER) ou la Coordination nationale des associations de jeunesse et d'éducation populaire (CNAJEP) et des partis politiques disposant d'un groupe parlementaire. Seuls vingt représentants d'organisations à vocation nationale sont désignés par le ministre. Décret n° 2002-708 du 30 avril 2002 relatif au Conseil national et aux conseils départementaux de la jeunesse.
41. V. BECQUET, *op. cit.* 2002d.

sises bien fragiles[42]. En effet, les justifications et les objectifs affichés suscitent des interrogations qui font poindre des doutes quant à la nature des démarches entreprises. De plus, le choix du débat comme méthode de remédiation politique omet de tenir compte des effets propres des caractéristiques des conseils qui, sur certains points, reproduisent les fonctionnements traditionnels de la représentation démocratique tout en les mêlant à des pratiques participatives. Si ce mélange des genres politiques peut donner naissance à des expérimentations, il n'est pas évident qu'il permette de remplir les objectifs affichés.

BIBLIOGRAPHIE

BALLION R. (1998), *La Démocratie au lycée*, Paris, ESF.
BECQUET V. (2003a), « Le conseil des délégués pour la vie lycéenne : un lieu de dialogue ? Perceptions et interprétations des échanges par les différents membres », communication au colloque « La discussion en éducation et en formation : socialisation, langage, réflexivité, identité, rapport au savoir et citoyenneté », Montpellier, 23-24 mai.
BECQUET V. (2003b), « Le Conseil national de la jeunesse : construction des règles de discussion et désaccords des acteurs », communication au colloque « La situation délibérative dans le débat public », Tours, 14-16 mai.
BECQUET V. (2002a), « "Autrement, c'est possible" : les conseils de la jeunesse », *Agora débats/jeunesse*, n° 30, 4e trimestre.
BECQUET V. (2002b), « Le conseil de la vie lycéenne : lieu de partage du pouvoir et d'élaboration collective ? », communication à l'université d'été « Apprentissage et pratique de la citoyenneté au quotidien, quelle place pour la vie lycéenne ? », Besançon, 20-23 août.
BECQUET V. (2002c), *Les Conseils de la jeunesse, Intuition politique, Réalités territoriales*, Paris, Injep, coll. « Les documents de l'INJEP ».
BECQUET V. (2002d), *Mise en place et fonctionnement des conseils de la vie lycéenne*, DESCO, ministère de la Jeunesse, de l'Éducation nationale et de la Recherche.
BIER B. (1998) (synthèse réalisée par), *Participer, disent-ils !*, DJVA, mission évaluation-recherche, ministère de la Jeunesse et des Sports.

---

42. Cette expression est employée par L. Blondiaux au sujet des conseils de quartier. L. BLONDIAUX, *op. cit.*

BIER B. (2001), « L'analyseur Villepinte », *in* A. Vulbeau (dir.), *La Jeunesse comme ressource. Expérimentations et expérience dans l'espace public*, Saint-Denis, Obvies; Ramonville-Saint-Agne, Érès, coll. « Questions vives sur la banlieue ».

BORDES B., VULBEAU A. (2004), *L'Alternative jeunesse*, Paris, éditions de l'Atelier, coll. « Les savoirs de la ville ».

BLONDIAUX L. (1999), « Représenter, délibérer ou gouverner ? Les assises politiques fragiles de la démocratie participative de quartier », *in La Démocratie locale. Représentation, participation et espace public*, CURAPP, CRAPS, Paris, Puf.

BORREDON A. (1995), *Une jeunesse dans la crise. Les nouveaux acteurs lycéens*, Paris, L'Harmattan.

BRÉCHON P., LAURENT A., PERRINEAU P. (2000) (dir.), *Les Cultures politiques des Français*, Paris, Presses de Sciences po.

CALLON M., LASCOUMES P., BARTHE Y. (2001), *Agir dans un monde incertain. Essai sur la démocratie technique*, Paris, Le Seuil, coll. « La couleur des idées ».

CHAMBAT P., FOURNIAU J.-M. (2001), « Débat public et participation démocratique », *in* S. Vallemont (dir.), *Le Débat public : une réforme dans l'État*, Paris, LGDJ.

DELOYE Y. (1994), *École et Citoyenneté. L'individualisme républicain de Jules Ferry à Vichy : controverses*, Paris, Presses de la FNSP.

DUBET F. (1991), *Les Lycéens*, Paris, Le Seuil.

DUCHESNE S. (1997), *Citoyenneté à la française*, Paris, Presses de Science po.

DURAND-PINBORGNE C. (1991), « Élèves aujourd'hui, citoyens demain », *Savoir*, n° 3.

FRANÇOIS B., NEVEU É. (1999) (dir.), *Espaces publics mosaïques*, Rennes, Presses universitaires de Rennes, coll. « Res Publica ».

GRUNBERG G., MAYER N., SNIDERMAN P. M. (2002) (dir.), *La Démocratie à l'épreuve. Une nouvelle approche de l'opinion des Français*, Paris, Presses de Sciences po.

LONCLE P. (1999), « Atouts et faiblesses des politiques de jeunes », *Agora débats/jeunesse*, n° 18, 4e trimestre.

MAUGER G. (1996), « La consultation nationale des jeunes. Contribution à une sociologie de l'illusionnisme social », *Genèses*, n° 25, décembre.

MERLE P. (1996), *L'Évaluation des élèves. Enquête sur le jugement professoral*, Paris, Puf, coll. « L'éducateur ».

MUXEL A. (2001), *L'Expérience politique des jeunes*, Paris, Presses de Sciences po.

NEVEU C. (1999) (dir.), *Espace public et Engagement politique. Enjeux et logiques de la citoyenneté locale*, Paris, L'Harmattan, coll. «Logiques politiques».

PERRINEAU P. (2003), *Le Désenchantement démocratique*, La Tour d'Aigues, L'Aube.

RAYOU P. (1998), *La Cité des lycéens*, Paris, L'Harmattan, coll. «Débats jeunesses».

TÉTARD F. (1997), *La Jeunesse et Sports face à «la participation des jeunes». Dialogue ininterrompu entre un ministère et une utopie*, DJVA, mission évaluation-recherche, ministère de la Jeunesse et des Sports, avril.

VULBEAU A. (2001) (dir.), *La Jeunesse comme ressource. Expérimentations et expérience dans l'espace public*, Saint-Denis, Obvies; Ramonville-Saint-Agne, Érès, coll. «Questions vives sur la banlieue».

VULBEAU A. (2002), *Les Inscriptions de la jeunesse*, Paris, Injep/L'Harmattan, coll. «Débats jeunesses».

POSTFACE

« CULTURE(S) DE RUE »
Sociogenèse et transformations des carrières déviantes (1975-2005)[1]

Gérard Mauger*

Toute enquête sur les « jeunes des cités », « inemployables » et fauteurs de « violences urbaines », est aujourd'hui confrontée à quelques objections récurrentes. La première refuse purement et simplement toute tentative sociologique d'explication de la délinquance juvénile. De ce point de vue, essayer de comprendre, c'est déjà excuser : Lionel Jospin, alors qu'il était Premier ministre, avait ainsi pris le parti de récuser « l'excuse sociologique » au profit de « la responsabilité individuelle[2] ». Il est vrai que la sociologie est « une science qui dérange », écrivait P. Bourdieu[3]... À l'inverse, d'autres s'indignent par avance de toute enquête sur le monde des bandes au motif que, en focalisant les regards sur la délinquance juvénile, l'enquête ne peut que consolider l'ancrage du stigmate qui pèse sur « ces cités dont on parle ». À cet égard, je

---

* *Gérard Mauger est sociologue, directeur de recherche au CNRS et directeur adjoint du Centre de sociologie européenne (CNRS/EHESS).*
1. Cet article reprend les grandes lignes de la conclusion d'une enquête réalisée en mars 2004 par G. Mauger et K. Ikachamene (cf. G. Mauger, avec K. Ikachamene, 2004, p. 215-254).
2. Le 7 janvier 1999, Lionel Jospin déclarait dans un entretien au *Monde* : « Dès notre prise de fonction, nous avons insisté sur les problèmes de sécurité. [...] Tant que l'on admettra des excuses sociologiques et que l'on ne mettra pas en cause la responsabilité individuelle, on ne résoudra pas ces questions. »
3. P. Bourdieu, 1979a, p. 19-36.

voudrais faire deux remarques qui pourront sembler triviales. Peut-être n'est-il pas inutile néanmoins de rappeler, d'une part, que la délinquance dans les cités de banlieue n'est pas un fantasme. S'il est vrai que les statistiques policières mesurent l'activité des services de police, l'extension des pratiques délinquantes est évidemment supérieure à celle que révèlent ces statistiques et, si l'on pense que l'extension de la délinquance juvénile n'est pas indépendante de celle du chômage et de la précarisation, il semble peu probable qu'elle ait beaucoup régressé depuis une trentaine d'années... S'il va de soi, d'autre part, que la délinquance ne concerne pas l'ensemble des jeunes des cités, ni bien sûr toute la population des cités, des quartiers populaires, des banlieues, etc., toute tentative de compréhension sociologique doit néanmoins tenter de la situer dans ce contexte, sauf à sombrer dans le psychologisme ou dans un essentialisme raciste. Autre objection, corollaire de la précédente : toute sociogenèse du monde des bandes serait vouée au « misérabilisme »... À cet égard, il me semble en effet que le misérabilisme est difficile à éviter dès lors qu'il s'agit de décrire et d'expliquer la misère du monde, sauf à céder à l'exaltation et à la mystification populistes et à récuser, là encore, mais dans une perspective politique diamétralement opposée, toute tentative d'explication sociologique...

J'en viens aux « cultures de rue ». Mes premières enquêtes sur les jeunes des classes populaires et, plus spécifiquement, sur ceux que les médias désignaient alors comme « les loubards », ont été entreprises au cours de la deuxième moitié des années soixante-dix[4]. Après une longue interruption, je me suis de nouveau intéressé aux jeunes des classes populaires et en particulier à ceux que les médias désignent aujourd'hui comme « les jeunes des cités[5] » en reprenant l'enquête sur l'un des sites antérieurement étudiés de la banlieue ouest de Paris[6]. Quelles conclusions peut-on tirer de ces enquêtes séparées par une trentaine d'années ? J'indiquerai d'abord les grandes lignes de la représentation de l'espace des styles de vie – conformes et déviants – des jeunes de milieux populaires que j'avais alors tenté de construire. J'évoquerai ensuite les transformations de la condition des classes populaires qui permettent de rendre compte des transformations de cet espace et j'essaierai enfin d'en ébaucher une analyse descriptive actualisée.

---

4. G. MAUGER, C. FOSSÉ-POLIAK, 1983, p. 49-67 ; G. MAUGER, 1994, p. 347-384.
5. Pour une première ébauche, voir G. MAUGER, 2001a, p. 63-79.
6. G. MAUGER, K. IKACHAMENE, *op. cit.* J'utilise également un ensemble d'enquêtes récentes : M. GOUIRIR, 1997 ; O. MASCLET, 2001 ; É. MARLIÈRE, 2003 ; I. COUTANT, 2003 ; K. GUENFOUD, 2003 ; T. SAUVADET, 2004.

Espace des styles de vie conformes et déviants dans la France des années soixante-dix

À la fin des années soixante-dix, il m'était apparu que trois axes – capital économique, capital culturel, capital corporel – permettaient d'organiser l'ensemble des observations rassemblées tant sur les styles de vie conformes (c'est-à-dire socialement approuvés et statistiquement probables) que sur les styles de vie déviants (c'est-à-dire socialement désignés et/ou revendiqués comme tels).

Forces centripètes et forces centrifuges

Dans une perspective inspirée de R. HOGGART[7], on pouvait tenter de décrire le monde des classes populaires par rapport aux forces centripètes et aux forces centrifuges qui s'exerçaient sur lui.

Du côté des forces centripètes, la ségrégation subie se doublait d'une auto-exclusion consentie. Les classes populaires, soumises à des mécanismes massifs de ségrégation sociale (à l'école et au travail) et spatiale (dans les quartiers ouvriers qui sont encore des «banlieues rouges»), étaient assignées à une condition verrouillée. Cette clôture du champ des possibles était alors redoublée par le refus d'en sortir et de s'en sortir. En d'autres termes, cette condition, à la fois dominée et ségrégée, était intériorisée, et les espérances subjectives étaient à peu près ajustées aux chances objectives, conformément au schème d'analyse énoncé par P. BOURDIEU: «La nécessité impose un goût de nécessité qui implique une forme d'adaptation à la nécessité et, par là, d'acceptation du nécessaire, de résignation à l'inévitable.[8]» Cette auto-exclusion s'exprimait d'abord dans l'auto-élimination scolaire qui devançait, dans la plupart des cas, la relégation, dans des goûts qui avaient pour principe «le choix du nécessaire[9]», dans le repli sur des formes de vie collective sécurisantes (la famille et le quartier[10]), dans une représentation du monde clivée entre «Eux» et «Nous» indissociable de la préservation de «l'entre-soi». Dans la même perspective, on pouvait s'interroger sur la relative autonomie culturelle des classes populaires. Ainsi P. BOURDIEU soulignait-il «l'adhésion des membres de la classe ouvrière aux valeurs de virilité qui sont une des formes les

---

7. R. HOGGART, 1970.
8. P. BOURDIEU, 1979b, p. 433.
9. *Ibid.*, p. 441-442.
10. Voir O. SCHWARTZ, 1990.

plus autonomes de leur affirmation d'eux-mêmes en tant que classe[11] », valeurs de virilité qui s'exprimaient dans la valorisation populaire de la force physique (force de travail ou force de combat) ou du franc-parler.

Il est néanmoins difficile de concevoir, comme le souligne O. SCHWARTZ, que « des groupes dominés puissent être durablement, par rapport aux formes de légitimité établie, en situation de complète altérité culturelle[12] ». On pouvait ainsi relever de multiples manifestations de la perméabilité des milieux populaires aux formes culturelles dominantes et distinguer trois pôles au sein de l'espace des styles de vie conformes des classes populaires : un pôle viril (associé, entre autres, au monde militant des services d'ordre ou au monde du sport), un pôle de l'embourgeoisement (associé, par exemple, aux tentatives d'accès à la propriété ou à celles de se mettre à son compte), un pôle cultivé (associé à l'autodidaxie dans sa diversité, militante, artistique, scientifique ou littéraire[13]). Mais, à ces forces centrifuges, le groupe répondait non seulement par le développement de sa cohésion interne, mais aussi par son pouvoir d'exclure. Les forces de rappel, la consolidation du confinement s'exerçaient à travers la dialectique « jalousie/fierté » analysée par F. WEBER[14], par « les rappels à l'ordre où s'énonce le principe de conformité, seule norme explicite du goût populaire » qui « enferment [...], une mise en garde contre l'ambition de se distinguer en s'identifiant à d'autres groupes, c'est-à-dire un rappel à la solidarité de condition[15] ».

Les bandes, le milieu et la bohème populaire

Ces trois axes permettaient également de décrire l'espace tripolaire des styles de vie déviants des jeunes de milieux populaires. Le premier – celui du monde des bandes (des « blousons noirs » aux « loubards ») – était, de loin, le plus répandu, sinon le plus banal, et sans doute aussi le plus ancien. Le deuxième – « le milieu » (celui des professionnels de la délinquance) – était aussi spectaculaire qu'exception-

---

11. P. BOURDIEU, *op. cit.* 1979b, p. 448.
12. O. SCHWARTZ, 1998, p. 5. L'analyse proposée ici des transformations objectives et subjectives de la condition des classes populaires doit beaucoup à celle d'Olivier Schwartz.
13. Cf. C. FOSSÉ-POLIAK, 1992.
14. F. WEBER, 1989.
15. P. BOURDIEU, *op. cit.* 1979b, p. 443.

nel. Le troisième – « la bohème populaire » – était quantitativement et qualitativement marginal et d'apparition récente.

La valeur économique (*auri sacra fames*) m'était apparue comme la formule génératrice de la culture du milieu qui correspondait à l'un des cas mis en évidence par R. K. MERTON dans un article célèbre : « Al Capone représente le triomphe de l'intelligence amorale sur les échecs dus à une conduite morale dans une société où les canaux qui assurent la mobilité sociale sont fermés ou trop étroits, et où tous les individus sont invités à concourir pour le grand prix de la réussite économique et sociale.[16] »

La bonne volonté culturelle était au principe des dispositions, représentations, pratiques caractéristiques de la bohème populaire qui pouvait être décrite comme une version prolétarisée de la contre-culture importée des États-Unis[17]. Les « babas » (comme on les appelait pour s'en moquer dans les banlieues) tentaient de s'immiscer dans la contre-société et de s'initier à la contre-culture de la bohème des années soixante-dix[18].

Enfin, les valeurs de virilité associées à la valorisation de la force physique, seule propriété qui puisse être mise en avant pour se définir, convertible en capital symbolique dans le monde viril des ouvriers jeunes ou adultes[19], apparaissaient comme le principe unificateur de l'ensemble des attributs symboliques (de l'*hexis* corporelle au langage), des consommations distinctives, des formes de sociabilité et des pratiques caractéristiques du monde des bandes : « les vannes » et « les bastons » (entre soi, entre bandes, avec la police), le vandalisme, les vols défis et les vols de subsistance. Dans cette perspective, le monde des bandes pouvait être décrit comme un univers d'apprentissage des conduites de virilité et l'apprentissage de la « culture de bande », « culture anti-école », apparaissait comme une propédeutique à la « culture d'atelier[20] ». L'appartenance au monde des bandes était, en effet, presque toujours temporaire. À l'insertion dans le monde du travail correspondait une transformation des usages martiaux de la force physique en usages productifs, une transformation de la force physique force de combat en force de travail, une conversion de la culture de rue à la culture d'usine, dont le seuil était marqué par le mariage (après le service militaire). Elle orientait les jeunes des bandes vers les métiers

---

16. R. K. MERTON, 1997, p. 163-187.
17. Cf. G. MAUGER, C. FOSSÉ, 1977.
18. Cf. G. MAUGER, C. FOSSÉ-POLIAK, 1987.
19. Cf. G. MAUGER, C. FOSSÉ-POLIAK, *op. cit.* 1983.
20. Cf. P. WILLIS, 1978, p. 50-61.

de force, métiers d'hommes, bastions de la classe ouvrière traditionnelle : industries métallurgiques ou minières, chantiers du bâtiment, etc.

Ce modèle synoptique de l'espace des styles de vie des jeunes de milieux populaires avait, à mon sens, un double intérêt : il permettait à la fois de mettre en évidence des homologies et d'analyser les conversions inégalement possibles ou probables entre les différents pôles de cet espace. D'une part, il dévoilait l'homologie entre les trois pôles de l'espace des styles de vie déviants – le monde des bandes, le milieu et la bohème populaire – et les trois pôles de l'espace des styles de vie conformes – le pôle viril, le pôle de l'embourgeoisement et le pôle cultivé. D'autre part, il faisait apparaître l'homologie entre les trois pôles associés au capital corporel, au capital économique et au capital culturel et les trois ordres de l'imaginaire du féodalisme mis en évidence par G. DUBY (*bellatores, oratores, laboratores*[21]) ou encore les trois fonctions de G. DUMÉZIL[22] (récurrence donc d'une structure triadique, où s'opposent trois principes de domination : la force, le savoir et la culture). Ce modèle permettait également de rendre compte des conversions inégalement probables entre espace des styles de vie déviants et espace des styles de vie conformes. La métamorphose apparaissait d'autant plus probable qu'elle s'opérait du pôle déviant au pôle conforme homologue (*i. e.* valorisant la même espèce de capital) : du monde des bandes aux métiers d'hommes de la mine, de l'acier ou du bâtiment, de la bohème populaire à l'animation socioculturelle, du milieu aux indépendants du commerce (patron de café ou de boîte de nuit), etc. De même, ce modèle permettait d'analyser les rapports plus ou moins conflictuels entre les trois pôles déviants ou conformes (par exemple, entre «loubards» et «babas») et les conversions très inégalement probables d'un pôle à l'autre : par exemple, du monde des bandes au milieu *via* la prison.

Ce modèle résiste-t-il aujourd'hui à l'épreuve de l'enquête de terrain ? Dans quelle mesure cette structure tripolaire s'est-elle conservée, déformée ou transformée ? Et comment rendre compte de ses transformations ?

---

21. G. DUBY, 1978.
22. G. DUMÉZIL, 1968.

Les transformations récentes des classes populaires

Schématiquement, on peut considérer que les transformations de la condition des classes populaires résultent de trois tendances contradictoires : d'une part la disqualification sociale du groupe ouvrier, d'autre part la déségrégation des classes populaires, enfin le renforcement des divisions internes aux classes populaires.

La disqualification sociale du groupe ouvrier

La disqualification qui s'exerce sur le monde ouvrier depuis près d'une trentaine d'années est à la fois économique, politique et symbolique[23].

La restructuration et la disparition de branches entières de la production industrielle, la mise en place de nouvelles technologies et de nouvelles stratégies patronales[24] ont provoqué non seulement la réduction du nombre d'emplois ouvriers, le chômage de masse, l'extension de la précarité, l'insécurité sociale et, de plus en plus fréquemment, la paupérisation qui va de pair, mais aussi la ruine des métiers ouvriers traditionnels et la dévalorisation des diplômes techniques qui en ouvraient l'accès et, en définitive, la disqualification de la force de travail simple (la force de travail comme force physique) et des valeurs de virilité dont on a vu qu'elles occupaient une place centrale dans la culture d'atelier et dans la définition de l'identité masculine traditionnelle des milieux populaires.

Cette disqualification économique du monde ouvrier s'est doublée de sa disqualification politique. Elle est liée à l'effondrement des États socialistes, à la disqualification du socialisme réel et des formes de messianisme politique qui en étaient solidaires, à la crise de la représentation syndicale et politique et à la dévaluation de ses porte-parole, à la détérioration des capacités de mobilisation et de résistance d'un groupe ouvrier soumis à la menace du chômage, au chantage à la docilité qui s'exerce sur les précaires et à la concurrence des intérimaires : « Au cours de ces quinze dernières années, c'est l'idée même d'une avancée collective du groupe ouvrier qui s'est perdue, notent S. BEAUD et M. PIALOUX[25]. Avec elle, a disparu l'espoir politique d'un changement radical des rapports sociaux sur la base d'un modèle de type so-

---

23. Cf. G. MAUGER, 1996 et 1998.
24. Cf. S. BEAUD, M. PIALOUX, 1996.
25. S. BEAUD, M. PIALOUX, 1999, p. 364.

cialiste. » L'esprit de résistance, « la culture PC-CGT » sont devenues incompréhensibles pour les jeunes intérimaires qui se recrutent parmi les jeunes des cités : d'autant plus qu'ils espèrent avoir accès à un emploi stable et qu'ils sont captés par les valeurs consuméristes[26].

Économique et politique, la disqualification est également symbolique. Elle s'exerce non seulement à travers le racisme de classe associé à la figure du « beauf » (et une assimilation hâtive des ouvriers à l'électorat du Front national[27]), mais aussi par les entreprises de désorientation, discréditant les mots anciens (ouvrier, classe ouvrière, exploitation, lutte de classes, etc.) et les remplaçant par des trompe-l'œil (l'OS métamorphosé en « opérateur », l'OQ en « moniteur », l'usine en « entreprise », la grève en « mouvement social », les licenciements en « plan social », le contremaître en « moniteur » et le patron en « entrepreneur », etc.) : la perte des « mots de la tribu » ne provoque pas seulement un désarroi discursif, mais la dévaluation d'un passé réputé sans avenir. Cette disqualification symbolique est surtout cependant une conséquence de la massification scolaire et de la banalisation de l'entrée des enfants d'ouvriers dans l'enseignement secondaire : déstructuré vers le bas par la précarisation, le chômage et la retombée dans la misère, le monde ouvrier traditionnel se désagrège aussi vers le haut par la quête du salut social dans la réussite scolaire. En se substituant à l'auto-élimination, la disqualification scolaire qui condamne aux emplois d'ouvriers ou d'employés déqualifiés[28] est d'autant plus destructrice que l'échec scolaire est presque toujours perçu dans le cadre d'une représentation naturaliste de « l'intelligence ».

La déségrégation des classes populaires

L'intériorisation progressive de cette disqualification économique, politique et symbolique des classes populaires a affaibli leur capacité de préservation de l'entre-soi, dissuadant et invalidant les rappels à l'ordre du principe de conformité. Par ailleurs, cette culture de l'entresoi a été remise en cause à la fois par la prolongation et l'extension de la scolarisation, la tertiarisation des emplois, l'intériorisation croissante du critère de la réussite financière comme mesure de l'excellence sociale, les multiples mécanismes d'individualisation et de destruction des collectifs.

---

26. Cf. S. BEAUD, M. PIALOUX, 2003.
27. A. COLLOVALD, 2004.
28. Cf. S. BEAUD, M. PIALOUX, *op. cit.* 2003, p. 159-287.

Avec la montée du chômage et la concurrence de plus en plus vive pour l'emploi, la mobilisation scolaire – souvent désarmée – est devenue, pour les familles populaires, un impératif de plus en plus contraignant. La massification scolaire a ouvert des perspectives d'émancipation par rapport à la condition d'origine, perspectives fragiles, mais dont la possibilité même fait que le champ des possibles ne se réduit plus à la simple reproduction du destin de classe.

Par ailleurs, les changements dans la structure socioprofessionnelle (développement du tertiaire et des relations de service impliquant un contact avec un public ou une clientèle) conduisent une fraction croissante des classes populaires à occuper des emplois de service : d'où le développement d'interactions diversifiées avec le monde extérieur qui favorisent, avec l'extension de la scolarisation, le décloisonnement des classes populaires, leur ouverture sur la culture dominante.

La thématique de l'embourgeoisement des classes populaires n'est pas nouvelle. De façon générale, ce que disait R. K. MERTON à propos de la société américaine des années cinquante semble pouvoir s'appliquer à la société française des deux dernières décennies du XXe siècle : «Dire que le succès financier fait partie de la civilisation américaine, écrivait-il, c'est constater simplement que les Américains sont bombardés de tous côtés par des préceptes selon lesquels on a le droit et même le devoir de se proposer ce but, en dépit de toutes les frustrations.[29]»

Enfin, de multiples mécanismes contribuent à renforcer les processus d'individualisation et de destruction des collectifs : d'une part, l'école classe et ne cesse d'encourager la compétition, d'autre part, les nouvelles stratégies de domination dans le monde du travail (le management participatif) tendent à la fois à stimuler les initiatives individuelles et à briser les collectifs, ne serait-ce qu'en multipliant les statuts.

Le renforcement des divisions internes aux classes populaires

La construction accélérée de grands ensembles destinés à résorber les bidonvilles et les cités de transit, puis la politique d'accession à la propriété, d'une part, l'extension progressive du chômage des salariés non-qualifiés, d'autre part, ont renforcé la ségrégation urbaine : alors que les classes populaires en ascension quittaient les cités HLM, les fractions paupérisées (et, prioritairement, les familles immigrées) étaient vouées à rester dans des quartiers de plus en plus dégradés et stigmatisés[30]. Dans

---

29. R. K. MERTON, *op. cit.* 1997, p. 168.
30. Cf. O. MASCLET, 2003 ; P. BOURDIEU, 1993, p. 159-167.

le cadre conceptuel proposé par N. ELIAS, les tensions s'accroissent entre « établis » et « marginaux » (c'est-à-dire aussi souvent entre Français et immigrés[31]). Le sentiment d'insécurité engendré par le développement de la culture de rue renforce le sentiment d'insécurité sociale et « le sauve-qui-peut » renforce la ségrégation sociale et spatiale de l'habitat et des établissements scolaires.

Comment décrire aujourd'hui l'espace des styles de vie « conformes » des classes populaires ? Il me semble, d'une part, que si la structure triadique mise en évidence, avec son pôle viril, son pôle embourgeoisé, son pôle cultivé, perdure, les forces centrifuges tendent aujourd'hui à l'emporter sur les forces centripètes. D'autre part, à cette structure tripolaire, tend à se superposer une opposition binaire entre « établis » et « marginaux », où les établis – ouvriers et employés pavillonnaires – se distinguent par leur accumulation de capital économique et par leur mobilisation scolaire et où les marginaux, ouvriers et employés précarisés, souvent immigrés, ne peuvent mettre en avant que des valeurs de virilité dévaluées ou, dans certains cas, leur capital religieux.

Sociogenèse de la « culture de rue »

Quelles sont les incidences de ces transformations sur l'espace des styles de vie déviants des jeunes de milieux populaires ? De façon générale, le capital scolaire détenu est au principe de la distribution des jeunes des cités par rapport aux différents pôles de l'espace des styles de vie conformes et déviants. On ébauchera d'abord une sociogenèse des carrières déviantes en analysant les rapports qui s'établissent entre familles populaires et école de masse, entre école et culture de rue, entre culture de rue et marché des emplois précaires de « jeunes à tout faire[32] ».

---

31. N. ELIAS, J. L. SCOTSON, 1997. I. COUTANT, 2005, montre que l'intolérance croissante à l'égard des jeunes des cités, le renoncement au règlement privé des litiges, le recours au droit résultent de la modification du rapport de force entre « établis » et « marginaux » (et, en particulier, de l'imposition de « la culture de rue » dans l'espace résidentiel) et de l'angoisse du déclassement qui pèse sur les établis. Cf. également les procès réciproques instruits par les familles dans les HLM par enfants interposés, étudiés par G. ALTHABE (1993, p. 11-69). Porter plainte, c'est réaffirmer son appartenance au pôle des « familles bien » et tenter de la faire ratifier par l'autorité judiciaire, mais c'est peut-être surtout obtenir la réaffirmation publique de la norme qui fonde leur valeur.
32. L'analyse de cette sociogenèse doit beaucoup à celle de M. MILLET et D. THIN, 2003.

Déshérités culturels et massification scolaire

Le déficit de capital scolaire dans les familles populaires pèse de multiples façons sur le parcours scolaire des enfants[33]. Outre que les familles les plus démunies ne disposent ni des informations nécessaires sur le fonctionnement, les filières, les orientations du système scolaire, ni des savoirs scolaires et des savoirs et savoir-faire culturels légitimes[34], la langue qu'elles parlent et transmettent est scolairement disqualifiée[35]. P. BOURDIEU et J.-C. PASSERON ont montré que « l'inégale distribution entre les différentes classes sociales du capital linguistique scolairement rentable constitue une des médiations les mieux cachées par lesquelles s'instaure la relation entre l'origine sociale et la réussite scolaire[36] ». L'enquête de D. LEPOUTRE le confirme : « L'apprentissage de la langue standard, officielle, étant l'une des principales fonctions de l'école et la transmission de tout le savoir s'effectuant à travers cette même langue standard, l'école se trouve être inévitablement le lieu privilégié d'une lutte permanente d'imposition des normes linguistiques.[37] »

Ce déficit de capital culturel hérité va presque toujours de pair avec le déficit de capital économique[38]. Dans les familles plus ou moins désaffiliées de la société salariale, les conditions matérielles d'existence sont une source permanente d'inquiétude et de tensions. Les

---

33. Les sorties sans qualification du système scolaire se maintiennent à environ 8 % d'une génération : 150 000 à 160 000 jeunes par an interrompent leur scolarité avec pour seul diplôme un CAP ou un brevet ou sans aucun diplôme, et ce nombre est constant depuis 1995.
34. P. BOURDIEU, J.-C. PASSERON, 1964 et 1970.
35. De façon générale, parler la langue des banlieues – verlan, argot réinventé – véhiculée par le rap, style articulatoire, « style de vie qui s'est fait corps », implique une faible acculturation aux normes langagières dominantes (P. BOURDIEU, 1982, p. 90).
36. P. BOURDIEU, J.-C. PASSERON, op. cit. 1970, p. 144.
37. D. LEPOUTRE, 1994, p. 5.
38. De plus, les « malheurs sociaux », les « aléas », les « accidents biographiques » (accidents du travail, longues maladies, invalidités, décès, conflits conjugaux, séparations, problèmes judiciaires, etc.) ne se distribuent pas socialement au hasard. Les familles populaires les plus démunies de ressources économiques et culturelles sont aussi celles qui connaissent une forte proportion de familles monoparentales (mères célibataires, désunions et recompositions familiales, accidents, maladies et décès), qui comptent un nombre d'enfants particulièrement élevé, qui ont connu un parcours résidentiel mouvementé (impliquant déracinement social, géographique et affectif, dispersion familiale, perte des sociabilités et des solidarités, nomadisme scolaire). Ces « difficultés » suscitent à leur tour repérage, encadrement et prise en charge par le travail social (version éducative ou version pénale). Insécurité sociale, précarité et stigmatisation ont de multiples incidences sur l'éducation des enfants.

questions d'argent multiplient les conflits et incompréhensions entre parents et enfants[39] : impossibilité, par exemple, de satisfaire aux exigences de consommation d'enfants soucieux d'échapper au stigmate du «STL» («Style tout Leclerc») ou de faire face aux demandes de matériel scolaire. De façon générale, «les couches ouvrières pauvres sont écartelées entre la nécessité d'une astreinte ascétique, dont les chances de succès ne sont pas toujours assurées [...] et l'immersion dans un univers où la consommation déploie constamment ses prestiges : elle est signe de statut social, garantie contre le manque et légitime revanche sur des frustrations ou des contraintes acceptées[40]», écrit O. SCHWARTZ. Le sentiment de la relégation socio-économique associé à la dégradation du quartier[41] induit la perte de l'estime de soi et une vision de l'avenir lourde d'inquiétude et de menaces.

L'éloignement du travail salarié, la vacuité des obligations professionnelles engendre une sorte de vacuité sociale du temps familial. Dans les familles où plus personne ne travaille depuis longtemps, où la vie n'est plus régulée par les horaires contraints de la vie professionnelle, la temporalité familiale est à la fois uniforme et arythmique, soumise au jour le jour à l'urgence et à l'imprévu. «En l'absence d'emploi régulier, ce qui fait défaut, ce n'est pas seulement un revenu assuré, c'est cet ensemble de contraintes qui définissent une organisation cohérente du temps et un système d'attentes concrètes. Comme l'équilibre émotionnel, le système des cadres temporels et spatiaux dans lequel se déroule l'existence ne peut se constituer en l'absence des points de repère que fournit le travail régulier. Toute la vie est laissée à l'incohérence.[42]» Les effets de l'instabilité professionnelle, du chômage ou du sentiment d'insécurité sociale sur les pratiques familiales et sur le rapport à l'avenir constituent autant d'obstacles à la réussite scolaire : en deçà d'un seuil de sécurité matérielle, garanti par la stabilité de l'emploi, du logement, du revenu, qui permet de conserver un minimum de prise sur le présent, il devient impossible de concevoir et d'accomplir la plupart des conduites qui supposent un effort pour avoir prise sur l'avenir. La pré-

---

39. Par ailleurs, les difficultés économiques familiales peuvent inciter les enfants à travailler dès que possible pour «aider» leur famille.
40. O. SCHWARTZ, op. cit., 1990, p. 118-119.
41. À l'inverse, «la conscience d'appartenance territoriale entraîne parallèlement un sentiment de sécurité», dans la mesure où le quartier est à la fois ce terrain conquis et familier, protégé des agressions externes et «surtout à l'abri de la violence symbolique du monde extérieur». D. LEPOUTRE, 1997, p. 49.
42. P. BOURDIEU, 1967, p. 87.

vision suppose de « s'arracher au présent immédiat et à l'avenir imminent, urgence et menace, dont le présent est gros[43] ». La précarité contraint les familles à subir les événements de la vie dans l'urgence, à vivre au jour le jour, en fonction des impératifs et des imprévus qui surviennent, à prendre la vie comme elle vient, dans la hantise d'un avenir menaçant, dont l'expérience réitérée engendre l'intériorisation de dispositions instables, défaitistes, oniristes et hédonistes (« il faut profiter de la vie quand on ne sait pas de quoi demain sera fait »). Le sens même de pratiques scolaires tournées vers l'avenir échappe à bon nombre d'enfants issus de ces familles populaires précarisées : « Il leur manque une capacité d'autocontrainte au travail scolaire et une croyance en leur avenir scolaire et professionnel qui, toutes deux, se construisent dans la longue durée, à l'occasion de nombreux rites de confirmation et de consécration qui jalonnent la carrière scolaire.[44] »

Outre que la cohabitation sous le même toit de plusieurs générations implique une promiscuité qui ne favorise guère le calme nécessaire à la réussite scolaire, l'exiguïté des logements entrave la surveillance parentale : les parents ne peuvent exiger que leurs enfants y restent confinés sans risquer l'affrontement. Par ailleurs, les horaires des emplois postés ou des emplois flexibles (travail en alternance du matin et du soir, travail de nuit, déplacements fréquents, horaires étalés dans la journée, etc.) et/ou la multiplication des emplois ne permettent pas la présence régulière des parents au domicile familial (principaux détenteurs de l'autorité familiale, les pères, craints et obéis par les enfants, sont souvent éloignés du domicile, ou diminués par le chômage). Astreignantes, ces situations professionnelles entravent objectivement l'encadrement familial, la surveillance directe des enfants par les parents (« il faut toujours être derrière »), en outre, la fatigue des parents les incite à les laisser sortir : ainsi les enfants sont-ils souvent « livrés à eux-mêmes[45] ». Objectivement limitée, l'autorité parentale est aussi subjectivement dévaluée par la scolarisation (les parents « dépassés » sont incapables de suivre la scolarité de leurs enfants). Cet affaiblissement du contrôle familial renforce la socialisation par le groupe de pairs (la rue et ses occupations comme espace de socialisa-

---

43. *Ibid.*, p. 67.
44. S. BEAUD, 2002, p. 159.
45. Par ailleurs, la représentation populaire des âges de la vie et de leurs attributs statutaires (« il est grand maintenant, on ne peut pas être toujours derrière lui », « il faut profiter de sa jeunesse ») implique un relâchement précoce du contrôle familial (en particulier sur les garçons).

tion juvénile visible et hors de la sphère de compétence maternelle) et affaiblit la prégnance de l'encadrement scolaire (d'autant plus que les familles durablement précarisées sont concentrées sur les mêmes sites). La fréquentation assidue des pairs renforce les situations de *double bind* entre les exigences de la culture scolaire et celles de la culture de rue qui se résolvent souvent par la non-participation au jeu scolaire, l'absentéisme, l'indiscipline et la rébellion.

Échec scolaire et culture de rue

La ségrégation sociale étant aussi spatiale, les enfants des fractions les plus démunies des classes populaires – souvent d'origine immigrée[46] – sont amenés à fréquenter les établissements scolaires dans lesquels ils sont prédominants, c'est-à-dire aussi où les taux de réussite au brevet et au baccalauréat sont particulièrement faibles et les taux de redoublement particulièrement élevés. Les difficultés d'apprentissage, souvent précoces, sont omniprésentes et les performances scolaires très faibles. Pour l'essentiel, elles s'expliquent par la difficile conversion des pratiques langagières et des structures sociolinguistiques issues de la socialisation primaire au sein des familles populaires en pratiques langagières scolaires et en structures sociolinguistiques (et sociocognitives) scolaires. L'idéologie du don naturalise ces difficultés, en attribuant, par exemple, des «capacités» virtuelles, entravées par des problèmes psychologiques, familiaux, etc., ou en déplorant des «limites». L'échec scolaire tend ainsi à disqualifier l'individu tout entier : « S'ils échouent, ce qui est encore le destin le plus probable pour eux, ils sont voués à une exclusion sans doute plus stigmatisante et plus totale que par le passé : plus stigmatisante dans la mesure où ils ont eu, en apparence, leur chance et où l'institution scolaire tend à définir de plus en plus complètement l'identité sociale.[47] » Ainsi la disqualification scolaire produit-elle un sentiment d'indignité (de «nullité») très répandu et particulièrement destructeur : l'effondrement des résultats produit souvent une sorte de dépression scolaire (ennui, sentiment d'inanité de l'effort, etc.).

L'usage du stigmate scolaire pour discréditer tel ou tel au sein du groupe de pairs témoigne de l'intériorisation des classements du sys-

---

46. Parce que les pères, pour la plupart OS, sont les premières victimes du chômage et de la précarité, parce que les familles immigrées, particulièrement démunies de capital scolaire, de capital économique et de capital social, sont aussi reléguées dans «les quartiers en difficulté».
47. P. BOURDIEU, P. CHAMPAGNE, 1993, p. 600.

tème scolaire par les collégiens les plus réfractaires à ses exigences. Vivant leurs lacunes comme un stigmate, ayant juste assez fréquenté l'école pour avoir intériorisé leur indignité culturelle, les collégiens les plus rétifs risquent de perdre la face aux yeux des pairs et tentent d'éviter de rendre public leur échec. La disqualification suscite d'abord le renoncement, le retrait du jeu scolaire : manque d'attention, de concentration, dispersion, absentéisme chronique (lorsque le relâchement du contrôle familial le permet), tactiques d'évitement du jugement scolaire (travaux non rendus, absence lors des contrôles), pratiques de survie au sein de l'espace pédagogique, comportements perturbateurs (bavardages, incapacité de tenir en place), hypoactivité, apathie, passivité scolaire (parfois consécutive à un accord plus ou moins tacite de non-agression réciproque).

Plus l'écart se creuse par rapport aux exigences scolaires, plus leur présence en classe apparaît inutilement humiliante, plus la probabilité qu'ils fuient la situation scolaire ou qu'ils perturbent l'activité pédagogique s'accroît. La protection du quartier, la reconnaissance au sein du groupe de pairs, sont d'autant plus recherchées que l'école est vécue comme lieu de disqualification : le capital social acquis dans la rue compense l'absence de capital scolaire, la reconnaissance par la rue (pratiques agonistiques, réponse au défi, solidarité vindicative) compense la stigmatisation par l'école. Le rejet de la scolarité a ainsi pour corollaire un fort investissement dans la culture de rue.

L'ancrage culturel dans le groupe de pairs est d'autant plus revendiqué que les difficultés d'apprentissage et les conflits avec l'institution scolaire interdisent tout profit symbolique sur le terrain scolaire. L'hostilité déclarée aux «profs» et aux «bouffons» ou aux «têtes qui se la jouent» rend de plus en plus insupportable la vie au collège et, au fur et à mesure que la situation scolaire se dégrade, la vie hors du collège avec les pairs devient de plus en plus attractive[48]. L'ancrage dans le quartier de résidence ou de référence concourt à une sorte de résistance à l'acculturation et à la socialisation scolaires en faisant passer pour normales des pratiques réfractaires à l'ordre scolaire. Les collégiens tendent alors à importer au sein de l'espace scolaire des pratiques propres à la culture de rue (vannes et insultes rituelles, plaisanteries et pitreries) : pratiques hétérodoxes soumises à la logique des pairs (encouragements au défi et complicité). Le renoncement scolaire se traduit alors par des comportements ascolaires : pertur-

---

48. De plus en plus, le travail scolaire apparaît comme une activité qui sépare des pairs et de la sociabilité juvénile.

bation de l'ordre scolaire, agressivité vis-à-vis des autres élèves, conflits et altercations ostentatoires avec les enseignants (invectives, menaces, vannes et insultes rituelles, joutes oratoires qui visent à inverser la domination[49]). Il s'agit de «mettre de l'ambiance», de détourner le temps de la classe de sa fonction pédagogique: «L'indiscipline collective dans le cadre de la classe, écrit S. BROCCOLICHI, est une façon de rendre vivable une position scolairement désespérée, de transformer une situation de nullité scolaire, d'échec solitaire, de dévalorisation, de passivité et d'ennui en une situation de vie sociale, d'activité ludique, de spectacle, voire de revanche prise sur les enseignants vécus comme rejetants.[50]» Les relations se durcissent entre «Eux» (les agents de l'institution scolaire, auxquels sont plus ou moins associés les «intellos» ou les «bouffons qui fayotent») et «Nous» (l'ensemble de ceux qui, partageant les mêmes conditions d'existence, tendent à partager la même situation scolaire). Se battre est une question d'honneur et de dignité. Celui qui ne défend pas son honneur risque d'être disqualifié par les autres et d'être déclassé dans la hiérarchie propre au groupe de pairs: les réactions spontanées et virulentes des collégiens à ce qu'ils vivent comme des agressions sont l'expression de l'intériorisation des contraintes du groupe qui imposent de répondre immédiatement à l'insulte ou à l'injustice. Les sanctions, attestations d'insoumission à l'ordre scolaire et de loyauté par rapport au groupe des pairs, deviennent de véritables trophées.

Quand les collégiens n'attendent plus rien de l'école et n'y trouvent plus d'autre satisfaction que celle de la sociabilité juvénile, quand le statut d'élève ne fonctionne plus comme une raison sociale et symbolique, parce que les collégiens trouvent ailleurs des sources de reconnaissance sociale, les exclusions les éloignent davantage encore de l'école («dans le collimateur», ils acquièrent le statut d'«élèves ingérables»): en suspendant l'obligation scolaire, elles les placent en dehors de toute autorité d'adultes, notamment lorsque les parents travaillent. Un engrenage se met en place où s'accumule un capital symbolique négatif et se construit un «casier scolaire». Les établissements scolaires qui reçoivent ces collégiens après leur exclusion héritent de cas déjà institutionnellement instruits qui accroissent les chances de transfert d'un dossier scolairement négatif à un dossier social-éducatif ou à un dossier judiciaire-éducatif, les sanctions contribuant à construire des carrières déviantes.

---

49. D. LEPOUTRE, *op. cit.* 1997, p. 137-161.
50. S. BROCCOLICHI, 1998, p. 48.

Culture de rue et « inemployabilité »

Sortant de l'école sans diplôme ou titulaires de diplômes dévalués (CAP, BEP), la stabilisation dans un emploi durable apparaît à ces jeunes comme l'horizon souvent indéfiniment éloigné d'une période de transition où alternent emplois précaires, chômage et stages de formation ; et ce sas est d'autant plus long que le capital scolaire détenu est plus faible. Les dispositifs d'insertion successifs ont institutionnalisé cette transition entre système scolaire et marché du travail, mettant en place de nouvelles formes d'encadrement de la fraction la plus démunie des jeunes de milieu populaire[51] et institutionnalisant la figure du « stagiaire perpétuel[52] ». Sans ressources scolaires, sans perspectives professionnelles, rassemblés dans des quartiers périphériques dégradés, échappant au contrôle scolaire et au contrôle parental, soustraits à la discipline du travail, sans affectation sociale, « jeunes à perpétuité[53] », ils sont livrés à eux-mêmes ou, plus exactement, affectés à la culture de rue, à plein temps et pour une durée de plus en plus longue, sans grand espoir de pouvoir s'en sortir. En dépit de la persistance d'une représentation normative intériorisée des âges de la vie – après la jeunesse dont il faut profiter, vient le temps de « se ranger », de « se poser », de « rentrer dans le rang », de « devenir réglo » – et, le temps passant, de la crainte de « finir clodo », le mécanisme de la conversion de la culture de rue, culture anti-école, en culture d'atelier s'est enrayé. « Le rêve macho-prolétarien de faire ses huit heures plus les heures supplémentaires tout au long de leur vie d'adulte dans un atelier syndiqué à un poste difficile [a] été remplacé par le cauchemar d'un travail de bureau subalterne, mal payé et très féminisé[54] », écrit P. BOURGOIS. Les obstacles à la conversion du monde de la cité au monde du travail sont à la fois objectifs et subjectifs. Les obstacles objectifs – chômage de

---

51. Sur ce sujet, voir G. MAUGER, 2001b, p. 5-14.
52. En fait, les usages diversifiés que « les jeunes à insérer » font des missions locales dépendent de leur trajectoire, de leurs ressources, de leur *habitus* : de l'intériorisation du point de vue de l'institution à l'installation dans la profession de « chercheur d'emploi », de la révolte contre ce qu'ils dénoncent comme « l'illusion scolaire » et « l'imposture de l'insertion » à la recherche d'une « couverture » pour des activités délinquantes, de la simple recherche d'un « petit boulot » par les mieux dotés à la quête désespérée d'un emploi et à la « remise de soi » des plus démunis (cf. M. THÉVENIN, 1996).
53. Dans la mesure où ils sont hors d'état d'accéder à un emploi stable, donc à l'indépendance économique par rapport à la famille parentale, et de former une famille conjugale.
54. P. BOURGOIS, 2001.

masse et disqualification de la force de travail simple, précarisation croissante, sélection accrue à l'embauche et discrimination raciale – sont redoublés par un mécanisme subjectif : au « goût du nécessaire » qui conduisait le fils du mineur à la mine et à accepter de « travailler dur », sans même se demander s'il pourrait ne pas le faire, s'est substituée une sorte d'« aversion pour l'impossible » ou de « refus de l'inaccessible[55] ». Bien qu'ils soient confrontés au chômage de masse, à la précarité des emplois non qualifiés, à la raréfaction des emplois sollicitant force physique et valeurs de virilité, rares sont ceux qui n'ont jamais exercé d'emploi salarié. Mais les emplois précaires accessibles sont souvent des emplois de services (commerce ou bureaux), ou des emplois ouvriers dispersés dans des univers « beaucoup plus proches de celui des prestataires de services que de celui des ateliers de production[56] ».

De ce fait, l'écart se creuse entre la culture de rue et ses valeurs de virilité et les dispositions requises dans le secteur tertiaire (coursiers, agents de sécurité, employés de maison, agents de nettoyage, travailleurs de la restauration, etc.) ou même dans le monde de l'usine moderne[57] (enthousiasme, initiative, flexibilité, etc.). Le sens commun du travail en col blanc leur est étranger et « leur sens du contact interpersonnel est encore plus inadapté que leurs capacités professionnelles[58] ». Comme le note P. BOURGOIS, « obéir aux normes de la culture de couloir de bureaux est en contradiction directe avec les définitions – dans la culture de rue – de la dignité personnelle, en particulier pour les hommes, qui sont socialisés dans le refus des situations publiques de subordination[59] ». Ainsi sont-ils amenés, en fin de contrat ou après avoir été licenciés (derniers embauchés, ils sont les premiers à la porte), à revendiquer leur licenciement comme le triomphe de leur résistance à l'exploitation (déniant leur vulnérabilité et dissimulant à leurs propres yeux leur « inemployabilité »), de la même façon que la revendication de leur exclusion scolaire faisait écran à leur incompétence. Autodestructeurs, le refus du travail revendiqué, la paresse affir-

---

55. C'est en tout cas ce que suggère l'enquête de S. BEAUD et M. PIALOUX *op. cit.* 2003 : la reprise de l'embauche dans le bassin d'emploi de Sochaux-Montbéliard conduit à l'usine les jeunes des cités avoisinantes qui affichaient, l'instant d'avant, un refus ostentatoire de la condition de leurs pères.
56. Comme l'écrit P. BOURGOIS, « ce sont les modes d'interaction classe moyenne qui font la loi » (*op. cit.* 2001, p. 190).
57. Cf. S. BEAUD et M. PIALOUX, *op. cit.* 2003.
58. P. BOURGOIS, *op. cit.* 2001.
59. *Ibid.*

mée, l'intolérance à l'exploitation, au manque de respect, à la subordination interpersonnelle humiliante, le sentiment d'affronts sexiste et raciste, le refus d'endosser le statut de victime, font temporairement échec au «sentiment d'impuissance qu'imposent aux travailleurs vulnérables les forces impersonnelles du marché de l'offre et de la demande en période de récession[60]».

Les transformations de l'espace des styles de vie déviants

Comment décrire les transformations de l'espace des styles de vie déviants des jeunes de milieux populaires? Dans le monde des bandes, le souci de sauver la face passe à la fois par l'affirmation des valeurs de virilité, par la recherche d'alternatives au salariat («le bizness») et par la quête des attributs de la réussite financière. Les transformations du milieu sont liées à la place prise par les trafics en tous genres (à commencer par le trafic de drogues) et la plus grande porosité qu'elle implique par rapport au monde des bandes. Si la bonne volonté culturelle sous-tend aujourd'hui comme hier la bohème populaire, on peut maintenant y distinguer deux pôles: l'un associé à la culture hip-hop, l'autre au fondamentalisme musulman.

Inaffectation, virilité et « bizness »

Les plus démunis de capital scolaire, scolairement et professionnellement disqualifiés, ne peuvent sauver la face qu'en participant à des collectifs juvéniles imprégnés des valeurs les plus incontestées de la culture d'origine (comme la sexualisation des rôles, l'affirmation de la domination masculine et de valeurs de virilité) et des valeurs dominantes de la société contemporaine: l'appropriation des biens matériels (et en particulier des attributs vestimentaires) qui permettent de sauver la face est à la fois beaucoup plus valorisée et beaucoup plus accessible que celle des biens scolaires.

Fondés sur l'analogie de condition et de position de ses membres et sur des intérêts symboliques communs, ces collectifs juvéniles apparaissent comme les seuls capables de produire une alternative à l'indignité: instances concurrentes de consécration, ils permettent d'obtenir une considération immédiate en dehors du cercle familial, de l'univers scolaire et du monde du travail. Le groupe des pairs procure des pro-

---

60. *Ibid.*

fits de reconnaissance en se référant aux principes de classement les plus indiscutables, les plus immédiatement crédibles : virilité et attributs de la réussite matérielle[61].

On a vu précédemment que les élèves scolairement les plus démunis peuvent se faire reconnaître au sein même de l'univers scolaire en tentant d'y faire valoir la force physique, l'esthétique vestimentaire ou l'aptitude rhétorique aux défis verbaux. Face aux verdicts scolaires et à l'alternative de la docilité ou de l'indiscipline, l'impératif de la sauvegarde de l'image de soi impose la bravoure de l'indiscipline. Le fait de « s'écraser » contient, en effet, l'aveu de sa propre illégitimité[62]. À l'inverse, la rupture peut être réhabilitée sous forme de fidélité à soi[63]. L'usage de la violence verbale et physique, sorte d'héroïsme viril qui vise l'approbation du groupe des pairs, remplit une fonction emblématique : il permet de se réhabiliter statutairement face aux mutilations symboliques d'un déclassement scolaire d'autant plus dramatique qu'il constitue un véritable déclassement social. L'affirmation bruyante d'un personnage d'opposition aux valeurs scolaires peut compter sur l'approbation de tous ceux qui n'osent pas s'y risquer. « On ne pleurniche pas, on ne se raisonne pas, mais on répond pour ne pas être soupçonné de lâcheté par le groupe des pairs, cela d'autant plus qu'on est une figure notoire de l'indocilité, parce que tout silence devant les réprimandes équivaudrait à un véritable krach symbolique. Surtout ne laisser à personne le dernier mot.[64] » Ainsi peut-on comprendre que la susceptibilité à fleur de peau des indociles (le démuni se fait un point d'honneur de dissimuler son indignité au regard d'autrui) enclenche l'engrenage des dégradations et profanations des enseignants et des élèves dociles.

---

61. « Les jeunes cherchent à s'emparer des biens de consommation traditionnellement réservés à la classe bourgeoise. Ce fait est un invariant des jeunes de l'ensemble des cités de France », écrit A. BAHADDOU (A. BAHADDOU, 2003). Leurs choix sont guidés par les modes véhiculées par les clips des rappeurs qui « mettent en scène leurs désirs de consommation et de puissance ». « Les films pornographiques et les superproductions américaines constituent leurs principales références cinématographiques. »
62. En fait, nul n'échappe tout à fait à la reconnaissance du capital scolaire : même les plus disqualifiés scolairement ne se privent pas nécessairement de railler plus incapables qu'eux.
63. La revendication de responsabilité (i. e. « le refus oisif du moindre effort ») permet de convertir l'impuissance objective en matière scolaire en revendication d'un « style personnel » ou en « force de caractère » revendiquées : elle ouvre la possibilité de convertir un « dénuement méprisable » en « avoir socialement valorisé ».
64. W. SAVERIMOUTOU, 2003.

La disqualification scolaire a également pour corollaire la dénégation de la relégation. La croyance en la possibilité de «monter sa propre affaire» ou son propre «bizness» s'avère étonnamment partagée : plus personne ne semble indifférent au rêve américain du *self made man* ; le BEP Vente, assimilé à une première entrée dans le monde des affaires, est «numéro 1 au *box office* des vœux d'orientation». La sociabilité juvénile consolide ces illusions : chacun accorde à l'autre le crédit qu'il réclame sur l'avenir auquel il prétend, afin de pouvoir obtenir en retour les témoignages accréditant ses propres prétentions plus ou moins fantasmagoriques. Le capitalisme des jeunes sous-prolétaires – *i. e.* l'investissement dans «le bizness» : du *deal* au «biz de fringues» – n'est qu'une fiction obligée dans le répertoire des techniques de présentation de soi. Les fantasmes entrepreneuriaux, la croyance aux contes de fées sociaux dans lesquels il est question d'ascensions prodigieuses (cf. les prodiges du loto-foot et les miracles en direct accomplis quotidiennement dans les émissions TV), aux vertus de la débrouillardise et de l'audace personnelle sont autant d'indices de la capacité des dominés à dénier la vérité objective de leur position sociale. «Croire plutôt que d'accepter d'être statutairement dévalué, tel semble être le principe auquel sacrifie chacun des membres du groupe dominé», note W. SAVERIMOUTOU[65].

Scolairement disqualifiés, professionnellement invalidés et, dans certains cas, familialement stigmatisés par leur échec scolaire et professionnel, par leurs mauvaises fréquentations et par le discrédit qu'ils font peser sur la réputation de la famille, jeunes à perpétuité (*i. e.* hors d'état d'accéder à un emploi stable, de conquérir leur autonomie par rapport à la famille parentale et de former une famille conjugale), condamnés à l'ennui d'un éternel présent, ces jeunes ne peuvent échapper à la déréliction que par la reconnaissance du groupe des pairs. Ce «respect» (la réputation) s'acquiert dans le monde de la culture de rue par la capacité de défendre un honneur constamment mis à l'épreuve par «les vannes» ou les agressions des *alter ego* ou de toute autorité qui tente de s'imposer à eux (à commencer par la police) : force et courage physique d'une part, et sens de la répartie («la tchatche») d'autre part (d'où les affrontements individuels et collectifs entre bandes ou contre la police), qui perpétuent les pratiques caractéristiques du monde des bandes[66]. Mais le respect est aussi subor-

---

65. *Ibid.*
66. Cf. D. LEPOUTRE, *op. cit.* 1997.

donné à la capacité de se procurer les attributs statutaires de l'excellence juvénile (vêtements de marque, voiture, argent de poche, etc.): la force de combat, la débrouillardise et le capital social nécessaires pour pouvoir prendre pied dans «le bizness[67]». L'accès au marché du travail illégal (*deal*, vol, recel et vente de diverses marchandises) apparaît comme un vecteur de réhabilitation économique et symbolique («être quelqu'un») par rapport au groupe de pairs et/ou à leurs parents, dans un univers où «avoir» c'est «être». L'appartenance au groupe des pairs est à la fois un moyen et une fin: moyen d'accès au capital économique (et à l'indépendance financière par rapport à leur famille d'origine), arène de la reconnaissance, support d'une réhabilitation symbolique, qui permet d'être comme les autres.

Professionnels du «bizness»

Le passage de l'amateurisme au professionnalisme[68] suppose la consolidation des dispositions constitutives d'un *habitus* délinquant: rejet d'un travail ouvrier qui les rejette, habitudes de consommation («goûts de luxe») qui consolident le refus du salariat, aspiration à l'indépendance professionnelle (échapper au salariat est souvent à la fois un idéal paternel «hérité» et un projet de promotion sociale réaliste en l'absence de capital scolaire, mais cela suppose une accumulation primitive de capital économique), adaptation à un avenir illégal. La professionnalisation implique aussi la réduction des risques (il s'agit de «durer»): d'où le changement des dispositions par rapport à la consommation (la discrétion s'oppose à l'ostentation comme le souci d'épargner à celui de «flamber») et la délégation des tâches les plus dangereuses à de «petits trafiquants» qui accompagnent l'apprentissage du «métier» et la progression dans la hiérarchie du travail illégal.

La pratique professionnelle du «bizness» passe par l'apprentissage d'un ensemble de pratiques économiques qui peuvent être étudiées comme telles: conquête, extension, fidélisation d'une clientèle (qui passent par la mobilisation des ressorts communautaires et du capital social associé à l'appartenance à la cité et qui dépendent de la na-

---

67. Liés entre eux par «une solidarité organique (omerta)», les jeunes du quartier participent de près ou de loin aux activités délinquantes. Soit parce qu'ils exécutent, soit parce qu'ils participent aux marchés souterrains en tant qu'intermédiaires (même ceux qui sont dans l'enseignement supérieur), soit parce qu'ils aident à faire les coups (avec leur voiture par exemple).
68. K. GUENFOUD, *op. cit.* 2003.

ture du produit écoulé : légal – comme les voitures – ou illégal – comme le cannabis, dangereux – comme l'héroïne – ou inoffensif – comme le cannabis), la division du travail et les méthodes de recrutement (délégation des « corvées » aux petits délinquants, mobilisation des réseaux de sociabilité des jeunes embauchés, fidélisation des apprentis et maintien des *outsiders* dans la dépendance), les connexions entre économie illégale et économie légale (en ce qui concerne le trafic de voitures), le contrôle de la concurrence (qui passe par la mise en place de solidarités réelles ou supposées et la capacité de représailles), les techniques de blanchiment (où la famille semble jouer un rôle central).

Cette accumulation illégale de capital économique est indissociable de stratégies d'accumulation de capital symbolique : pour tous, il s'agit d'« être quelqu'un », donc perçu et reconnu comme tel. La reconnaissance dans le monde illégal (concurrents, employés, clients) va au « bon trafiquant » : forme spécifique d'excellence qui dépend de la loyauté à l'égard des grossistes et des clients, de la dureté dans les représailles (il s'agit de faire peur), de la réussite économique. La reconnaissance dans le monde légal (à commencer par leur propre famille) passe par un déplacement de la conformité vers les rôles familiaux (il s'agit d'être un bon fils, faisant preuve de générosité, sinon d'abnégation – « le "bizness", c'est pour sa famille » – et de faire un bon mariage) et par la capacité d'imposer leur vision des trafics comme activité légitime. Parce que cette entreprise de légitimation du « bizness » remet en cause une valeur fondamentale de l'*ethos* ouvrier – le travail –, il s'agit de le faire passer pour un véritable travail en déniant son caractère illégal (d'où l'importance accordée aux luttes qui ont pour enjeu la labellisation du « bizness »), de l'assimiler à l'image valorisée dans l'univers familial du commerçant et du travail indépendant (une version réinventée du *trabendo*), de faire valoir la réussite économique, c'est-à-dire aussi la promotion sociale, qu'il permet.

Pour les trafiquants, il s'agit de construire une vie ordinaire associée à leurs activités illégales : dans cette perspective, il s'agit d'obtenir le silence ou, mieux, le soutien matériel de leur famille et, si possible, d'accéder au rôle de chef de famille. La stratégie familiale du fils trafiquant est d'abord une stratégie d'euphémisation du risque : il s'agit de convaincre sa mère de l'innocuité de ses pratiques. Elle se double d'une stratégie d'investissement économique au sein de l'univers familial : le fils trafiquant « gâte » sa mère, ses frères et sœurs (et, ce faisant, les achète), facilite l'accès de la famille à la propriété et assure ainsi son prestige dans la compétition pour les honneurs dans le voisinage et la parentèle ; à terme, il devient le support du projet de retour glorieux de l'immigré au pays. Cette logique du don implique un contre-don : la famille débitrice devient complice, condamnée au silence. Enfin, le fils trafiquant s'efforce d'incarner la culture patriarcale traditionnelle au sein de la famille : en affichant sa religiosité, en faisant la morale à ses sœurs (d'autant plus qu'elles manifestent l'intention de le dénoncer), en s'efforçant d'accéder à la sphère matrimoniale traditionnelle (source de respectabilité), en se faisant ainsi – inversant les rôles – le gardien de l'honneur familial.

Comment rendre compte du silence qui se fait dans la famille sur les activités du fils trafiquant (« *loyalty* ») ? Outre que la dénégation permet de tenir la peur à distance et que l'anomie familiale qui en résulte accroît les marges de liberté de chacun(e), la convergence des intérêts économiques (les bénéfices du trafic), des intérêts symboliques (si le silence permet l'essor du prestige familial *via* l'accumulation des signes de la réussite économique, la dénonciation implique, à l'inverse, un krach symbolique familial) et des intérêts affectifs (l'amour du fils ou du frère) produit un intérêt collectif au déni et/ou à l'attentisme.

À l'inverse, le silence complice comporte des coûts : le silence sur les modalités de la réussite économique du fils trafiquant dévalue le travail du père et la réussite scolaire des filles. De même, les profits économiques du « bizness » suscitent la dépréciation de soi, la peur de « tomber » pour recel, la peur du krach symbolique et du déshonneur familial. Mais ces coûts du silence sont contrebalancés par ceux de la dénonciation (« *voice* ») : l'auto-exclusion (« *exit* ») d'un univers familial défini par les affections obligées et les obligations affectives ; la mise à l'écart de la concurrence au sein de la fratrie pour la reconnaissance affective (la dénonciation du frère trafiquant est aussi dénonciation de la démission paternelle et/ou de la complicité maternelle) ; la dénonciation-démystification du frère trafiquant contraint la famille à des sanctions et, de ce fait, au déshonneur public dans le réseau vicinal. C'est pourquoi la dénonciation suppose l'autonomie financière et symbolique : dans la plupart des cas, elle émane de sœurs dont la réussite scolaire est dévaluée par la célébration familiale de la réussite économique du frère trafiquant.

« Néocommunautarismes »

Les prophéties politiques, religieuses ou culturelles agissent comme des forces organisatrices et mobilisatrices en explicitant et orientant une révolte diffuse et des aspirations confuses, semi-conscientes ou inconscientes. Sous leurs différentes formes, elles répondent à une demande de « biens de salut symbolique » : demande de vision du monde capable de répondre à la question « Qui suis-je ? », proposant à ceux auxquels elle s'adresse des justifications d'exister comme ils existent dans une position déterminée ; demande de prophétie capable de répondre à la question « Où vais-je ? », capable de donner un sens à ce qu'ils sont, à partir de ce qu'ils ont à être ; demande enfin de guide pratique proposant des réponses à la question « Que faire ? », pour travailler à faire advenir l'utopie annoncée. De façon générale, le contenu d'une prophétie politique, religieuse ou culturelle semble d'autant plus susceptible de satisfaire la demande d'un groupe et de le mobiliser (donc de s'imposer à lui) qu'il est en harmonie avec les intérêts éthiques, idéologiques, politiques et, en définitive, avec la position sociale de ses destinataires privilégiés. Schématiquement, on peut distinguer deux registres ajustés à la demande de biens de salut symboliques d'une fraction des jeunes des cités[69] : « la culture hip-hop », importée des États-Unis[70] et « le *revival* de l'islam[71] » (qui ne sont d'ailleurs pas étanches).

Importée des ghettos noirs des États-Unis, la culture hip-hop s'est imposée auprès des jeunes des cités pour au moins trois raisons. D'une part parce qu'elle fait appel à des propriétés langagières (*rap*) et corporelles (*breakdance*) censées appartenir en propre aux minorités des ghettos, de sorte qu'ils peuvent travailler à se les approprier. D'autre part, parce que les rappeurs (sous leurs diverses formes) se sont faits, avec plus ou moins de succès, les porte-parole des jeunes des cités[72]. Enfin, et peut-être surtout, parce que la culture hip-hop, « récupérée », ou plutôt habilitée par la culture dominante (le *rap* par le *showbiz*, la *breakdance* par la danse contemporaine, les graphes par les galeries d'art contemporain) apparaît comme une possibilité, sinon d'accès à la richesse et à la gloire médiatique, du moins comme un outil de réhabilitation symbolique non seulement auprès des jeunes de la cité, mais aussi dans le cadre socialement plus étendu (donc valorisant et valorisé) de la nouvelle bohème artistique.

Une fraction des jeunes musulmans diplômés, confrontés au décalage entre leur position sociale – techniciens, professions intermédiaires – et un racisme ordinaire qui prend pour cible toute personne

---

69. Sur ce sujet, cf. M. BOUCHER, A. VULBEAU, 2003.
70. Sur ce sujet, cf. H. BAZIN, 1995 ; M. BOUCHER, 1998.
71. Sur ce sujet, cf. G. KEPEL, 1991 ; F. KHOSROKHAVAR, 1997 ; J. CESARI, 1998.
72. Dans cette perspective, cf. L. MUCCHIELLI, *in* M. BOUCHER, A. VULBEAU, *op. cit.* 2003, p. 325-355.

dont les parents ou les grands-parents sont nés hors métropole, se comportent en véritables «entrepreneurs d'identité» en construisant une définition de «l'Arabe» doublement opposée «aux pauvres qui ne savent pas se tenir» ni «tenir leurs enfants» et qui ont des démêlés avec la police, et aux «Arabes d'occasion» qui ont des postes de responsabilité, mais qui ne parlent plus l'arabe, ont un conjoint franco-français et sont soupçonnés de vouloir imiter les *gaoulis*: d'où leur repli communautaire, leur prosélytisme en faveur d'un retour à la langue, à la religion, à la tradition, de ceux qui se sont perdus et parfois leur surenchère dans la «pureté» religieuse. Si, de façon générale, l'offre religieuse musulmane trouve un écho chez une partie des jeunes des cités, sans doute faut-il en rechercher les raisons dans la revalorisation symbolique qu'elle favorise de deux façons (dans la logique de la stratégie de réhabilitation *black is beautiful*): d'une part, elle valorise une propriété ordinairement stigmatisée par le racisme ordinaire – «Arabe» – en en faisant une propriété élective – Arabe donc musulman; d'autre part, elle valorise un handicap – la paupérisation liée à la disqualification scolaire et professionnelle – en en faisant un néoascétisme électif. Enfin, le vide laissé par la disqualification de «la culture PC-CGT» (et son rendez-vous manqué[73] avec les jeunes immigrés de la seconde génération) a sans doute favorisé l'écho trouvé par le renouveau de la prédication religieuse: à la réhabilitation symbolique des classes populaires (fondée sur la valorisation de la force de travail, le messianisme ouvrier et la promesse de «lendemains qui chantent»), elle substitue une promesse de réhabilitation dans l'au-delà.

Si l'on s'interroge, pour conclure, sur les rapports entre les trois pôles qui définissent cette nouvelle configuration de l'espace des styles de vie conformes et déviants des jeunes de milieux populaires, on peut faire un double constat. D'une part, l'homologie entre espace des styles de vie conformes et déviants est conservée, mais deux pôles dans chacun des deux espaces ont changé. L'essentiel est sans doute la transformation qui a affecté respectivement le pôle viril et le monde des bandes: les valeurs de virilité se doublent désormais de la valorisation de la réussite financière. Quant au pôle cultivé et à la bohème populaire, les transformations du premier peuvent être caractérisées par la dévalorisation – relative et peut-être provisoire – de la culture politique et syndicale, celles du second par la valorisation de ressources

---

73. Sur ce sujet, cf. O. MASCLET, *op. cit.*

culturelles populaires: culture hip-hop ou culture religieuse. Par ailleurs, les oppositions entre les trois pôles de chacun des espaces se sont estompées.

Au sein de l'espace des styles de vie conformes, la valorisation de la réussite financière propre au pôle de l'embourgeoisement tend à s'imposer aux deux autres.

Deux tendances contradictoires se font jour au sein de l'espace des styles de vie déviants. La valorisation de la richesse (associée au «bizness») rapproche, culturellement et pratiquement, le monde des bandes du milieu (celui des professionnels du «bizness»). Le pôle religieux de la nouvelle bohème populaire s'y oppose radicalement en valorisant une forme de néoascétisme. Enfin, le souci de respectabilité du nouveau milieu porte les professionnels du «bizness» à un ritualisme religieux ostentatoire et la conversion plus ou moins tardive au salariat des ressortissants du monde des bandes incline souvent à une conversion plus ou moins radicale aux valeurs religieuses traditionnelles ou rénovées.

BIBLIOGRAPHIE

ALTHABE G. (1993), «La résidence comme enjeu», *in* G. Althabe, C. Marcadet, M. de la Pradelle, M. Sélim, *Urbanisation et Enjeux quotidiens. Terrains ethnologiques dans la France actuelle*, Paris, L'Harmattan.

BAHADDOU A. (2003), *Les Relations intergénérationnelles au sein d'une communauté de familles d'origine maghrébine*, DEA de sociologie, EHESS, octobre.

BAZIN H. (1995), *La Culture hip-hop*, Paris, Desclée de Brouwer.

BEAUD S. (2002), *Les Enfants de la démocratisation: 80 % au bac, et après?*, La Découverte, coll. «Textes à l'appui. Enquêtes de terrain».

BEAUD S., PIALOUX M. (1996), «Les nouvelles formes de domination dans le travail», *Actes de la recherche en sciences sociales*, nos 114 et 115, septembre et décembre.

BEAUD S., PIALOUX M. (1999), *Retour sur la condition ouvrière. Enquête aux usines Peugeot*, Paris, Fayard.

BEAUD S., PIALOUX M. (2003), *Violences urbaines, Violence sociale. Genèse des nouvelles classes dangereuses*, Paris, Fayard.

BOUCHER M. (1998), *Rap, expression des lascars. Significations et enjeux du rap dans la société française*, Paris, L'Harmattan.
BOUCHER M., VULBEAU A. (2003) (dir.), *Émergences culturelles et Jeunesse populaire. Turbulences ou médiations ?*, Paris, Injep/L'Harmattan, coll. «Débats jeunesses».
BOURDIEU P. (1967), *Algérie 60. Structures économiques et structures temporelles*, Paris, Minuit.
BOURDIEU P. (1979a), *Questions de sociologie*, Paris, Minuit.
BOURDIEU P. (1979b), *La Distinction. Critique sociale du jugement*, Paris, Minuit.
BOURDIEU P. (1982), *Ce que parler veut dire*, Paris, Fayard.
BOURDIEU P. (1993), «Effets de lieu», *in* P. Bourdieu (dir.), *La Misère du monde*, Paris, Le Seuil, coll. «Libre examen».
BOURDIEU P., CHAMPAGNE P. (1993), «Les exclus de l'intérieur», *in* P. Bourdieu (dir.), *La Misère du monde*, Paris, Le Seuil, coll. «Libre examen».
BOURDIEU P., PASSERON J.-C. (1964), *Les Héritiers. Les étudiants et la culture*, Paris, Minuit.
BOURDIEU P., PASSERON J.-C. (1970), *La Reproduction. Éléments pour une théorie du système d'enseignement*, Paris, Minuit.
BOURGOIS P. (2001), *En quête de respect. Le crack à New York*, Paris, Le Seuil.
BROCCOLICHI S. (1998), «Qui décroche ?», *in* M.-C. Bloch, B. Gerde (dir.), *Les Lycéens décrocheurs. De l'impasse aux chemins de traverse*, Paris, Chronique sociale.
CESARI J. (1998), *Musulmans et Républicains. Les jeunes, l'islam et la France*, Bruxelles, Complexe.
COLLOVALD A. (2004), *Le Populisme du FN, un dangereux contresens*, Bellecombe-en-Bauges, éditions du Croquant.
COUTANT I. (2003), *Institution judiciaire et éducation morale des jeunes de milieu populaire. Enquête ethnographique sur deux dispositifs : une maison de justice et un dispositif d'insertion de la PJJ*, thèse de sociologie, EHESS.
COUTANT I. (2005), *Délit de jeunesse. La justice face aux quartiers*, Paris, La Découverte.
DUBY G. (1978), *Les Trois Ordres ou l'imaginaire du féodalisme*, Paris, Gallimard.
DUMÉZIL G. (1968), *Mythe et Épopée. I. L'idéologie des trois fonctions dans les épopées des peuples indo-européens*, Paris, Gallimard.

ELIAS N., SCOTSON J. L. (1997), *Logiques de l'exclusion*, Paris, Fayard.
FOSSÉ- POLIAK C. (1992), *La Vocation d'autodidacte*, Paris, L'Harmattan.
GOUIRIR M. (1997), *Ouled el kharij: les enfants de l'étranger. Socialisation et trajectoires familiales d'enfants d'ouvriers marocains immigrés en France*, thèse de sociologie, université de Paris X-Nanterre.
GUENFOUD K. (2003), *Le « Business »: organisation et vie familiale. Recherche sur l'installation dans l'illégalité*, thèse de sociologie, université de Paris VII.
HOGGART R. (1970), *La Culture du pauvre. Étude sur le style de vie des classes populaires en Angleterre*, Paris, Minuit.
KEPEL G. (1991), *Les Banlieues de l'islam*, Paris, Le Seuil.
KHOSROKHAVAR F. (1997), *L'Islam des jeunes*, Paris, Flammarion.
LEPOUTRE D. (1994), « Le langage, l'école et la rue », *Critiques sociales*, n° 5-6, janvier.
LEPOUTRE D. (1997), *Cœur de banlieue. Codes, rites et langages*, Paris, Odile Jacob.
MARLIÈRE É. (2003), *Les Recompositions culturelles chez les jeunes issus de l'immigration dans une cité HLM de Gennevilliers*, thèse de sociologie, université de Paris VIII.
MASCLET O. (2001), *Rénovation urbaine et immigration. Enquête sociologique dans une ville de la banlieue parisienne*, thèse de sociologie, EHESS.
MASCLET O. (2003), *La Gauche et les Cités. Enquête sur un rendez-vous manqué*, Paris, La Dispute/SNEDIT.
MAUGER G. (1994), « Espace des styles de vie déviants des jeunes de milieux populaires », *in* C. Baudelot, G. Mauger (dir.), *Jeunesses populaires. Les générations de la crise*, Paris, L'Harmattan.
MAUGER G. (1996), « Les ouvriers: un monde défait », introduction à L. Duroy, « Embauché dans une usine », *Actes de la recherche en sciences sociales*, n° 115, décembre.
MAUGER G. (1998), « La reproduction des milieux populaires en crise », *Ville-École-Intégration*, n° 113.
MAUGER G. (2001a), « Disqualification sociale, chômage, précarité et montée des illégalismes », *Regards sociologiques*, n° 21.
MAUGER G. (2001b), « Les politiques d'insertion. Une contribution paradoxale à la déstabilisation du marché du travail », *Actes de la recherche en sciences sociales*, n° 136-137.

MAUGER G., FOSSÉ C. (1977), *La Vie buissonnière. Marginalité petite-bourgeoise et marginalité populaire*, Paris, Maspéro.

MAUGER G., FOSSÉ-POLIAK C. (1983), « Les loubards », *Actes de la recherche en sciences sociales*, n° 50.

MAUGER G., FOSSÉ-POLIAK C. (1987), « Précaires créatifs et créativité précaire », *in* C. Lalive d'Épinay, R. Sue (dir.), *Chômage, marginalité et créativité*, Genève, université de Genève.

MAUGER G., avec IKACHAMENE K. (2004), *Le Monde des bandes et ses transformations. Une enquête ethnographique dans une cité HLM*, rapport Div/mission de recherche Droit et Justice, Paris, Centre de sociologie européenne (CNRS-EHESS), mars. Disponible sur http://i.ville.gouv.fr

MERTON R. K. (1997), « Structure sociale, anomie et déviance », *Éléments de théorie et de méthode sociologique*, Paris, Armand Colin/Masson.

MILLET M., THIN D. (2003), *Ruptures scolaires et déscolarisation des collégiens de milieux populaires : parcours et configurations*, Lyon, Groupe de recherches sur la socialisation, juin.

MUCCHIELLI L. (2003), « Le rap de la jeunesse des quartiers relégués. Un univers de représentations structuré par des sentiments d'injustice et de victimation collectives », *in* M. Boucher, A. Vulbeau (dir.), *Émergences culturelles et Jeunesse populaire. Turbulences ou médiations ?*, Paris, Injep/L'Harmattan, coll. « Débats jeunesses ».

SAUVADET T. (2004), *Processus de ghettoïsation et mode de socialisation : « les jeunes de la cité »*, thèse de sociologie, université de Paris VIII.

SAVERIMOUTOU W. (2003), *Le Discours d'autorité à l'usage des milieux populaires. Étude d'un collège parisien en « zone d'éducation prioritaire » et « zone sensible »*, ronéo, septembre.

SCHWARTZ O. (1990), *Le Monde privé des ouvriers. Hommes et femmes du Nord*, Paris, Puf.

SCHWARTZ O. (1998), *La Notion de classes populaires*, habilitation à diriger des recherches en sociologie, université de Versailles – Saint-Quentin-en-Yvelines.

THÉVENIN M. (1996), *Jeunes et Institutions de la jeunesse à Aubervilliers*, DEA, ENS-EHESS.

WEBER F. (1989), *Le Travail à-côté. Étude d'ethnographie ouvrière*, Paris, INRA-EHESS.

WILLIS P. (1978), « L'école des ouvriers », *Actes de la recherche en sciences sociales*, n° 24, novembre.

PRÉSENTATION DES AUTEURS DU TOME II

FABIENNE BARTHÉLÉMY, titulaire du DEA de sociologie de l'action organisée de l'Institut d'études politiques (IEP) de Paris, est attachée temporaire d'enseignement et de recherche (Ater) en sociologie à l'université de Paris XII – Créteil-Val-de-Marne. Doctorante au Centre de sociologie des organisations (CNRS-IEP), elle prépare une thèse, «Les pratiques locales de médiation sociale: comment se structure une fonction émergente au contact des professions établies du travail social?», sous la direction de B. Bastard. Elle a publié: un compte rendu de l'ouvrage de F. BEN MRAD, *Sociologie des pratiques de médiation. Entre principes et compétences*, Paris, L'Harmattan, 2002; «Médiateur social. Dynamiques de fabrication d'une pratique professionnelle», *Droit et Société*, n° 58, 2004; «La médiation sociale», *Esprit critique*, n° 1, numéro spécial, juillet 2004.

ISABELLE BARTKOWIAK est chercheure au *Regulatory Institutions Network* (RegNet) de la *Research School of Social Sciences, Australian National University*. Elle travaille sur trois grands thèmes: la notion de communauté, la justice communautaire ou participative et la justice réparatrice. Elle a effectué ses recherches post-doctorales au Centre international de criminologie comparée de l'université de Montréal, sous la direction de M. Jaccoud. Ses recherches actuelles se focalisent sur l'inclusion de populations cibles dans le processus décisionnaire politique et la formulation d'un modèle partenarial articulant les divers réseaux impliqués dans la mise en place des institutions sociales. Le premier projet s'intéresse à la participation des jeunes dans les politiques sécuritaires de la province de Victoria (Australie), le second à la participation des communautés indigènes dans les initiatives de développement communautaire (sécurité, santé, éducation, etc.).

VALÉRIE BECQUET est sociologue, membre du Groupe d'études et de recherche sur les mouvements étudiants (Germe). Ses travaux portent sur les formes d'engagement des jeunes : pratiques associatives, développement du volontariat civil, presse lycéenne, fonctionnement des conseils de la vie lycéenne et des instances de consultation impliquant des jeunes. Elle a notamment publié : « Dire et taire : les journalistes lycéens au quotidien », *Informations sociales*, n° 119, 2004 ; « Les jeunes et la vie associative : attraits et usages », *RECMA*, n° 294, novembre 2004 ; "Youth Civic and Voluntary Service in France", *in* AVSO (ed.), *Youth Civic Service in Europe. Policies and Programmes: France, Germany, Italy, the Czech Republic, Poland and at European Level*, Pisa University Press, 2005. Elle a dirigé *La Participation des jeunes à la vie publique locale en Europe*, Paris, Injep, coll. « Jeunesse, éducation, territoire – Cahiers de l'action », 2005 ; et, avec C. DE LINARES, *Quand les jeunes s'engagent. Entre expérimentations et constructions identitaires*, Paris, Injep/L'Harmattan, coll. « Débats jeunesses », à paraître en 2005.

ALEXANDRE BIOTTEAU est attaché temporaire d'enseignement et de recherche (Ater) à l'Institut d'études politiques (IEP) de Toulouse et doctorant à l'IEP de Paris (Cevipof). Il achève une thèse sur les emplois de médiation sociale sous la direction de P. Favre, professeur des universités à l'IEP de Grenoble. Diplômé en sociologie et en troisième cycle de sociologie politique et politiques publiques de Sciences po Paris, il a travaillé comme consultant pour l'évaluation d'une politique municipale d'éducation à la citoyenneté et étudié les politiques d'intégration pour le Commissariat général au Plan. Il a publié : « Entre contrôle social et régulation économique : la médiation sur les espaces publics », *Esprit critique*, vol. 06, n° 3, été 2004.

ÉLISABETH CALLU est chargée d'études au département Recherche, études, développement du Centre national de formation et d'études de la Protection judiciaire de la jeunesse (CNFE-PJJ), après avoir travaillé dans le secteur socio-éducatif (protection des mineurs, animation de quartier) et la recherche sur des questions relatives à la jeunesse (droit des mineurs et protection de la famille, contrôle de l'exercice des fonctions parentales et aide aux parents, politiques sociales concernant les enfants et les adolescents, rôle des associations...). Elle a récemment publié: « Qui sont les enfants protégés par la puissance publique ? Catégorisation des mineurs et recomposition du secteur de l'enfance inadaptée », *in* J.-J. YVOREL (dir.), *La Protection de l'enfance: un espace entre protéger et punir*, Vaucresson, CNFE-PJJ, 2004.

ISABELLE CLAIR est doctorante en sociologie au Centre de recherches sur les liens sociaux (CNRS/Paris V). Elle prépare une thèse sur les relations amoureuses des jeunes des banlieues populaires. Publication: « Des "jeunes de banlieue" absolument traditionnels ? », *Lien social et politiques – RIAC*, n° 53, printemps 2005 (à paraître).

JOCELYN CLAIRE-LOUISOR est docteur en ergonomie de l'École pratique des hautes études (EPHE). Il a soutenu en 2004 une thèse sur « L'observation professionnelle en situation de prise en charge socio-éducative ». Tout en continuant ses activités de chercheur dans le Laboratoire d'ergonomie physiologique et cognitive de l'EPHE, il occupe des fonctions de cadre socio-éducatif dans un établissement en Seine-Saint-Denis.

HUGUES DELFORGE est sociologue, collaborateur scientifique au Centre de sociologie de l'éducation de l'université libre de Bruxelles (ULB). Ses recherches sur la musique débutent avec son mémoire de licence (prix des mémoires de l'Association des docteurs et licenciés en sciences sociales de l'ULB) et se prolongent jusqu'en 2004 dans le cadre de deux contrats de recherche financés par le Fonds national de la recherche scientifique (Belgique) et dirigés par le professeur C. Javeau. En 2002, il collabore à l'exposition *Music Planet* comme expert scientifique et commissaire d'exposition des espaces consacrés aux tendances musicales de 1990 à nos jours. Depuis janvier 2005, il mène une recherche sur « Les horizons culturels de l'adolescence », financée par le ministère de la Communauté française et dirigée par le professeur A. van Haecht.

JULIE DEVILLE est titulaire d'une thèse de sociologie soutenue en 2003: « Garçons et filles entre école, famille et quartier: l'univers quotidien de lycéens de banlieue » et attachée temporaire d'enseignement et de recherche (Ater) à l'université du Havre. Elle a réalisé avec A. MARDON une enquête sur les sites Internet familiaux (*Internet et Relations familiales: enquête auprès d'utilisateurs de sites familiaux*, France Télécom Recherche et Développement, avril 2002). Elle a publié: en collaboration avec F. CARMAGNAT et A. MARDON, «Une vitrine idéalisante, les usages des sites familiaux», *Réseaux, Hermès Science*, n° 123, 2004; «Les bases scolaires de la construction des identités sexuelles chez des lycéens de quartier populaire», *VEI Diversité*, n° 138, septembre 2004; «Identités sexuelles et rapport à la culture chez des lycéens de cités populaires», *in* D. LE GALL et S. JUAN (dir.), *Conditions et Genres de vie 2004*, Paris, L'Harmattan (à paraître).

FABRICE ESCAFFRE est attaché temporaire d'enseignement et de recherche (Ater) en géographie au Centre interdisciplinaire de recherches urbaines et sociologiques (Cirus-Cieu) de l'université de Toulouse-Le Mirail, associé au laboratoire Sports, organisations, identités (Soi) (université Paul-Sabatier, Toulouse). Il prépare une thèse sur les usages ludo-sportifs des espaces publics à Toulouse. Ses publications: «Les lectures sportives de la ville: formes urbaines et pratiques ludo-sportives», *Espaces et Sociétés*, n° 122 (à paraître en octobre 2005); en collaboration avec M. ZENDJEBIL et D. ECKERT, «"Lotissements d'immigrés" et zones de loisirs dans la périphérie toulousaine: entre appropriation inventive et fragmentation urbaine», *Mosella, actes du colloque «Marges et Interfaces»*, Centre d'études géographiques de l'université de Metz (à paraître).

DIEYNÉBOU FOFANA est doctorante en sciences de l'éducation à l'université de Paris X-Nanterre, secteur Crise: école, terrains sensibles du Centre de recherche éducation formation (Cref), où elle prépare une thèse intitulée «Pass pass dans la ville». Elle évolue dans le milieu hip-hop depuis le début des années quatre-vingt-dix et a mené durant quatre ans une recherche axée sur les danses hip-hop. À partir d'un travail de terrain qui relève de la socio-ethnographie, elle a observé les sociabilités, les compétences et les expérimentations développées dans cet univers. Elle a publié: «La culture hip-hop, espace de rencontre de cultures d'ici et d'ailleurs», *Recherches sociales*, n° 172, 2005; avec V. BORDES, «Culture hip-hop et institutions: entre "jeux" et compétences, mise en place d'espaces d'expérimentation», *Informations sociales*, n° 118, juin 2004.

ISABELLE FRECHON, socio-démographe, a soutenu en 2003 une thèse intitulée « Insertion sociale et familiale de jeunes femmes anciennement placées en foyer socio-éducatif ». Chargée de recherche à l'Institut national des études démographiques (Ined) pour une enquête auprès des candidats à l'adoption dirigée par C. Villeneuve-Gokalp au moment des Journées de la recherche Cnam/CNFE, elle travaille aujourd'hui à l'Observatoire national de l'enfance en danger sur la mise en cohérence des données chiffrées de l'enfance en danger. Ses publications : *Être placées à l'adolescence et après ?,* Vaucresson, CNFE-PJJ, 2001 ; « L'impossible observation de l'enfance protégée en France », colloque de l'Association internationale des démographes de langue française, 2002 ; "The Social and Family Situation of Young Women who have lived in Residential Care during their Adolescence", *Child and Family Social Work* (à paraître).

JEAN-PIERRE JURMAND est chargé d'études au département Recherche, études, développement du Centre national de formation et d'études de la Protection judiciaire de la jeunesse (CNFE-PJJ), après y avoir été formateur. Éducateur PJJ et titulaire d'un DEA d'histoire, il prépare actuellement une thèse de doctorat d'histoire sur l'observation des mineurs délinquants en France au siècle dernier et l'émergence de la notion d'observation en milieu ouvert.

GÉRARD MAUGER est sociologue, directeur de recherche au CNRS et directeur adjoint du Centre de sociologie européenne (CNRS/EHESS). Ses recherches en cours portent principalement d'une part sur les classes populaires, les pratiques déviantes et les politiques sociales, d'autre part sur les pratiques culturelles et les intellectuels. Il a publié, entre autres : avec K. IKACHAMENE, *Le Monde des bandes et ses Transformations. Une enquête ethnographique dans une cité HLM*, rapport Div/mission recherche Droit et Justice, Paris, CSE, février 2004 ; « Les politiques d'insertion. Une contribution paradoxale à la déstabilisation du marché du travail », *Actes de la recherche en sciences sociales*, n° 136-137, mars 2001 ; « La consultation nationale des jeunes. Contribution à une sociologie de l'illusionnisme social », *Genèses*, n° 25, décembre 1996.

SÉBASTIEN PEYRAT est titulaire d'une thèse en sciences de l'éducation publiée en 2003 sous le titre *Justice et Cités. Le droit des cités à l'épreuve de la République* (Paris, Économica). Il mène actuellement une recherche sur le thème de « la règle, le collège du quartier et les jeunes de la cité », posant ainsi la question de la norme dans les établissements situés en « zone sensible ».

THOMAS SAUVADET est attaché temporaire d'enseignement et de recherche (Ater) à l'université de Paris VIII. Il a soutenu en novembre 2004 une thèse de sociologie intitulée « Processus de ghettoïsation et mode de socialisation : les jeunes de la cité » dans le cadre du laboratoire Cesames (Paris V/Inserm/CNRS). Il a par ailleurs publié : « Jeunes de la cité et contrôle du territoire : le cas d'une cité de la banlieue parisienne », *Hérodote*, n° 113, 2004 ; « "Faut pas m'prendre la tête, moi j'suis taré !" Impasses psychosociologiques au sein du milieu juvénile le plus démuni des cités HLM », in M. JOUBERT (dir.), *Santé mentale, Ville et Violences*, Saint-Denis, Ramonville-Saint-Agne, Obvies/Érès, 2003 ; « Hiérarchisation et consommation de drogues chez les "jeunes de la cité" », in M. JOUBERT (dir.), *Villes, drogues illicites et politiques de prévention*, Ramonville-Saint-Agne, Érès, 2005 ; « Causes et conséquences de la recherche de "capital guerrier" chez les "jeunes de la cité" », *Déviance et Société*, n° 2, 2005.

PHILIPPE VIENNE est docteur en sociologie, chercheur au Centre de sociologie de l'éducation (Institut de sociologie) de l'université libre de Bruxelles où il a soutenu sa thèse : « Analyse critique de quatre principes d'intelligibilité pour une approche compréhensive des violences à l'école. » Ses thématiques de recherche recouvrent différentes approches qualitatives (sociologiques et anthropologiques) de l'établissement scolaire et une sociologie critique des violences à l'école, des lexiques générés dans ce domaine, ainsi que des politiques publiques de prévention et de traitement des violences. Il a publié : *Comprendre les violences à l'école*, Bruxelles, De Boeck, 2003.

INGRID VOLÉRY est doctorante, attachée temporaire d'enseignement et de recherche (Ater) en sociologie au Centre d'étude et de recherche travail, organisation, pouvoir (Certop-CNRS/université de Toulouse-Le Mirail). Elle prépare une thèse intitulée « La construction des troubles éducatifs en problèmes publics. Émergence d'un espace politique local de l'éducation ». À l'occasion du lancement d'un contrat éducatif local, elle montre comment une politique visant la construction socio-psychologique des jeunes est définie, stabilisée, puis institutionnalisée. Ses recherches portent plus particulièrement sur les nouveaux modes de gouvernement du social et les processus de constitution des problèmes publics dans les formes politiques contemporaines. À ce titre, elle a participé à un programme de recherche engagé par le Plan urbanisme, construction, architecture (Puca), « Polarisation sociale de l'urbain et services publics ». Elle a notamment publié : « La pauvreté cachée. Analyse bachelardienne du concept de pauvreté », compte rendu de lecture, *Revue française de sociologie*, n° 46/1, 2005 ; « De la question sociale à la question familiale. Quelle mobilisation des familles dans les quartiers urbains stigmatisés ? », *Politix*, n° 64, 2003.

ALAIN VULBEAU est sociologue, professeur à l'université de Paris X-Nanterre (sciences de l'éducation, secteur Crise : école, terrains sensibles – Cref). Ses thèmes de recherche sont la jeunesse, la ville et l'action publique, ses travaux les plus récents portant sur les relations entre générations, institutions et territoires. Ses dernières publications : avec V. BORDES, *L'Alternative jeunesse*, Paris, éditions de l'Atelier, coll. « Les savoirs de la ville », 2004 ; en co-direction avec M. BOUCHER, *Émergences culturelles et Jeunesse populaire. Turbulences ou médiations ?*, Paris, Injep/L'Harmattan, coll. « Débats jeunesses », 2003 ; *Les Inscriptions de la jeunesse*, Paris, Injep/L'Harmattan, coll. « Débats jeunesses », 2002 ; et, sous sa direction, *La Jeunesse comme ressource. Expérimentations et expérience dans l'espace public*, Saint-Denis, Obvies ; Ramonville-Saint-Agne, Érès, coll. « Questions vives sur la banlieue », 2001.

ANNIE WEILL-FASSINA est maître de conférences à l'École pratique des hautes études (EPHE) et travaille au Laboratoire d'ergonomie physiologique et cognitive de cette même école. Elle a travaillé notamment sur le développement des compétences professionnelles, les activités collectives et la sécurité. Elle a coordonné divers ouvrages, dont : avec P. RABARDEL et D. DUBOIS, *Représentations pour l'action*, Toulouse, Octarès éditions, 1996 ; avec H. BENCHEKROUN, *Le Travail collectif ; perspectives actuelles en ergonomie*, Toulouse, Octarés Éditions, 2000.

MOHAMED ZENDJEBIL est doctorant au Centre interdisciplinaire de recherches urbaines et sociologiques (Cirus-Cieu) de l'université de Toulouse-Le Mirail. Il prépare, sous la direction de M.-C. Jaillet et

D. Weissberg, une thèse sur « L'accession à la propriété en maison individuelle des populations d'origine algérienne dans l'agglomération toulousaine ». Il est également chargé de mission habitat et politique de la ville à la communauté d'agglomération du Muretain (31). Publication : avec M.-C. Jaillet, à la suite du séminaire « Histoire des grands ensembles » (Paris, 11 juin 2003) organisé par A. Fourcaut (EHESS), « Le Mirail : un projet de "quasi" ville nouvelle au destin de grand ensemble » (en cours d'édition).

LA PLACE DES JEUNES DANS LA CITÉ – TOME I

DE L'ÉCOLE À L'EMPLOI ?

Table des matières

AVANT-PROPOS
Les politiques de la jeunesse à l'épreuve de la question sociale, *Élisabeth Maurel*

PREMIÈRE PARTIE – **L'ÉCOLE ET LES INSTITUTIONS FACE À L'ÉCHEC OU AU DÉCROCHAGE SCOLAIRE**

Des élèves « victimes des inégalités sociales » aux élèves « perturbateurs de l'ordre scolaire ». L'exemple des collégiens en ruptures scolaires, *Mathias Millet*

    Ce texte interroge la catégorie de « jeunes en difficulté » et ses redéfinitions à partir des résultats d'une recherche sur les parcours de « déscolarisation » de collégiens de milieux populaires. Il revient d'abord sur les conditions sociales au principe des parcours de « déscolarisation » que l'analyse conduit à saisir entre vie familiale, vie scolaire et vie avec les pairs. Il interroge ensuite la situation de ces collégiens au regard des transformations survenues dans la perception des difficultés posées par la scolarisation des enfants des classes populaires. Il montre que la situation scolaire de ces collégiens en rupture avec l'institution renvoie moins à la situation d'une population aux propriétés sociologiques spécifiques (traçant une frontière nette avec les autres collégiens de milieux populaires) qu'à des changements dans la façon de catégoriser leurs difficultés et de les prendre en charge institutionnellement.

Le sentiment d'injustice chez les jeunes en échec scolaire, *Valérie Caillet*

Les jeunes éprouvent fréquemment un sentiment d'injustice à l'égard de l'institution scolaire. Pour les élèves en échec scolaire, cette expérience de l'injustice est particulièrement forte, parce qu'elle les expose à une série de jugements et d'orientations scolaires dépréciatifs qui atteignent progressivement l'image d'eux-mêmes et leur croyance dans la justice des décisions et des pratiques les plus ordinaires. Leur position scolaire les expose ainsi à l'expérience du mépris, de l'indignité, de l'inégale considération de leurs enseignants. En réalité, l'origine de ces injustices est structurelle, puisque celles-ci procèdent de tensions issues de la pluralité des principes de justice à l'œuvre dans l'école démocratique de masse. Il est par ailleurs d'autant plus difficile pour ces jeunes de dépasser leur sentiment d'injustice qu'il leur est impossible de le faire reconnaître, ce qui peut parfois les conduire à envisager la violence comme un mode de défense, une manière d'obtenir la reconnaissance de leur personne.

Décrochage scolaire, modes d'inscription sociale dans l'école et dispositifs territoriaux, *Stéphane Bonnéry*

L'école comme les dispositifs «périscolaires» des collectivités territoriales renvoient souvent les jeunes des milieux populaires à une image de «jeunes en difficulté». Cette explication n'aide pas les individus concernés à saisir les raisons pour lesquelles ils ne réussissent pas à l'école, voire sont déscolarisés. Ils ne comprennent pas que les mécanismes de réussite ou d'échec scolaire se construisent d'abord dans les apprentissages. Éprouvant un sentiment d'injustice, ils expliquent celui-ci en mobilisant les discours qui leur sont disponibles : leur sentiment d'appartenance à des groupes non scolaires, juvéniles, ethnicisés, territoriaux, etc. Ce mode de pensée leur permet de défendre leur estime de soi, mais il masque la conflictualité sociale qui s'exerce dans les scolarités et jusque dans les apprentissages. Il contribue à compromettre un changement des postures face au travail scolaire, voire incite à développer des résistances systématiques aux enseignants.

Les jeunes des quartiers face à la politique éducative de Gennevilliers. L'exemple de l'accompagnement à la scolarité, *Judit Vari*

Dans une ville populaire de la banlieue parisienne, Gennevilliers, la lutte contre l'échec est un des objectifs anciens de la politique éducative municipale. Depuis vingt ans, les structures périscolaires prenant en charge les jeunes durant leur temps libre se multiplient, particulièrement celles destinées au soutien scolaire. Cet article se propose de montrer comment ces structures mettent de plus en plus l'accent sur les activités culturelles, pour réduire les inégalités devant le savoir formel attendu par l'école. *A priori*, les enfants accueillis dans ce type de structures sont « en difficulté », mais de quelles difficultés parle-t-on ? Derrière ce terme se cachent des réalités fort diverses, des problèmes familiaux aux lacunes scolaires en passant par les difficultés de sociabilité. L'auteur montre, à travers des exemples de terrain, comment ces structures, et particulièrement l'accompagnement à la scolarité, ne prennent pas en charge les enfants considérés comme les plus « difficiles » ou, quand elles le font, les évincent peu à peu du système.

Les politiques éducatives en faveur des jeunes en situation de démotivation scolaire, *Isabelle Havet*

Les politiques éducatives cherchent des solutions pour enrayer les problèmes de déscolarisation et les traiter en amont afin d'éviter l'échec scolaire et les problèmes de désocialisation. L'analyse de discours de collégiens bénéficiaires de deux mesures (dispositifs relais, alternance) à trois moments différents – avant, pendant et après la mesure – permet de mesurer, du point de vue du jeune, le rôle et l'impact de ces mesures. Ces discours mettent en évidence des facteurs sociaux et individuels qui questionnent la pertinence de ces mesures. L'étude illustre l'importance de facteurs comme le tutorat, l'alternance école-entreprise, la mise en place d'un accompagnement sur le plan personnel et social du bénéficiaire, et montre l'intérêt de développer en amont des actions adaptées au sein du collège.

Les actions courtes qualifiantes et les philosophies scolaires de l'insertion, *Hélène Buisson-Fenet*

« Absentéistes », « décrocheurs » voire « déscolarisés », les jeunes que l'école signale en difficulté font l'objet d'un traitement institutionnel spécifique, mis en place dans l'enseignement secondaire au travers d'un dispositif transversal, la mission générale d'insertion (MGI). Parmi les actions que la MGI propose aux établissements, les actions courtes qualifiantes (ACQ) permettent une réorientation des élèves de la voie générale vers la voie professionnelle. Présenté comme une « nouvelle chance », ce cursus sous statut scolaire, professionnalisant et compacté, se trouve pourtant davantage appréhendé comme un risque. D'abord par les élèves de seconde et leur famille, qu'il faut étroitement accompagner pour obtenir leur assentiment. Ensuite par les chefs d'établissement, qui s'alarment des effets pervers d'une telle action. Enfin par les professionnels de l'orientation, qui mobilisent des principes d'action différents de l'approche en termes d'insertion.

DEUXIÈME PARTIE – **LES CATÉGORIES DE L'ACTION PUBLIQUE FACE À L'EMPLOI : DISPOSITIFS ET ACTEURS**

Réflexions sur les catégories de l'action publique en faveur des jeunes en difficulté, *Florence Lefresne*
> Par ses modes de ciblage et d'intervention, ses objectifs, ses formes de légitimation et de contrôle – ce que l'auteur désigne ici par « catégories de l'action publique » –, les politiques ont fortement institutionnalisé l'état de jeunesse et probablement sous-estimé les effets de cette institutionnalisation. La présente contribution soumet à la réflexion quatre dimensions des catégories de l'action publique. La première d'entre elles concerne le ciblage des jeunes en difficulté, qui contribue à cristalliser la représentation sociale de certains groupes et à en occulter d'autres. La deuxième dimension a trait aux référentiels de l'action publique correspondant à des jugements, implicites ou explicites, portés sur l'efficacité et la justice comme sources de légitimation. La troisième dimension porte sur les jeux d'acteurs qui, par leurs règles interprétatives des normes, donnent finalement consistance à la politique publique. Enfin, la quatrième dimension est celle de la comparaison internationale, autorisant la mise en perspective de nos propres catégories toujours guettées par le risque d'ethnocentrisme.

Les jeunes : banc d'essai de formes régressives d'emploi ? *Judith Kaiser*
> La contribution porte sur l'histoire de l'institutionnalisation progressive en France d'une période de transition entre l'école et l'emploi pour les jeunes actifs en difficulté. Une périodisation des mesures d'emplois aidés mises en place entre 1984 et 2001 est proposée. La délimitation de quatre périodes (1984-1988 ; 1989-1992 ; 1993-1996 ; 1997-2001) rend compte de l'intégration progressive du pôle « emploi » de la transition professionnelle dans le salariat ordinaire ainsi que des effets sociaux et économiques de cette intégration. L'examen de l'évolution des dispositions juridiques de ces mesures et de l'usage qu'en font les entreprises montre que ce mouvement de salarisation s'est opéré par des voies différentes : dé-spécification relative des mesures, contractualisation de l'emploi, augmentation de la durée des contrats, intégration des mesures dans les marchés externes, secondaires, voire primaires du travail, extension de leurs dispositions juridiques et financières au salariat ordinaire, institutionnalisation de nouveaux modes d'accès à la qualification scolaire et professionnelle. La salarisation des emplois d'insertion fait référence à un double mouvement, contradictoire : dans le même temps que ces mesures se rapprochent des formes d'emploi dominantes, l'emploi ordinaire se précarise et se particularise.

Les politiques d'emploi pour les jeunes en France et au Royaume-Uni. Trajectoires institutionnelles et trajectoires individuelles, *Lucie Davoine*

> Apparus en 1998, les programmes Trace, «Nouveaux services – emplois-jeunes» et le *New Deal for Young People*, s'inscrivent dans la lignée des politiques d'emploi menées dans les années quatre-vingt et quatre-vingt-dix en France et au Royaume-Uni. Leur étude met en évidence des logiques, des croyances et des référentiels d'action qui diffèrent d'un pays à l'autre. L'évaluation révèle néanmoins une certaine convergence dans l'action. Les bénéficiaires apprécient certains aspects innovants des dispositifs, et notamment l'accompagnement personnalisé. Mais les politiques d'emploi pour les jeunes de la fin des années quatre-vingt-dix ne sont pas à l'abri des critiques formulées à l'égard des précédents programmes dans ce domaine: elles garantissent rarement un emploi de qualité et renforcent souvent les inégalités sociodémographiques et géographiques.

Justice et jugement dans les politiques de lutte contre l'exclusion professionnelle au Québec et en France, *Léa Lima*

> Cette contribution insiste sur les principes de justice distributive dans la gestion des mesures personnalisées de lutte contre l'exclusion professionnelle des jeunes en France et au Québec. Elle montre que, dans les deux cas nationaux, les pratiques d'allocation des mesures intègrent un principe de plus-value individuelle qui entre en concurrence avec les deux principes de justice traditionnellement mobilisés dans les politiques sociales, à savoir le besoin et le mérite. Au Québec, l'évaluation du profit que l'individu est susceptible de retirer d'une mesure est établie de manière statistique dans un dispositif de gestion des populations centralisé. En France, en revanche, l'application de ce principe d'investissement/retour sur investissement repose sur les professionnels de l'insertion qui évaluent au cas par cas la possibilité pour les individus d'être grandis par la mesure d'insertion.

Le traitement des jeunes dans un réseau d'accueil jeunes, *Myriam Charlier*

> Les jeunes dits en difficulté font l'objet de la part des institutions chargées de leur insertion sociale et professionnelle de traitements différenciés qui reposent sur des catégorisations construites par les professionnels de ces structures. Ces jeunes sont repérés, classés à partir de critères utilisés par les systèmes éducatif et productif. On peut alors se demander s'il n'existe pas un brouillage des missions entre les systèmes éducatif, d'insertion et économique. La mise en œuvre de pratiques de suivi et d'orientation différenciées produit un mode de répartition de la population jeune en transition autour «du salariat». Ces pratiques professionnelles renvoient à

une articulation construite par les individus et les structures entre trois cadres d'action : l'institutionnalisation de la structure, sa logique organisationnelle et la logique professionnelle des salariés.

L'expérience de la bourse d'accès à l'emploi pour les jeunes en difficulté. Responsabilité individuelle, responsabilité collective et liberté de choix, *Nicolas Farvaque*

La bourse d'accès à l'emploi (BAE) n'aura existé que pendant une année, en 2002. Cette expérience nationale n'a pas été renouvelée. Il s'agissait d'une allocation monétaire interstitielle attribuée aux jeunes peu diplômés bénéficiaires du programme Trace, censée combler financièrement les périodes non rémunérées du parcours d'insertion. Cette bourse assurait deux formes de responsabilisation des jeunes : une responsabilisation liée à une forme de liberté « positive » – faciliter l'autonomie du jeune dans sa recherche d'emploi et élargir sa liberté de choix –, une autre liée à une forme de liberté « négative » – éviter que le jeune ne décroche ou ne soit contraint par des éléments financiers pouvant entraver sa démarche d'insertion. Le moment de la mise en œuvre et les difficultés techniques et morales d'appropriation par les conseillers de mission locale, observées dans cinq missions locales de la région parisienne, sont analysés du point de vue des théories de la justice sociale, dont l'accent mis sur les questions de responsabilité est un élément marquant. L'auteur reprend notamment le cadre d'analyse d'A. SEN, qui permet de penser l'action publique comme un processus d'augmentation des « libertés réelles » des individus. Ce cadre éclaire les intentions égalitaristes du dispositif et les pratiques concrètes de responsabilisation des jeunes par les acteurs de l'insertion.

TROISIÈME PARTIE – **DES TRAJECTOIRES ET DES INSTITUTIONS**

Les jeunes ruraux et le développement local, *Alexandre Pagès*

À partir d'un bilan de son expérience de recherche et d'un examen de la littérature spécialisée, l'auteur tente de formuler quelques hypothèses de travail au sujet de l'insertion en milieu rural. Si l'expérience du chômage s'accompagne généralement d'une protection rapprochée de la part des organismes d'insertion, certains jeunes choisissent d'aménager des espaces d'autonomie en lisière des sentiers balisés. Leurs stratégies conduisent les uns à envisager des solutions alternatives, tandis qu'elles contraignent les autres à multiplier les employeurs ou à s'installer à leur compte avec des moyens limités.
Conscients de leur héritage culturel, les jeunes seraient les dépositaires d'une ruralité qui ne serait pas en soi opposée à l'urbain mais à ses nui-

sances. Qu'ils cumulent les emplois temporaires ou qu'ils s'investissent dans la vie associative, ils souhaitent souvent s'impliquer dans la vie locale. En raison des projets dont ils sont porteurs, de leurs aspirations et de leur style de vie, ils renvoient en tout cas du monde rural français une autre image sociale.

L'inactivité, une catégorie statistique et des réalités différentes. Le cas des jeunes mères peu qualifiées, *Armelle Testenoire*

Cet article s'appuie sur une enquête par entretiens biographiques menée auprès de jeunes mères de niveau de qualification inférieur au bac, sorties du marché du travail à l'issue de leur deuxième maternité (bénéficiaires de l'allocation parentale d'éducation [APE]). L'inactivité n'est pas un choix au sens plein du terme, elle est une réponse aux impasses de la conciliation. Cependant, cette catégorie statistique, l'inactivité, rassemble des expériences différentes. Celles-ci sont le reflet de rapports différents au conjoint et aux enfants :
- les unes s'installent passivement dans une division sexuelle du travail dont elles peuvent difficilement s'extraire à l'issue de la période d'allocation. Elles conçoivent la famille comme une entité au sein de laquelle elles se fondent, n'arrivant plus à dire « je ». Leur retour à l'emploi est problématique ;
- pour les autres, la sortie du marché du travail ne signifie pas repli sur la sphère domestique. Elles s'aménagent des espaces d'autonomie qui témoignent d'une capacité d'individuation. Leur retour à l'emploi s'appuiera sur cet acquis.

Les lycéens-travailleurs : entre socialisation parallèle et statut pluriel, *Herilalaina Rakoto-Raharimanana*

Population étudiée par R. Ballion dans le cadre de son enquête menée dans les années 1990, les lycéens-travailleurs restent cependant mal connus. Or cette population statistiquement représentée et représentative paraît révélatrice d'un certain nombre d'enjeux éclairant les dynamiques complexes d'apprentissage et les socialisations parallèles. Le mode de vie des lycéens-travailleurs laisse ainsi apparaître une interpénétration des différentes scènes, notamment professionnelles et scolaires. L'expérience du travail pour ces jeunes en phase de transition vers la vie adulte influe sur les représentations relatives à la place de l'école dans leur dynamique d'apprentissage et leur permet de gérer le présent tout en préparant l'avenir par les usages différenciés qu'ils ont de leurs gains et les enseignements qu'ils retirent de ces expériences.

Les difficultés d'insertion socio-économique des jeunes issus de l'immigration maghrébine, *Sonia Tebbakh*

> Dans un contexte hexagonal au sein duquel l'intégration des descendants de l'immigration est un processus effectivement en marche, l'insertion socio-économique des enfants franco-maghrébins pose encore une série de questions. Si les travaux réalisés sur cette population s'entendent sur l'idée d'un bilan plutôt positif en matière scolaire, on note la persistance de blocages à l'entrée sur le marché de l'emploi. À travers cette contribution, il s'agit de déterminer les difficultés auxquelles les enfants d'origine maghrébine font face et d'évaluer l'impact de la «spécificité ethnique» comme facteur explicatif possible. Cette observation s'appuie également sur une étude empirique auprès de la population issue de l'immigration nord-africaine et propose une analyse qualitative d'un corpus d'entretiens reconstituant les parcours individuels d'insertion.

POUR CONCLURE

Les jeunesses entre école, insertion et emploi, *José Rose*

555350 - Janvier 2014
Achevé d'imprimer par